本书为国家社科基金项目"20世纪上[半叶]的英文报刊研究"(15BTQ042)阶段性成果

黄 芳 著

多元文化认同的建构

《中国评论周报》与 《天下月刊》研究

南京大学出版社

南京大学出版研究院丛书编辑委员会

名誉主编　聂震宁
主　　编　张志强
委　　员　陈海燕　江　莹　姜迎春
　　　　　金鑫荣　聂震宁　任子光
　　　　　孙建军　杨海平　张志强

总　序

商务印书馆元老张元济先生曾言："盖出版之事，可以提携多数国民，似比教育少数英才尤要。"古往今来，出版早已成为人类文明的播种机、社会进步的发动机。

南京大学是国内最早开展出版教育的高校之一。1928年，南京大学前身之一的金陵大学开设了图书专修科，包括"重要书籍研究"、"图书流通"等课程。1985年，南京大学恢复图书馆学系。翌年，图书馆学专业硕士学位点获得批准。1987年，学校在图书馆学硕士点下设立了编辑出版研究专业方向，开始培养出版方向的研究生。图书馆学侧重对图书的流通、收藏、利用等方面的研究，而编辑出版学侧重于图书的生产制作。通过这样的学科设置，一个从图书生产、流通到典藏、利用的完整环节形成了。1993年，南京大学编辑出版学本科专业开始招生。1998年，南京大学出版科学研究所成立，这是当时全国高校中为数不多的研究所之一。2003年，出版科学研究所与南京大学公共管理学的公共管理硕士（MPA）专业合作，联合培养出版管理方向的公共管理硕士（MPA）。2006年，原国家新闻出版总署设立"新闻出版总署南京大学出版人才培养基地"。同年，南京大学设立了华东地区第一个出版学博士点。2009年，受国务院学位委员会办公室委托，南京大学出版学学科点与南京大学研究生院牵头论证了我国设置出版硕士专业学位议题。2010年，出版硕士设置方案获国家有关部门批准。2011年，该学科点成为全国出版专业学位研究生教育指导委员会秘书处所在单位，是目前南京大学唯一的一个专业学位秘书处。

2012年，在时任南京大学党委书记洪银兴教授的大力支持下，在原中国出版集团总裁聂震宁编审的努力下，江苏亚东建设发展集团有限公司向南京大学首批捐款200万元，作为南京大学出版研究专项基金，用于筹建南京大学出版研究院。2012年12月，在南京大学编辑出版学学科点的基础上，整合学校相关力量，学校发文成立南京大学出版研究院。

南京大学出版研究院以建设成为国内一流、国际知名的出版研究智库和出版教育培训机构为目标，全力推进出版学研究。编纂出版研究丛书是其中的一项重要战略。作为出版研究院的成果之一，该系列丛书致力于对我国出版理论与历史、出版实务、数字出版与文化产业发展等方面的研究，力求为我国出版业改革发展、提高国家文化软实力提供智力支持。

"多少事，从来急。天地转，光阴迫。一万年太久，只争朝夕。"时下，受技术驱动的出版业，正处于新一轮变革转型期。数字出版、媒体融合、知识服务一日千里。南京大学出版研究院将顺势而为、应时而变，紧扣时代与社会发展需要，为更多"弄潮儿"脱颖而出提供全方位的支持，最终服务于我国文化强国的建设。

南京大学出版研究院丛书编辑委员会
2017年12月

目 录

导论 / 001
    一、研究综述:《中国评论周报》与《天下月刊》研究现状 / 004
    二、理论视域:"文化认同"与"跨语际实践" / 019
    三、研究内容:跨语际文学实践中的多元文化认同 / 038

第一章 文化认同平台的建构 / 049
    第一节 文化语境 / 053
    第二节 创刊及运作 / 063
    第三节 编辑与作者群体 / 079
    第四节 《中国评论周报》上的商务印书馆英文广告 / 089

第二章 想象"他者"的方式 / 109
    第一节 "独抒性灵":林语堂与"小评论" / 112
    第二节 "妙笔生花":温源宁的英文人物小品 / 128
    第三节 "心智的漫游":吴经熊的英文日记随笔 / 136

第三章 "自我"认同与民族想象(一) / 147
- 第一节 译者的主体性倾向 / 150
- 第二节 译作的选择标准 / 172

第四章 "自我"认同与民族想象(二) / 199
- 第一节 展现鲁迅、徐志摩的文学成就与思想 / 203
- 第二节 品评中国现代女性作家文学创作 / 224
- 第三节 战争状态下的文学时评 / 233

第五章 对"过去"的认同与"重建" / 245
- 第一节 传统文化认同的动因 / 248
- 第二节 对中国古代文学及文化的英译 / 252
- 第三节 对中国古代文学及文化的再解读 / 258

余论 中国现代文学研究视域下的英文报刊 / 271
- 一、"大文学史观"视域下的"跨语种"文学 / 274
- 二、中国文学与世界文学的关系 / 282
- 三、中国现代英语报刊的历史存在及其研究 / 286

参考文献 / 293

附录一 《中国评论周报》上林语堂、钱锺书、温源宁、姚克英文作品目录 / 311

附录二 《中国评论周报》"知交剪影"专栏目录 / 315

附录三 《天下月刊》目录(中英文对照) / 318

后记 / 393

图表目录

图 1-1　《中国评论周报》与《天下月刊》封面 / 064
图 1-2　《中国评论周报》上反映抗战时期民众生活的图片 / 072
图 1-3　《天下月刊》在《宇宙风》、《中国评论周报》上刊登的广告 / 075
图 1-4　《中国评论周报》封内及封底刊登的广告 / 075
图 1-5　《中国评论周报》在封底刊登的刊物宣传广告 / 077
图 1-6　《中国评论周报》、《天下月刊》主要编辑张歆海、吴经熊、钱锺书、温源宁的照片 / 080
表 1-1　《中国评论周报》、《天下月刊》主要编辑概况一览表 / 082
表 1-2　《中国评论周报》1934—1935年所刊载的商务印书馆英文广告 / 091
表 2-1　林语堂部分中英文小品发表刊物对照表 / 118
表 3-1　《中国论坛》英译的中国现代小说篇目 / 177

表 3-2　《中国文学》（1951—1960）英译的中国现代文学作品篇目 / 181

表 3-3　《天下月刊》英译的中国现代文学作品篇目 / 183

表 5-1　《天下月刊》英译的中国古代文学及文化作品篇目 / 253

导 论

本章对《中国评论周报》、《天下月刊》的相关研究进行简要概述，继而引入相关研究理论，以跨语际实践中的文化认同为研究视角，考察聚集在两刊周围的中国现代知识分子的跨语际文学及文化实践；由于教育背景、文化经历及社会地位各不相同，中国现代知识分子表现出了多元文化认同倾向。

近代报人王韬曾撰文指出:"中国之所宜自设者,不在乎华字日报,而在乎西字日报。"①此后陈衍发表《论中国宜设洋文报馆》②一文,主张创办外文报刊,自主报道中国时事,"知中国实有自强之策",促进中西文化沟通。进入20世纪以后,为打破西方各国在华所办外文报刊对新闻报道与文化传播的垄断地位,中国政府部门、政党机关、文化团体及知识分子群体开启了自上创办并出版英文报刊的历史。中华民国政府成立之后,为了揭露袁世凯的真实面目,争取外界对革命的支持,孙中山主导创办了 The China Republican（《民国西报》）。1928年"济南惨案"发生之后,中国自主出版英文报刊、力争自主有效的新闻舆论传播的呼声逐渐增强, The China Critic（《中国评论周报》）、T'ien Hsia Monthly（《天下月刊》）等英文刊物相继出版。此后,国民党政府及文化机构先后收购或创办了 Hankow Herald（《自由西报》）、The China Quarterly（《中国季刊》）等多种英文报刊宣传中国军民的抗战精神,力图获得国际社会的支持与帮助。进入解放战争阶段,中国共产党为了打破国民党的舆论压制,先后创办了 New China Weekly（《新华周刊》）、China Digest（《中国文摘》）等英文刊物进行对外政治宣传,以此获得世界左翼政治力量的支持。据笔者初步统计,除去英语学习类刊物以及英文科技期刊,20世纪上半叶中

---

① 王韬:《上方照轩军门书》,转引自戈公振:《中国报学史》,北京:中国传媒大学出版社,2016年,第92页。
② 陈衍:《论中国宜设洋文报馆》,杨家骆编:《戊戌变法文献汇编第三册》,台北:鼎文书局,1973年,第197页。

国自主出版的主要英文报刊约达30余种。

作为其中的代表性英文报刊，The China Critic（《中国评论周报》）与 T'ien Hsia Monthly（《天下月刊》）以迅速及时的新闻报道、多样化的文化探讨以及积极自主的对外宣传，体现了中国自主出版英文报刊的历史价值与文化贡献。本书将《中国评论周报》、《天下月刊》列为研究对象，以比较研究为视角，结合相关研究理论，对两刊进行全面梳理及深入分析，力图揭示出它们丰富的文学及文化史价值和意义，进一步拓展中国现代文学及文化史的研究空间，同时也为深入研究中国现代知识分子的中西文化观念及思想提供崭新路径。

一、研究综述：《中国评论周报》与《天下月刊》研究现状

1. 回忆文章

20世纪30年代中国出版界迎来了报刊出版的"黄金时代"，众多的报刊如雨后春笋般纷纷涌现，在这个繁盛的出版热潮中，大量的中文报刊都以各自独特的风貌在中国现代文学及文化史中留下了精彩的印迹，得到后世学者的瞩目与研究。这个杂志"丰收期"还应当包括大量由中国现代知识分子创办的英文报刊，尤其是以 The China Critic《中国评论周报》(1928—1946) 和 T'ien Hsia Monthly《天下月刊》(1935—1941) 为代表在上海形成的英文报刊阵群。作为民国时期著名的两种英文报刊，《中国评论周报》和《天下月刊》在现代中西文化交流史上占据重要地位。有关两刊创办经过及影响流传的文字，经常出现在一些作家文集、传记及各类史料研究文章当中。陈石孚在《林语堂先生与我》中以亲历者的身份回忆了林语堂参与编辑两刊的过程，"《中国评论周报》出版不久以后，蒙林先生看得起，自愿效劳，每期撰写专栏一篇，题名为'The Little Critic'（小评论），每篇都是富有风趣的小品文，题材包罗万象"，"在这百忙之中，林先生又参加了一种新创办的学术刊物

的编辑工作。这个刊物于民国二十四年出版创刊号，取名《天下》，据说是由当时的立法院长孙科（哲生）先生所资助"[1]。陈石孚毕业于清华大学，后赴美留学，回国后曾在国民党中央政治学校任教，期间与林语堂多有交往。当时聚集在上海的清华大学毕业生创办《中国评论周报》，陈石孚曾任编辑，邀请林语堂为该刊撰稿。对于温源宁主编《天下月刊》的贡献，陈子善在《一知半解及其他·本书说明》中提到，"他（温源宁）主编的《天下》在30年代中西文学与文化交流史上也占据了一个极为重要的地位"，以史料家的洞见指示出《天下月刊》的文化价值与意义，同时感慨"可惜至今鲜有人提及"[2]。汤晏在《一代才子钱锺书》中谈及钱锺书与两个刊物的关系，并对两刊给予了较高评价："钱锺书除在光华任教外，还担任英文《中国评论周报》的编辑委员。这份刊物是由钱锺书清华校友桂中枢和陈石孚两人创办，后来出了大名的林语堂亦常为该刊撰稿。钱锺书曾为该刊写过一篇论中国诗的文章，题为'On Old Chinese Poetry'，刊于周报1933年12月14日6卷50期。1935年另一份英文刊物 The T'ien Hsia Monthly（《天下月刊》）在上海创刊，由温源宁主编，林语堂亦参与编务并常有文章发表，如林译《浮生六记》即首先在《天下》刊出。这两份当时很有分量的高水准英文刊物，钱锺书也曾积极参与编务或撰稿，在《天下》创刊号（1935年8月）上发表了一篇'Tragedy in Old Chinese Drama'（《中国古典戏曲中的悲

---

[1] 陈石孚：《林语堂先生与我》，原载《传记文学》，1977年第31卷第6期，后收入施建伟编：《幽默大师：名人笔下的林语堂 林语堂笔下的名人》，上海：东方出版中心，1998年，第171—173页。

[2] 温源宁：《一知半解及其他》，南星译，陈子善编，沈阳：辽宁教育出版社，2001年，第2页。

剧》)","温源宁为英文《中国评论周报》(The China Critic Weekly),以春秋笔法写了二十多篇当代名人小传,很像《纽约客》(The New Yorker)的'profile'"①。此外,《天下月刊》的总编吴经熊在其自传《超越东西方》中谈到他参与《天下月刊》创办的经过以及对其创作生涯的重要影响,"从文学的产量来看,也许这是我一生中最活跃的时期"②。邵绡红在《我的爸爸邵洵美》一文中也提及《天下》创刊的过程,"在聊天中他们酝酿创办一份英文的杂志。1935年8月,英文的 T'ien Hsia(《天下》月刊)创刊号问世了,这份杂志旨在促进中西文化交流"③。周劭在《姚克和〈天下〉》一文中,对姚克参与《天下月刊》的编辑工作做了翔实的介绍,并对该刊创办背景及刊物编辑亦有品评,"《天下》的人物,都是国民党政府的高官,却又和党老爷毫不相干。他们是聚集在孙科身旁的一群留学欧美的绅士们","《天下》这本刊物是用英文刊行的,它不但编辑人选,极一时之盛,而且刊名也起得很出色,既含有面向世界宇宙之意,又是节取孙中山遗训'天下为公'的两个字,作为中山文化教育基金的刊物也很有意义"。周劭还在该文中提及《中国评论周报》的出版情况,"三十年代抗战之前,上海有一用英文出版的周刊《中国评论周报》(The China Critic),它是国人办的,和外人办的《密勒氏评论周报》齐名的政治经济评论权威刊物,主编便是桂中枢"④。姚克之女姚湘在《两种

---

① 汤晏:《一代才子钱锺书》,上海:上海人民出版社,2005年,第106页。
② 吴经熊:《超越东西方》,周伟驰译,雷立柏注,北京:社会科学文献出版社,2002年,第288页。
③ 邵绡红:《我的爸爸邵洵美》,上海:上海书店出版社,2005年,第148页。
④ 周劭:《姚克和〈天下〉》,《读书》,1993年第2期,第95—97页。

文化 一个世界——埃德加·斯诺与我父亲姚莘农的友谊》一文中，也特别提及姚克参与编辑的《天下月刊》的重要价值，"那时父亲是《天下月刊》杂志五位撰稿人之一。《天下月刊》是中国第一份且水准高的英文期刊，现今的中国学者依然在对其文学价值和历史价值不断地进行研究和借鉴"[1]。由此可见，无论是两刊的创办者，抑或是后世研究家，都对两刊的文化价值及其与现代作家之重要关系给予了高度关注，并指出两刊在中国现代知识分子文化实践过程中的重要意义。

然而由于资料未被系统整理，文化界及研究者对《中国评论周报》和《天下月刊》的认识多有误识之处，如混淆两刊的具体中文刊名、创刊时间及主要编辑作者等。《钱锺书英文文集》[2]的编者将曾发表钱锺书作品的 China Critic 误译为"中国评论家"，实为《中国评论周报》，因在 The China Critic 的封面有蔡元培手书的刊名《中国评论周报》。盛佩玉在《盛氏家庭·邵洵美与我》中将《天下月刊》的创办者误认为项美丽，"当时以蜜姬的名义又出版了差不多大小的一本英文杂志，名《天下》，洵美用英文发表了'Poetry Chronicle'"[3]。项美丽当时是《天下月刊》的热心作者，有二十几篇书评及专论发表在刊物上，但不可算作其创办者。而《赛珍珠与中国——中西

---

[1] 姚湘：《两种文化 一个世界——埃德加·斯诺与我父亲姚莘农的友谊》，王建国译，《鲁迅研究月刊》，1992年第8期，第29页。
[2] Qian Zhongshu. *A Collection of Qian Zhongshu's English Essays*（《钱锺书英文文集》），Foreign Language Teaching and Research Press, 2005.
[3] 盛佩玉：《盛氏家庭·邵洵美与我》，北京：人民文学出版社，2004年，第184页。

文化冲突与共融》①一书的作者陈敬则误记了《天下月刊》的创刊时间，将准确的时间1935年8月误认为1924年："《天下月刊》(T'ien Hsia Monthly)是1924年在上海创办的英文杂志，由温源宁主办，林语堂、吴经熊等任编辑，是民国以来水准最高的英文学术性杂志。"此外，王雨霖在《评〈不够知己〉的编注》一文中，指出2004年1月岳麓书社出版的江枫译的《不够知己》的编者不熟悉原始资料，随意改动原作内容，混淆了原作作者："出版家似乎有编全本或足本的权力，但最好能尊重著作家的定本或原本。 温源宁从已刊的二三十篇里选出十七篇，自是他的主权，自有他的理由：那些没署名的小传不都是自家写的，有的小传因'气坏了好多人'而不宜收编，有的写完就不很满意。 死了二十年，'在收藏家、古董贩和专家学者通力合作的今天'，温源宁当然管不了别人的'搜拾弃余'。 编译者既然做主把这个文集视为温源宁所著 *Imperfect Understanding* 的足本，那文集的编次按理该照用 *Imperfect Understanding*，然后再把作者挑剩的依原著体例，以发表时间为序，附录于后。 可这个文集全不顾温源宁自己的意匠心花（原著郑重地在标题下标明问世时间），竟以传主姓氏的汉语拼音为序编排（《武连德博士》则错简），也没有表示哪些是温著集外文，并且遗弃了原书的序文。"②可见，由于对原刊资料缺乏系统的整理与分析，有关两刊的诸多误识亟待考证。 学界应重视对两刊的研究，在还原其创刊背景，考察刊物内容的基础上，揭示其中所蕴含的丰富的文学及文化价值，由此厘清后世学者对两刊的误记误识。

---

① 陈敬：《赛珍珠与中国——中西文化冲突与共融》，天津：南开大学出版社，2005年，第129页。
② 王雨霖：《评〈不够知己〉的编注》，《博览群书》，2005年第6期，第51—52页。

2. 期刊、博硕论文及研究专著

《中国评论周报》与《天下月刊》不仅出现在各种现代作家研究背景资料中，也逐渐引发了学界的关注与研究。2000年以后，出现了一个英文报刊研究的高潮阶段，其中关于《天下月刊》的研究较为全面而深入。本书作者在2008年曾以《试论英文杂志〈天下月刊〉的文化价值》①为题，首次以专论的形式公开发表有关《天下月刊》的研究论文，此后又陆续写作了《〈天下〉月刊素描》②、《跨文化之桥：中国现代著名国人自办英文杂志〈中国评论〉周报与〈天下〉月刊》③。季进、严慧所著《〈天下〉与中国文化的"天下"自主传播》④等论文从创刊时代背景、编辑作者群体等角度揭示了《天下月刊》的出版过程及文化贡献。此外，本书作者的论文《中外合译的文化选择——以英文杂志〈天下月刊〉上的中国现代文学作品英译为例》⑤及彭发胜的《〈天下月刊〉与中国现代文学的英译》⑥、王子颖的《〈天下月刊〉与中国戏剧的对外传播》⑦、杨昊成

---

① 黄芳：《试论英文杂志〈天下月刊〉的文化价值》，《华北水利水电学院学报（社会科学版）》，2008年第5期。
② 黄芳：《〈天下月刊〉素描》，《新文学史料》，2011年第3期。
③ 黄芳：《跨文化之桥：中国现代著名国人自办英文杂志〈中国评论〉周报与〈天下〉月刊》，《编辑之友》，2011年第3期。
④ 季进、严慧：《〈天下〉与中国文化的"天下"自主传播》，《江西社会科学》，2009年第4期。
⑤ 黄芳：《中外合译的文化选择——以英文杂志〈天下月刊〉上的中国现代文学作品英译为例》，《淮阴师范学院学报（哲学社会科学版）》，2014年第3期。
⑥ 彭发胜：《〈天下月刊〉与中国现代文学的英译》，《中国翻译》，2011年第2期。
⑦ 王子颖：《〈天下月刊〉与中国戏剧的对外传播》，《戏剧艺术》，2015年第4期。

《英文月刊〈天下〉对鲁迅的译介》①等论文则着重揭示出《天下月刊》作为高品位的学术文化刊物,在译介和传播中国文学作品中的推动作用。 作为一种跨语际文化实践载体,《天下月刊》成为现代知识分子英文写作与刊物编辑的有效平台,凌扬的《姚克和〈天下月刊〉》②、周劭的《姚克和〈天下〉》③以及易永谊、许海燕的《越界文学旅行者的英文书写(1935—1936)——〈天下月刊〉时期的林语堂》④则主要探讨了姚克与林语堂的英文写作及文化实践活动。 此外,沈双在《从比较文化的角度看跨国写作与当代英语世界文学》⑤一文中以《天下月刊》为例证,阐述了中国现代知识分子的英语写作在20世纪30年代世界英语写作中的价值与意义。 由此可以看出,近年来有关《天下月刊》的研究相当丰富,围绕着文学译介和文化传播问题,学界对其进行了深入细致的研究。

相较而言,有着更长办刊历史以及更丰富内容的《中国评论周报》则似乎未能受到学界更深入而全面的研究与探讨。 有关《中国评论周报》的研究专论相对较少,其内在的文学及文化尚未得到充分研究,零星研究成果散见于各种研究文章,且大多从政治及文化思想的角度入手。 邓丽兰的文章《略论〈中国评论周报〉(The China Critic)的文化价值取向——以胡适、

---

① 杨昊成:《英文月刊〈天下〉对鲁迅的译介》,《中国现代文学研究丛刊》,2016年第10期。
② 凌扬:《姚克和〈天下月刊〉》,《新文学史料》,1993年第3期。
③ 周劭:《姚克和〈天下〉》,《读书》,1993年第2期。
④ 易永谊、许海燕:《越界文学旅行者的英文书写(1935—1936)——〈天下月刊〉时期的林语堂》,《温州大学学报(社会科学版)》,2012年第3期。
⑤ 陈子善、罗岗编:《丽娃河畔论文学》,上海:华东师范大学出版社,2006年,第344—353页。

赛珍珠、林语堂引发的文化论争为中心》①，着重阐述了《中国评论周报》的文化立场，指出其编辑、作者们从"西学东渐背景下本土文化重建问题"出发，"建立起双重的比较文化标准，强调民族历史特性基础上的文化再造"，所秉持的文化立场为"堪称介于西化派、东方文化派之间的第三类态度或第三种文化派别"。此外，邓丽兰还在其专著《域外观念与本土制度变迁》②第六章中，以"民族情感与自由理念之间的徘徊与选择"为题，分析了《中国评论周报》在支持国民政府整顿外报、与胡适产生文化分歧的过程中，呈现出"自由思想表达"与"民族主义情感复归"的复杂文化倾向。邓丽兰对《中国评论周报》的研究侧重于其文化立场与态度，而叶秀敏的《为中国辩护：〈中国评论周报〉初期对废除法外治权的关注》③，则从政治与法律角度揭示了《中国评论周报》初期言论从维护国际正义的立场到支持国民政府废除法外治权，均体现出鲜明的民族主义色彩："在《周报》创刊初期，这些知识分子对废除治外法权问题保持密切关注，不仅从一般舆论的层面支持政府，还充分运用他们的西学知识，为政府出谋划策。他们不断对列强滥用治外法权、侵犯中国主权的案例进行曝光和批判，强烈要求废除治外法权。"

与此同时，各大高校的硕博论文中也出现了有关《天下月

---

① 邓丽兰：《略论〈中国评论周报〉（The China Critic）的文化价值取向——以胡适、赛珍珠、林语堂引发的文化论争为中心》，《福建论坛·人文社会科学版》，2005年第1期。
② 邓丽兰：《域外观念与本土政制变迁——20世纪二三十年代中国知识界的政制设计与参政》，北京：中国人民大学出版社，2003年。
③ 叶秀敏：《为中国辩护：〈中国评论周报〉初期对废除法外治权的关注》，《中山大学研究生学刊（社会科学版）》，2005年第2期。

刊》的研究专论。李红玲的硕士论文《〈天下〉月刊研究》①对《天下月刊》进行专门研究，初步梳理了创刊过程与刊物内容，以及该刊所呈现出的中西文学交流概况。易永谊的硕士论文《世界主义与民族想象：〈天下月刊〉与中英文学交流（1935—1941）》②，在梳理上海近现代英文报刊的基础上，着重研究了《天下月刊》主要编辑的文化译介活动，指出《天下月刊》在表达中国现代知识分子的世界主义与民族想象中的作用与意义，"在坚持世界主义立场的同时，又不放弃对民族国家的想象"。严慧的博士论文《1935—1941：〈天下〉与中西文学交流》③则从"汉籍外译"的角度，考察了《天下月刊》上中外知识分子对中国古代文化典籍及中国文学的译介与互动。上述三篇硕博论文主要以《天下月刊》为重点研究对象，进行了多角度的文本梳理。有关《中国评论周报》与《天下月刊》的学位论文大都是分析两个刊物各自独立的文化取向，对二者间的联系与共性缺乏更深入的阐发。本书作者的博士论文《跨语际文学实践中的多元文化认同——以〈中国评论周报〉、〈天下月刊〉为中心的考察》④首次将《中国评论周报》、《天下月刊》进行比较研究，在考察两刊创刊背景及栏目内容的基础上，重点研究两刊的内在共同性，即两刊所共有的编辑、作者群体；他们借助《中国评论周报》、《天下月刊》为文化交流平台所进

---

① 李红玲：《〈天下〉月刊研究》，上海外国语大学硕士学位论文，2008年。
② 易永谊：《世界主义与民族想象：〈天下月刊〉与中英文学交流（1935—1941）》，福建师范大学硕士学位论文，2009年。
③ 严慧：《1935—1941：〈天下〉与中西文学交流》，苏州大学博士学位论文，2009年。
④ 黄芳：《跨语际文学实践中的多元文化认同——以〈中国评论周报〉、〈天下月刊〉为中心的考察》，华东师范大学博士学位论文，2011年。

行的丰富跨语际文学实践：英语小品文创作、中国古代及现代文学英译及评论、中外知识分子文化交往等；力图在现代文学研究的视野下揭示出中国现代英文期刊，尤其是华人自办英文期刊所具有的独特文学及文化价值；以文化认同为研究理论视点，来揭示中国知识分子在跨语际文学实践中的多元文化认同倾向，以及这种文化认同与选择对中国现代文学及文化发展所产生的影响与作用。

现有关于两刊的研究专著主要围绕《天下月刊》展开研究。严慧所著《超越与建构：〈天下〉与中西文学交流(1935—1941)》①，由其博士论文修订而成，全面翔实地考察了20世纪上半期中国最重要的全英文思想文化刊物 T'ien Hsia Monthly，将《天下》月刊定义为现代中西文化交流史上中国第一次有组织、有目的，旨在向英语世界传播中国思想文化的全英文思想文化类刊物。该书分析探讨了《天下月刊》的办刊方式及编辑思想，即以国民政府资金与人事支持作为刊物正常运转的基础，以公平性与思想性保证交流中的公正立场，建立起了一个兼具学术性与普及性的国际文化公共空间。该书还特别细致地梳理了《天下月刊》对中国文学的译介，即其将中国文学整体系统地译介到西方，打破了16世纪以来中国文学西传过程中西方"独语"的局面。彭发胜所著《向西方诠释中国——〈天下月刊〉研究》②则主要以民国时期的英文期刊《天下月刊》为研究对象，同时借鉴文化三元文质构成论相关理论，在文本细读的基础上着重考察《天下月刊》在中国抗日战争的对外传播、中国文化形象的建构、中西文化比较与交流等方面所发挥的重

---

① 严慧：《超越与建构：〈天下〉与中西文学交流（1935—1941）》，北京：光明日报出版社，2011年。
② 彭发胜：《向西方诠释中国——〈天下月刊〉研究》，北京：清华大学出版社，2016年。

要作用，并分析了该刊所选择的归化与异化的翻译方法，梳理和研究该刊在中国现代文学英译方面做出的贡献。

3. 海外馆藏及研究

本书作者主要通过在 Worldcat① 上进行检索，查找两刊在海外的收藏及利用情况。Worldcat 作为世界上容量最大的图书馆目录检索平台，能够查找到欧美等国家主要图书馆所收藏的各类文献资料。在其首页"检索"菜单栏中点开"搜索图书馆资料"，在对话框中输入"zhongguo pinglun zhoubao"得到 6 条检索结果，其中"期刊、杂志"条目下有两个。"1. The China Critic＝zhongguo-pinglun-zhoubao"，点开后显示该刊于 1939—1946 年在上海出版，数据来源于电子资源数据库"ProQuest Chinese Newspapers Collection"，该馆藏属于德国柏林的图书馆。第 2 条是"2. China Critic＝zhongguo-pinglun-zhoubao"，显示该刊于 1928—1940 年在上海出版，馆藏属于历史原刊，在德国海德堡的图书馆。在同样的检索栏对话框中输入"the China Critic"，获得 80 个结果，其中"期刊、杂志"条目下有 8 个，欧美各国近 50 家图书馆有相关馆藏。其中包括历史原刊和缩微胶片即 Microfilm，由美国国会图书馆中国研究文献中心（Center for Chinese Research Materials）于 1972 年制作，共包括 24 卷。此外，美国纽约公共图书馆还在 1956 年制作了 1 卷 35mm 的缩微胶片，内容包含该刊 1939 年 1 月至 6 月及 1940 年 7 月至 1946 年 5 月终刊时所有的内容。此外，英文标题为"The China

---

① Worldcat 是由 OCLC 公司（联机计算机图书馆中心）开发创立的在线编目联合目录。作为世界最大的联机书目数据库，通过 Worldcat 目前可以搜索 112 个国家的图书馆，包括近 9000 家图书馆的书目数据。Worldcat 是世界范围内图书馆和其他资料的联合编目库，从中可搜索到书籍、期刊、光盘等的收录信息和馆藏地址。

Critic"，中文标题为"中国评论周报"，刊期包括1928—1946年。中国国家图书馆出版社2010年出版的影印版本比较全面地保存了这份报刊资料。电子数据库版是ProQuest Chinese Newspapers Collection Digital 2014年制作的"Chinese Newspapers Collection，1832—1953（近现代中国英文报纸库）"，收录1939—1946年期间的《中国评论周报》，提供广告、社论、漫画及全文检索。由此看来，The China Critic（《中国评论周报》）在欧美图书馆馆藏形式主要有四种形式，即历史原刊、影印版本、微缩胶片和电子数据库。然而由于原始报刊在海外的分散，许多文献形式并不完整，如"Chinese Newspapers Collection，1832—1953（近现代中国英文报纸库）"电子数据库中仅仅收录了该刊后期的报刊，美国国会图书馆的缩微胶片也缺失了该刊1945年复刊至1946年的内容。然而对于不易保存的纸本原刊，各个图书馆的收藏也是多有散佚。以加州大学伯克利分校的纸本原刊馆藏为例，该馆收藏了大部分该刊的内容，而且属于历史原刊。该馆收藏有从1928年第1卷至1940年第31卷内容，即《中国评论周报》创刊至抗战爆发后停刊的部分，但抗战胜利后复刊的内容缺失；而且除去合订本之外，其余分册大多有不全，如第1卷中缺失第4、8—16、25—27等期。可见在战争年代，虽然这些刊物曾经远渡重洋寄往美国，但因为时局动荡及邮路不通等原因，某些刊期并未按时送抵。笔者在伯克利图书馆看到的历史原刊，除了第1卷的几期是后来收集补充起来的以外，其他的都是当时出版公司寄送到图书馆的。如1930年的第5期上的图书馆印章可以看出，当时出版的刊物在5个月后由图书馆编目收藏，然后再做成合订本进行成套收藏。

T'ien Hsia Monthly（《天下月刊》）由别发洋行出版发行，依靠其遍布全世界的发行销售网络，该刊得以发行到世界各地，被各地图书馆所收藏。通过Worldcat检索发现，全球超过90余家图书馆收藏有纸质版天下月刊，而2009年中国国家图书馆出版社出版的影印版也被 7 家欧美图书馆收藏。 美国国会图书馆曾经做过 35mm 的缩微胶片,还有另外一个版本的缩微胶片 Microfiche. Zug, Switzerland: Inter Documentation Co. 121 microfiches;11 cm×15 cm。 此外,该刊的电子数据库版由 Gale 制作,收录在 "China from Empire to Republic: Missionary, Sinology and Literary Periodicals 1817—1949" 中。 综上所述,《天下月刊》在欧美的馆藏形式也大致可分为纸质原刊、影印版本、缩微胶片和电子数据库等几种;其中缩微胶片由美国国会图书馆、瑞士胶片公司制作完成,电子数据库由 Gale 制作。 相较而言,《天下月刊》的各种收藏较为完整。 本书作者在加州大学伯克利校区主图书馆看到的馆藏本为合订本原刊,刊期比较完整,且纸张保存完好。

作为 20 世纪上半叶中国自主出版的英文报刊,《中国评论周报》、《天下月刊》不仅在海外被众多图书馆及数据库收录,同时也得到了国外学界的关注与研究。 美国学者 Eugene Lubot(尤金·鲁伯特)在 *Liberalism in an Illiberal Age: New Culture Liberals in Republican China 1919—1937*(《不自由时代的自由主义——民国时期的新文化自由派,1919—1937》)[1]一书中,将《中国评论周报》与《新月》、《独立评论》一起列为 1928—1937 年间带有自由色彩的刊物,研究其复杂的文化立场,即在提倡新闻自由的同时,又支持国民政府压制外报舆论。 华裔美国学者沈双的专著 *Cosmopolitan Publics: Anglophone Print Culture in Semi-Colonial Shanghai*(《世界性公共空间——半殖民地上海的英语印刷文化》)[2],揭示了以《中国评论周报》、《天下

---

[1] Eugene Lubot, *Liberalism in an Illiberal Age: New Culture Liberals in Republican China 1919—1937*, Greenwood Press, 1982.

[2] Shuang Shen, *Cosmopolitan Publics: Anglophone Print Culture in Semi-Colonial Shanghai*, Rutgers University Press, 2009.

月刊》、《二十世纪》等由中外知识分子所创办的英文期刊,在映现上海的文化景观、表达他们的文化主张以及中国文学文化向外传播等方面所体现出来的文化价值与意义。该书还对林语堂、姚克离开上海分别前往美国、香港时期的英语写作进行了研究。 English-Language Press Networks of East Asia, 1918—1945(《1918年至1945年间东亚地区的英文新闻网络》)[1],分析了上海、北京等地中国英文报刊的发展,并指出全球学界对东亚地区英文报刊整体研究的缺失与不足。

此外,澳大利亚国立大学亚太学院在其创办的电子期刊 China Heritage Quarterly(《中国遗产季刊》)中,先后设立专栏对《大卜月刊》与《中国评论周报》进行专题介绍。该刊主编不仅对《中国评论周报》的办刊历程进行了细致梳理,还对其中的专题文献进行了全面整合,并以开放资源的形式为全世界的学者提供了便利的文献。此外,该刊还约请全球的相关学者分别撰稿对两刊的各个专题进行阐述,当今各国学者如 Rudolf G. Wagner、Shuang Shen(沈双)、Qian Suoqiao(钱锁桥)、Michael Hill、Frank Dikötter、Leon Rocha、Fan Liya(范丽雅)以及 Shuge Wei(魏舒歌)等纷纷撰写文章探讨两刊的文化价值。特别是德国海德堡大学中国出版研究资深专家 Rudolf G. Wagner 的论文"Don't Mind the Gap! The Foreign-language Press in Late-Qing and Republican China"[2],从中国近现代历史上出现的外文出版媒介入手,以较为宏观的视域梳理了外文报刊及图书出版在建构中国文化多样性上所呈现出的独特意义。

---

[1] Peter O'Connor, *English-Language Press Networks of East Asia, 1918—1945*, Leiden, NL: Global Oriental, 2010.
[2] Rudolf G. Wagner, "Don't Mind the Gap! The Foreign-language Press in Late-Qing and Republican China", *China Heritage Quarterly*, No. 19, September 2009.

该文特别研究了传教士、商人、政治势力及知识分子群体运用英文报刊在各自文化活动中的诉求,尤其是中国自办英文报刊在进行对外政治宣传及建构中国现代文化进程中的独特作用。可以说该文是研究中国近现代外文出版的重要论文,其中对英文报刊出版历史的梳理及探讨极具启发意义。

4. 研究述评

综上所述,国内外学界不约而同将研究关注点集中到了中国近现代历史的外文报刊尤其是英文报刊的出版上,并且不再以传统汉学研究的视角来探讨其文化价值,而力图在"中国学"的视野中揭示这些英文报刊在新闻学、历史学及文化学等各个领域中的丰富意义。现有的国外研究成果表明,国外学者大多将中国近现代英文报刊放置在世界历史发展的进程中,揭示出它们与左翼力量、东亚时局以及思想演变等时代潮流的关联与作用;从更广阔的视角来考察中国政治时局、新闻媒体及知识分子思想发展在世界历史进程中的影响和作用。

2000年以后,在新闻及出版传媒研究热潮的推动下,国内外学界对中国近现代英文报刊的研究也进入全面发展和深入的阶段,各类研究成果相继涌现;随着《中国评论周报》、《天下月刊》等代表性刊物相继影印出版,进一步促进了中国自主出版英文报刊研究热潮的兴起。学界在迎来研究热潮的同时,也应冷静思考其中存在的诸多问题。首先是研究方法较为单一,不管是宏观式的历史回顾,还是微观的个案研究,其研究方法大多仍然停留在史料梳理与描述阶段,只有少数学者能够立足于某一视角进行深入的文化解读与阐释;其次是还留有大量的研究空间亟待学界的进一步开掘,如中国国民党及知识分子群体创办的刊物还未能得到充分关注与研究;最后是重复性研究太多,学界应改变追求学术热点的弊端,以扎实的文献基础与恰当的理论视角,推进中国近现代英文报刊研究的拓展与深化。

本书是作者近年来致力于研究中国自主出版的英文报刊的积累与收获,重点探讨中国政府部门、政党机关、出版机构及知识分子群体通过创办英文报刊所进行的多样化文化实践;综合运用文学、历史学及文化学的研究理论与方法,深入揭示中国现代知识分子在引进西方文化的同时积极自主进行文化传播,在促进中西文化双向交流过程中所体现出来的历史贡献与文化价值。有关中国自主出版的英文报刊的研究,可为中国近现代政治、历史及文化等领域的相关研究提供新颖的史料,也可为中国现代知识分子思想史研究提供全新的视角,他们英语能力的获得、英文阅读习惯的养成以及与外国知识分子的文化交往活动等,都可以从这些英文报刊中获得最直接的史料,可以说英文报刊是促动中国现代知识分子转变成为"现代人"与"世界人"的重要媒介。因此,中国自主出版的英文报刊在中国近现代史及中西文化交流史上具有不容忽视的文献意义与文化价值,理应得到学界的关注与研究。

二、理论视域:"文化认同"与"跨语际实践"

1. "文化认同"的概念及内涵

在中国近现代历史进程中,随着西方文化的不断渗入,文化认同问题愈加凸现出来。中国知识分子对中西文化的选择与认同,不仅体现出了他们主体性的文化心态,也昭示出中国文化现代性的建构趋向。因此对中国现代知识分子的文化认同问题研究,能够从更广阔和深入的层面拓展中国现代文学及文化研究的向度。

文化认同(cultural identification)指人对文化的一种认知和归属,既是一种心理倾向,更是一种实践过程。"认同"一词原是心理学上的一个概念,最初被心理学家埃里克森用于研究青少年心理问题,后来被社会学家、文化理论家用来研究人的文化心理。不同的文化有不同的价值体系,自我一旦被某种文化的价值所教化,在心理上就会产生一种认知和归属心理。因此,文化认同表现为对一种文化价值认识的自觉或觉醒。"文化认同",常与"文化身份"相提并论,是文化研究中的两个重要的概念,二者之间有着密切关联。"认同"与"身份"在英语中的对应词语都是"identity",词根是"idem"(含"same"之意),具有哲学上"同一"的意义,其基本含义是指"物质、实体在存在上的同一性质或状态"①。因此"文化身份"与"文化认同"意义相近。尽管如此,但"从词性上看,'身份'应当是名词,是依据某种尺度和参照系来确定的某些共同特征与标志。'认同'具有动词性质,在多数情况下指一种寻求文化'认同'的行为"②。在理论内涵及意义上,"文化认同"这一概念,往往又吸收了西方理论界有关"文化身份"的诸多阐释。英国著名文化研究学家霍尔对"文化身份"的阐述包含两层意义,第一种意义是指一种"共有的文化","反映共同的历史经验和共有的文化符码","提供在实际历史变幻莫测的分化和沉浮之下的一个稳定、不变、相连续的指涉和意义框架"③。因此"文化身份"最基本的表征在于体现了一个民族、群体及个体的核心和本质文化属性,具有相对稳定性与延续性的特征。它更多指向一个国家和民族传统文化遗存以及这种遗存在个体身上的文化显现。然而"文化身份"不仅体现了一种文化稳定性的延续,还应该包含文化个体或群体在具体的历史语境中对自我"文化身份"的建构过程。霍尔在"文化身份"第一种意

---

① 阎嘉:《文学研究中的文化身份与文化认同问题》,《江西社会科学》,2006年第9期,第62页。
② 阎嘉:《文学研究中的文化身份与文化认同问题》,《江西社会科学》,2006年第9期,第63页。
③ 罗钢、刘象愚主编:《文化研究读本》,北京:中国社会科学出版社,2000年,第211页。

义的基础上,进一步揭示出"文化身份"在历史的变化中不断遭遇到"嬉戏"的过程:"在这第二种意义上,文化身份既是'存在'又是'变化'的问题。它属于过去也同样属于未来。它不是已经存在的,超越时间、地点、历史和文化的东西。文化身份是有源头、有历史的。但是,与一切有历史的事物一样,它们也经历了不断的变化。它们决不是永恒地固定在某一本质化的过去,而是屈从于历史、文化和权力的不断'嬉戏'。"①在这里,霍尔强调了"文化身份"在历史时代语境中的非连续性建构过程。"文化身份"不仅是个体或群体文化认同的对象及内容,同时还指寻求建构"文化身份"的过程。"从主观视角出发,文化身份根本就不是固定的本质",在带有"一种身份的政治学、位置的政治学"基础上,"在历史和文化的话语之内"进行文化"定位"②。虽然"文化认同"与"文化身份"内涵意义的侧重点不同,"文化身份"话语为"文化认同"研究提供了有意义的借鉴。霍尔对于"文化身份"两种意义内涵的阐释,有效开拓了"文化认同"问题的研究向度,不仅确定了认同"源头",还指出其未来发展的可能,更为重要的是揭示出在由"历史"走向"未来"之中的作用力,即"文化认同"的外在历史语境影响与内在主体性选择。因此可以说,文化认同不是一个静止的、已经完成的状态,而是一个动态的开放的过程。"尤其是在'流动的现代性'的状态下,马克思'一切固定的东西都烟消云散了'的论断,非常适合于文化认同问题。因

---

① 罗钢、刘象愚主编:《文化研究读本》,北京:中国社会科学出版社,2000年,第211页。
② 罗钢、刘象愚主编:《文化研究读本》,北京:中国社会科学出版社,2000年,第213页。

为'流动性'使得我们的认同变得越来越具有开放性和变动性。"①所以文化认同不等于文化,不是一个能够具体进行描述的"客观实体",而是一种"康德意义上的反思建构物","是本文化的主体承载者对文化现实的历史与现状的有意识的话语建构",可以纳入思想史领域中的"思想活动研究"②。因此,我们应该改变以往对"文化认同"固定性模式化的"事实性认同"的理解,将"文化认同"纳入动态性的实践过程中,实现"从初级的'事实性认同'向现代的'构建性认同'的方法论转变",认识到现代社会的"文化认同""应该是一种新的'建构性认同'方式,即不是静态地对历史或现实的文化价值的认定,而是以一种积极的、参与的、建构的方式,通过对什么是'好的'共同体文化的开放性讨论,比较各种文化价值的意义,在一种动态的过程中逐步构建共同体的文化认同"③。

文化认同作为个人及群体的一种基础性文化活动,与自我认同、群体认同、种族认同、民族认同等共同构成了认同的诸多类型,但文化认同属于核心位置,"一方面是因为在民族认同、社会认同和自我认同中都包含着文化认同的内容,即使是种族认同,也包含着文化认同的因素"④。在人类发展的早期,由于人们的生活相对封闭,文化认同在一定程度上与种族认同重合。随着不同种族、民族之间交往的展开,不同文化之

---

① 周宪主编:《中国文学与文化的认同·序》,北京:北京大学出版社,2008年,第1页。
② 张宁:《文化认同的多面性》,周宪主编:《中国文学与文化的认同》,北京:北京大学出版社,2008年,第11页。
③ 许纪霖:《文化认同的困境——90年代中国知识界的反西化思潮》,《华东理工大学学报(文科版)》,1996年第4期,第102页。
④ 彭金富:《跨文化交往中的文化认同》,华中科技大学硕士学位论文(未刊本),2007年,第9页。

间的交流不断加强，文化认同问题日益凸现出来。文化认同又与民族、国家认同呈现出叠合的趋向。但文化认同不能等同于民族与国家认同。因为在同一民族或国家内部可能存在不同的文化认同，而不同民族与国家也可能共享某种文化认同。从文化认同的实践主体来看，可分为个人、群体（社团）及民族、国家等几个类型，个人为寻求一定的文化归属，会实现对某一社团、政党的文化认同。但当某种稳定认同属性形成之后，面对新的文化影响，个人对文化认同群体归属变得疏离起来。也就是说群体文化认同对于个人的文化认同具有一定的影响力，同时个人对群体文化认同也存在间隔力。同理，社团文化认同与民族国家文化认同之间也存在着相互的作用力。正是这种作用力使得文化认同总是处在一种十分活跃的状态，一方面促进了某种文化认同的形成，另外一方面新的历史动因的出现，使得原有的文化认同瓦解，而催生出一种新的文化认同。文化认同的开放性、动态性与文化所具有的永远变化的本质属性相一致。从文化认同的内容上看，本民族本国家的文化是文化认同的核心和本质，因此在通常意义上，文化认同往往用来描述一个民族或国家的文化特质或属性，是维持本民族国家文化存在发展的连续性、稳定性的内容。但文化认同不能只是表现在对"自我"文化的认同，还包括对"他者"文化的认同。"在文化冲突中，异文化是最活跃，最具革命性的因素。而不论通过激烈的冲突还是没有冲突而导致的对异文化的认同，都意味着对于异文化的接受。"[①]异文化，或者说"他者"文化是"自我"文化最为有力的文化参照，"自我"文化在对差异的认识中确立自身的认同；但同时"他者"文化又能打破"自我"文化封闭落后的状态，为其提供有益的借鉴与助益，使之能够积极发展。

---

① 郑晓云：《文化认同论》，北京：中国社会科学出版社，2008年，第245页。

因此文化认同涵盖"自我"与"他者"文化认同两个方面，形成了多元化的倾向。但即使在对"自我"与"他者"的文化认同中，由于个人或群体所具有的不同教育背景、文化经历及社会地位，个人或群体文化认同在内部也呈现出多元化的状态。以中国现代知识分子为例，留日族群与留学欧美族群在对西方文化的认同上表现出了不同的选择。综上所述，文化认同是不断变化的动态文化实践过程，由于不同的历史动因与认同主体的多样化选择，文化认同往往呈现出多元化的倾向，"文化认同过程既是空间性质的，也是时间性质的，更确切地说是人类在时空系统中互相塑造的过程。任何文化认同都交织着新与旧、过去与现在、外来与本土以及实在和象征"①。

2. 中国现代知识分子多元文化认同的历史动因

本书使用"文化认同"理论来考察中国现代知识分子的文化实践。通过探求中国现代知识分子"文化认同"过程，揭示出他们多元化的文化选择以及促动多元文化选择的历史动因。中国现代知识分子的诸多文化活动都可以视作"文化认同"的实践，纳入"文化认同"理论研究的视域。在寻求"文化认同"的过程中，创办文化期刊、建立文化社团是中国现代知识分子寻求文化认同的重要实践活动。现代传媒的迅速发展，推动了文化思想传播的广度和深度，使得文化认同在更广阔的空间里形成共同的"想象"。这种共同的"想象"吸引召唤着更多的个人或群体确立文化认同，并在此基础上形成文化社团、政党等广泛的"共同体"。"印刷术被运用于传播普遍的、扩散性的、大批量的、复制性的信息生产，在民族认同的现代建构进程不断生产出种种相关的语言和理念，这为一个可以想象

---

① 韩震：《论全球化进程中的多重文化认同》，《求是学刊》，2005年第5期，第23页。

的、匿名性的民族共同体的确立奠定了基础。"①此外，文学及文化翻译是建构文化认同的主要方式和手段。中国现代知识分子不论是对本民族文化的继承与向外传播，还是对西方文化的引入与吸纳，都离不开文学及文化翻译活动。中国现代知识分子的翻译实践，包括"译入"与"译出"两个方向：通过译入，引进吸纳各种西方文化，实现对"他者"的文化认同即现代性文化认同建构，以此促成中国从军事、科技、政治到文化思想的现代性转变；通过"译出"，介绍传播中国文学及文化思想，寻求民族文化认同，以文化认同促进民族认同，力图化解近代以来的中华民族与文化危机。因此可以说，经由翻译的方式，通过文化传媒及文化社团的实践，中国现代知识分子寻求对西方文化与民族文化的双向认同，在继承民族文化传统、吸收西方文化思想的过程中，寻求中国文化现代性建构。由于中国现代知识分子所处的半殖民主义[②]历史语境，以及各自的教育背景、文化经历及社会地位的不同，中国现代知识分子在对西方文化与民族文化认同过程中，基于个人文化构成表现出个体性文化选择取向，呈现出多元化的倾向。"多元化"的含义不仅是指对西方文化与民族文化构成的非单一性文化认同对象，同时还指在寻求某种文化认同过程的个体及群体的多样性文化选择，另外还指文化认同的诉求往往与政治认同、民族认同的多重叠合的倾向。

（1）"半殖民主义"历史语境

促成中国现代知识分子多元文化认同产生的历史动因何在？要回答这一问题，首先要审视中国所处的特定历史情境。

---

① 殷曼楟：《认同建构中的时间取向》，《中国文学与文化的认同》，北京：北京大学出版社，2008年，第227页。
② 对于"多元化文化认同倾向"的形成原因本书后文将予以阐述。

中国所处的半殖民主义①的历史语境,西方各国"分而治之"殖民统治而存在的"缝隙",使得中国现代知识分子与亚洲其他国家知识分子的文化选择表现出不同的倾向。伴随着经济、军事侵略的过程,西方文化对中国知识分子产生了巨大的冲击。在后发性现代化进程中,为确认"自我"在现代历史进程中的存在,西方文化成了中国知识分子"现代性"想象的重要参照与资源。1840年鸦片战争前后,西方在中国开始逐步推行更为深入的文化殖民统治。如当时欧美等国在中国设立了包括小学、中学及大学等各级教会学校,对中国学生推行新式的文化教育,不仅包括各类自然及社会科学教育,还积极进行宗教思想的传播。因此从后殖民主义的理论视角来看,西方国家对亚洲各国的侵略,不只是疆土的开拓、经济的开发及军事的侵略,而更重要的是文化渗透的过程。艾勒克·博埃默在《殖民与后殖民文学》一书中突出强调了文化殖民在大英帝国推行殖民政策过程中的重要作用,"对一块领土或一个国家的控制,不仅是个行使政治或经济的权力问题;它还是一个掌握想象的领导权的问题"②。作者以英国对印度的文化殖民作为典型例证

---

① 此处"半殖民主义"指"文化政治意义上"的概念,借鉴了史书美在《现代的诱惑:书写半殖民地中国的现代主义(1917—1937)》(*Writing Modernism in Semicolonial China, 1917—1937*)一书中对"半殖民主义"的相关阐述,"我在本书起用术语'半殖民主义'来描述存在于中国的多重帝国主义统治以及他们碎片化的殖民地理分布(大部分局限在沿海城市)和控制,同时我也希望通过此术语描绘出相应的社会和文化形态"。参见[美]史书美:《现代的诱惑:书写半殖民地中国的现代主义(1917—1937)》,何恬译,南京:江苏人民出版社,2007年,第37页。
② 艾勒克·博埃默:《殖民与后殖民文学·引言》,盛宁、韩敏中译,沈阳:辽宁教育出版社,牛津大学出版社,1998年,第6页。

进行说明,"将古代的宗教法典与现代的科学知识结合起来,被视为统治印度的最为行之有效的办法"①。在这种文化殖民的过程中,西方国家实现了对"他者"的"自我化"过程,并以西方的一整套政治、经济及文化逻辑来对殖民地进行统治。萨义德在《文化与帝国主义》中将"帝国主义"称作"一种合作的过程",它的突出特点是"一种教育运动","它十分有意识地表明要实行现代化、发展教育与文明。亚洲、非洲、拉丁美洲、欧洲和美洲的学校、教会、大学、学会、医院的记录中充满了这种历史。经过了一定的时间,就出现了所谓的现代化倾向"②。与亚洲如印度、越南、菲律宾等其他殖民地国家不同,中国在鸦片战争后沦为半殖民地国家。中国在半殖民地历史时期内的各种文化表征要比殖民地国家的情形复杂得多,一方面帝国主义在中国推行文化殖民统治方式有一定的普遍性,"对诸如中华民国这样的部分被殖民的国家,西方帝国主义进行社会遏制和控制的手段也是教育,这可以影响到更为'先进的'(可以解读为更为'西化的')本土知识精英"③;另一方面,帝国语言并没有成为官方语言,母语写作(已经经过重大改造的现代汉语写作是中国现代文学的重要语言媒介)仍然占据着不可撼动的主要地位;再如帝国主义者只能依靠法外治权

---

① 艾勒克·博埃默:《殖民与后殖民文学·引言》,盛宁、韩敏中译,沈阳:辽宁教育出版社,牛津大学出版社,1998年,第13页。
② 萨义德:《文化与帝国主义》,李琨译,北京:生活·读书·新知三联书店,2003年,第318页。
③ 史书美:《现代的诱惑:书写半殖民地中国的现代主义(1917—1937)》,何恬译,南京:江苏人民出版社,2007年,第16页。

来强行推行其政治霸权统治，等等。① 史书美在《现代的诱惑：书写半殖民地中国的现代主义（1917—1937）》一书"导论"中以"半殖民主义的文化政治"对中国所处的独特历史语境进行了细致而深入的文化解读。她认为"半殖民"在更广泛的意义上指当时中国所处多元复杂的文化状态以及由此带给中国知识分子文化选择的多样性倾向："我选用'半殖民主义'一词来描述中国之文化和政治状况的做法，突出了中国殖民结构的多元、分层次、不完全和碎片化的特性。'半'并非'一半'的意思，而是标明了中国语境下殖民主义的破碎、非正式、间接和多元分层等的过程。"②西方殖民者在中国处于"分而治之"的状态，文化上没有在全国范围内强制推行统一的文化思想。因此可以说无论是政治还是文化殖民统治，西方各国都未能对中国实现彻底的"自我化"。这也为中国近现代知识分子的文化认同提供了多元化文化选择的空间。"政治文化领域内的碎片化状态事实上导致了中国知识分子的多元化追求"，"知识分子立场的多元化很大程度上反映了中国文化想象的紧急状态，充满了似是而非且变化多端的异质性。知识分子努力地在

---

① 对此史书美在其书中亦有分析："与其他被正式殖民的第三世界国家不同，中国从未整体地被殖民过，也从未存在过一个中央殖民政府来管理遍布全国的殖民机构。中国在语言上保持完整性的事实即是中国语境下殖民主义的不完整性的文化证据。殖民国的语言从未强迫性地要求取代中国的本土语言，而中国的官方语言也一直都是汉语。"[美] 史书美：《现代的诱惑：书写半殖民地中国的现代主义（1917—1937）》，何恬译，南京：江苏人民出版社，2007年，第41页。

② 史书美：《现代的诱惑：书写半殖民地中国的现代主义（1917—1937）》，何恬译，南京：江苏人民出版社，2007年，第41页。

不同的方向上寻求着对中国问题的解答"①。西方各国的文化思想都得以在中国译介传播，并在各个社会领域以多种方式进行。在文学领域，西方现代主义文学的引入催生了中国现代派文学的兴起与发展，并促动着中国文学的现代化进程。因此可以说，西方文化认同是中国现代知识分子建构现代性自我身份的重要表现，出于不同的文化诉求，他们对西方文化的内在部分表现出了不同的选择倾向。

（2）多元文化冲突中的文化心态

如果说"半殖民地"的历史语境构成了中国近现代知识分子多元化文化认同的外在图景的话，那么他们自身的文化构成及文化心态则是影响着其文化认同的个体性因素。所谓文化构成，是指影响中国现代知识分子文化观念形成的主导因素，包括知识分子的出生环境、教育背景与社会交往活动。中国近现代知识分子身处历史急剧转型的时期，一方面他们早年接受过私塾教育，拥有一定的传统文化知识背景，中国传统文化是他们最为本质和基础的文化底蕴。同时他们是接受了新知识、新思想的一代知识分子，从中学阶段起便开始在新式学堂或教会学校接受西方文化教育，如学习英语、自然科学知识等，并通过各种文化期刊对当时由西方传入中国的各种新思想有所认识和接受。此外，一大批中国知识分子都曾经留学海外，进一步扩展了他们的文化视野与思想。传统文化与西方文化共同构成了中国近现代知识分子的知识体系。然而鸦片战争之后，作为中国知识分子文化根基的传统文化遭遇了前所未有的挑战与冲击。西化派知识分子急切吸取西方近现代文化思想，力图通过"现代性"的文化建构，促进民族国家的现代化进程，实现挽救民族文化危机、促进中国文化进步发展的愿景。然而中国近

---

① 史书美：《现代的诱惑：书写半殖民地中国的现代主义（1917—1937）》，何恬译，南京：江苏人民出版社，2007年，第42页。

现代知识分子在对"现代性"的追求过程中,也未能迅速建立起有效的新文化思想价值体系,来引领中国民众的整体文化认同。东方派知识分子对传统文化的封闭式保守主义态度,不断遭受到各种批判,无法确立有力的文化信仰。于是中国近现代知识分子不可避免地陷入了四处突围的文化心理困境中。这样一种文化心理状态,可以借用后殖民理论中的"流亡"、"流放"、"离散"等术语进行阐释。萨义德在《知识分子论》一书第三章"知识分子的流亡——放逐者与边缘人"中阐发了他对于"流亡的知识分子的诊断",他认为"流亡""既是个真实的情境","也是个隐喻的情境",不能仅限于"有关流离失所和迁徙的社会史和政治史"。他进一步指出:"流亡就是无休无止,东奔西走,一直未能定下来,而且也使其他人定不下来。无法回到某个更早、也许更稳定的安适自在的状态;而且,可悲的是,永远无法完全抵达,永远无法与新家或新情境合而为一。"[①]"流亡"一词在后殖民语境中与"流放"、"离散"等词有着某种意义的关联,具有多重复合的含义:"它既指地域意义上的流放(指生活国度的改变),也指种族(或血缘)意义上的流放,即父母来自不同的血统或不同的种族;同时指心理和文化意义上的流放。"[②]如果说地理位置的变迁以及血缘、种族关系的融合过程,带来了不同文化冲突而产生的文化位移与混合的状态,标示出了后殖民理论视域下"流放"或"离散"文学及文化的特质。那么民族独立之前的殖民历史时期,这些国家的知识分子处在传统文化与西方文化之间激烈冲突中复杂多元的文化心理状态,也可算作更广泛意义上的"流放"及"离散"的

---

① 萨义德:《知识分子论》,单德兴译,北京:生活·读书·新知三联书店,2002年,第48页。
② 任一鸣:《后殖民:批评理论与文学》,北京:外语教学与研究出版社,2008年,第131页。

状态——即"文化意义上的流放","指文化身份的混杂或跨越状态"①。这种文化上的"流放"状态使得中国现代知识分子的文化认同呈现出多元化的走向,以中国现代作家为例,西方国家近百年的各种文学思想为不同的作家所吸纳,如现实主义、浪漫主义以及现代主义等各种文学思想及创作方法被引入中国现代文学实践中,中国现代文学因此而呈现出多样的风貌。此外,同一个作家前后的文学及文化思想也经历了变化的过程,如鲁迅由前期的进化论者转向左翼文艺革命的同情者与支持者。而更为重要的是,在这种文化"流放"状态下,中国现代知识分子对各种文化论题的论争也在深入而广泛地发生着,如关于东西文化的论争、欧化语体文的论争以及民族文艺形式的论争,等等。这些文化论争集中体现了中国近现代知识分子各自不同的文化主张。"流放"的文化心理状态为中国近现代知识分子提供了更多可能的文化选择机会,同时也让他们体会到了更多心灵的焦灼与困顿,"对于自我归属的困惑和失落,使'流放'者的心灵失去了精神的家园,心灵无所归依,自我的身份无法在一种有延续性的社会文化中得到确认,自我在文化错置的过程中迷失了"②。尤其是在新文化运动落潮之后,中国知识界陷入无路可走的困境。"经过'五四'运动的洗礼,中国文化和文学距离(以西方为主体的)世界更近了,却与自己的传统更远了。更为糟糕的是,一些'五四'的先驱者们在砸烂孔家店的同时,竟然把作为中华文化象征的儒学中的一些积极的因素也全然摒弃了,所导致的结果便是后来出现在当代中国的

---

① 任一鸣:《后殖民:批评理论与文学》,北京:外语教学与研究出版社,2008年,第133页。
② 任一鸣:《后殖民:批评理论与文学》,北京:外语教学与研究出版社,2008年,第143页。

'信仰危机'。"①在现实历史情境中，新文化运动的健将们散入不同文化征途中。胡适在20世纪20年代以后埋头"整理国故"；鲁迅历经了厦门、广州的辗转到达上海，选择做自由写作者；林语堂在武汉短暂逗留之后来到上海，经由英文小品文写作走向了倡导"幽默"、"性灵"的文化之旅。从20世纪20年代后期开始，中国知识分子开启了一段新的文化征程，即在重新审视西方文化的基础上，寻求民族文化认同，建构自我文化身份。随着日本对中国的侵略日益加剧，在这民族危亡时刻，民族文化的认同与文化身份的建构显得更为急切和重要。尤其是政治力量对民族文化的重视与推崇愈加强化了中国现代知识分子对民族文化认同的情感和要求。国民党政府推行"本位文化"建设，力图以中国传统文化经典来作为凝聚民族精神力量的载体。共产党通过对"民间文艺"的提倡与促进，力图调动和唤起广大民众参与抗战。民族文化内容的不同层面都获得了重新挖掘与整理，成为想象民族国家"共同体"的重要文化载体。因而在这一意义上，文化认同与民族国家认同具有某些重叠的部分，但文化认同又不仅限于此，还包含着主体性文化认同的特质。由此可见，中国近现代知识分子在文化认同问题上表现出的多元化特征，是由"半殖民"文化历史语境与文化主体多元化选择共同作用而形成的。

在"文化认同"理论视域下检视20世纪20年代以后中国知识分子的文学及文化实践，可以发现他们对于民族文化的态度相较于前几代知识分子，有了重大的转变。他们对民族文化予以充分重视，民族文化在他们的视野中不再是可以随意唾弃的文化糟粕和旧式思想的载体。文化界开始对传统文化进行整理、研究甚至是新的建构。从"学衡派"倡导"整理国故"，

---

① 王宁：《重建全球化时代的中华民族和文化认同》，《社会科学》，2010年第1期，第101页。

到30年代"国学"出版热潮，以及林语堂以英文写作向外传播中国"智慧"，中华民族文化得到不同程度的整理和发扬。这种对民族文化重视的态度背后有着复杂的历史语境，它既反映了中国知识分子对新文化运动的校正，也体现了第一次世界大战后西方知识界对中国文化的重新审视。然而更为重要的是，在建构文化身份的过程中，后"五四"一代知识分子不仅表现出对民族文化本体的高度"认同"，还以现代性视角对民族文化进行"再解读"、"再创造"。在这一过程中，西方文化仍然是重要的参照系，通过对西方文化的借鉴与吸收，中国知识分子才能逐步实现"未完成的现代性"，摆脱中国在世界历史进程中的后发之境，并以此标示自我作为世界范围内"现代文化"成员的身份。因此可以说，西方文化是中国知识分子文化认同中的重要"他者"。萨义德在《东方学》中指出："自我身份的建构——因为在我看来，身份，不管是东方的还是西方的，法国的还是英国的，不仅显然是独特的集体经验之汇集，最终都是一种建构——牵涉到与自己相反的'他者'身份的建构，而且总是牵涉到对与'我们'不同的特质的不断阐释和再阐释。每一时代和社会都重新创造自己的'他者'。"[①]因此可以说"他者"参与了"身份"建构过程，其中包括文化认同中"他者"文化的影响，对于中国现代知识分子来说，西方文化构成了他们现代文化认同的重要一极。在20世纪三四十年代，中国学术研究十分丰富而活跃，其中一个重要的内容是对中国古典文学的研究，如钱锺书对唐宋诗的研究、郑振铎的通俗文学史研究、郭绍虞的文学批评史研究，等等。这些研究在研究中国文学历史发展特质的基础上，引入了西方的研究方法进行新的阐发，"不是简单照搬外来理论，而是在具体的研究中吸收各种研究方法

---

① 萨义德：《东方学》，王宇根译，北京：生活·读书·新知三联书店，2007年，第426页。

并融会贯通,形成有自己研究特色的研究方法,或者说,这些新铸就的文学研究方法本身就是中国文学研究的现代形态"①。中国现代知识分子在文学、史学、社会学等领域所建构的带有鲜明主体风格的学术方法和思想,又成为后世知识分子现代性文化认同的基础。由此可见,20世纪20年代以后,中国知识分子在对传统文化认同的过程中,具有了更为开拓的文化视野,能够以理性的视角审视中西文化的发展,并在此基础上重建中国现代学术主体,体现出较强的文化创造力。

3. "跨语际"实践中的文化认同

中国现代知识分子在寻求西方文化认同的过程中,跨语际文学与文化实践扮演着重要的角色。从西方文学及文化著作的直接译介与阐发,到西方"话语"在中国的移植与借用,西方文化经由跨语际实践进入中国,成为中国现代文化发展的重要推动者。然而以往学界对跨语际实践的研究大多是单向度的,主要是指"译入"的过程。跨语际实践应该是双向的过程,既包括"译入"的过程,也应该包括"译出"的向度。作为寻求民族文化认同的重要活动,对外翻译或者说"译出"的过程,还远远未得到充分的关注与研究。

跨语际实践,也称跨语种实践,是指以非母语为语言形式所进行的文学及文化活动,包括文学创作、文化翻译及文化交往等。它既包含本民族本国家个人或群体所进行的他语种文化实践,如中国现代知识分子所进行的英语、日语、法语文学创作等文化活动,还指其他民族国家个人或群体在本国范围内所进行的本语种文化活动,如西方传教士、知识分子在华进行的汉语文化活动。跨语际实践是一种跨文化实践,但更多强调通过语言形式转换而发生的跨文化交流活动。跨语际实践是一种

---

① 杨扬:《论20世纪三四十年代的中国文学研究》,《天津师范大学学报(社会科学版)》,2003年第2期,第53页。

十分普遍的文化活动，尤其是在世界各民族国家文化交流不断深化的历史时期。跨语际实践作为跨文化交往的重要组成部分，早已渗入中外文化交流研究领域。但"跨语际实践"这一概念自刘禾在《跨语际实践——文学，民族文化与被译介的现代性（中国，1900—1937）》一书中明确提出后，才开始逐渐引起广泛关注而得到频繁使用。刘禾在书中认为"语言问题"在跨文化研究中具有重要意义，由此提出"跨语际实践"（translingual practice）的观点，"目的在于重新思考东西方之间跨文化诠释和语言中介形式（linguistic forms）的可能性"①，"换言之，我所关注的是修辞策略、翻译、话语构成、命名实践、合法化过程、喻说（trope）以及叙事模式，自从19世纪后半叶以来，所有这些对中国现代经验的历史条件产生过重要的影响"②。刘禾在书中反复强调她的研究重点不是翻译过程中"词语"技术性转换，更多的是"汉语文学实践中'现代'的合法化过程"③。因此她研究的对象不是技术性语言转换行为，而是一些中国现代作家汉语经典作品及典型性的文化行为等。由此看来，刘禾"跨语际研究"是指源自西方的现代经验经由中国知识分子的"想象"以后，通过各种文化实践使之在中国文化语境中逐渐确立的过程。如她对鲁迅小说《阿Q正传》的解读在于考察鲁迅"如何通过建构一种符号意义介入的叙事主

---

① 刘禾：《跨语际实践——文学，民族文化与被译介的现代性（中国，1900—1937）》，宋伟杰等译，北京：生活·读书·新知三联书店，2002年，第1页。
② 刘禾：《跨语际实践——文学，民族文化与被译介的现代性（中国，1900—1937）》，宋伟杰等译，北京：生活·读书·新知三联书店，2002年，第5页。
③ 刘禾：《跨语际实践——文学，民族文化与被译介的现代性（中国，1900—1937）》，宋伟杰等译，北京：生活·读书·新知三联书店，2002年，第6页。

体而挪用国民性的话语的"①。这一研究实际上是探讨现代思想在跨文化语境的中国的移植与再现，以及中国知识分子在移植和再现"现代性"经验过程中的"暧昧"主体性。基于自身的语言学知识背景，刘禾的研究中充满了大量有关语言学、叙事学的理论，使得她的"跨语际"研究与以往的跨文化研究显现出了一种崭新的视角与意义。"把语言实践各种历史关系赖以呈现的场所加以考察。在这样一个特殊的场所，我们能以新的角度重新开启并追问西方统治与反帝斗争的意义。"②因此可以说，刘禾研究视域中的"跨语际"意义是指西方文化在另一种语境中的"旅行"。但是从该书的附录可以发现，刘禾列举了大量源自日本及欧美的汉语外来词，因此她的跨域研究无法超越基于语言转换的翻译过程。她的另一本书《语际书写——现代思想史写作批判纲要》（上海三联书店，1999），虽然没有使用"跨语际"概念，但仍然是以翻译过程作为研究的基点，来探讨西方话语在中国的移植与生成。因此，基于语言转换的翻译过程是刘禾"跨语际"研究的基点。"跨语际"这一概念自提出之后，便逐渐得到关注，并开始取代"翻译"一词，用来指称各种文学及文化翻译活动。如《"把世界带回家"——关于中国近代文学与文化的访谈》③一文在考察严复与近代文化关系时，将其翻译活动称作"跨语际实践"。而在《简论林语堂的

---

① 刘禾：《跨语际实践——文学，民族文化与被译介的现代性（中国，1900—1937）》，宋伟杰等译，北京：生活·读书·新知三联书店，2002年，第6页。
② 刘禾：《跨语际实践——文学，民族文化与被译介的现代性（中国，1900—1937）》，宋伟杰等译，北京：生活·读书·新知三联书店，2002年，第3页。
③ 胡志德、风笠：《"把世界带回家"——关于中国近代文学与文化的访谈》，《现代中文学刊》，2010年第4期。

跨语际传记写作》①一文中，研究者将林语堂以英文写作传记看作一种重要的"跨语际"实践活动。此外，韩毓海的文章《"中国"：一个被阐释着的"西方"——"跨语际实践"与当前文化研究方法论问题》，将"跨语际实践"看作中国当代文化研究的重要方法，"不仅是研究现代西方话语如何在中国的拓展和'启蒙'，而更是研究中国学者是如何操纵和控制乃至'利用'这些西方话语的"②。该文中"跨语际"的含义与刘禾著作中的内涵较为接近，强调"西方话语"在中国的生成与利用的过程。其他有关"跨语际"问题研究的多篇文章都是对刘禾著作思想的评介与阐发。由此可见，目前学界对于"跨语际实践"的研究，更多关注的是中国现当代历史语境中，西方思想经由译介之后"合法化"的过程。这些研究集中于汉语文学及文化实践，强调了译入与引进方向上的文化作用力，揭示出中国知识分子对西方文化移植引入中国的主体性建构过程。

然而在更广泛的意义上，"跨语际实践"指基于语言转换过程中的翻译活动，涵盖各种文学创作及文化交流活动：既包括文学创作；也包括翻译，即狭义上的文本翻译及广义上的文化译介；还包括跨语种的文化交往；最后还包括某种思想在他国的生成与建构的过程，如刘禾研究中所强调的现代思想在中国的跨文化生成。本书所使用的"跨语际实践"概念，主要是指基于语言转换基础之上的文学创作及文化翻译活动，也就是以非母语为语言形式所进行的文学创作及文化翻译的活动，本书中所涉及的语种是英语，主要研究中国现代知识分子的英语文

---

① 郭洪雷：《简论林语堂的跨语际传记写作》，《浙江师范大学学报（社会科学版）》，2009年第2期。
② 韩毓海：《"中国"：一个被阐释着的"西方"——"跨语际实践"与当前文化研究方法论问题》，《上海文学》，1996年第3期，第67页。

学实践。在本书中"跨语际实践"有着极为独特的指涉内容。从文化交流的导向上看,本书"跨语际文学实践"突出强调了对外译出为主的翻译活动和跨语种文学创作活动,包括中国古代及现代文学及文化经典的文本翻译及文化译介,也包括中国现代知识分子英语文学创作,还包括基于这些翻译活动基础之上的各种文化实践,如中外知识分子的文化交往、合作翻译及共同参与文化期刊的编辑出版等各种过程。此外,从文化认同的对象来看,在由中向外的跨语际实践中,中国现代知识分子不仅表现出了对民族文化强烈的认同倾向,此外还以直接移植与译介的方式,寻求对西方文化的认同。因此可以说中国现代知识分子在跨语际实践中,寻求着对西方文化与民族文化的双向认同。本书通过对中国现代知识分子"跨语际实践"发生的历史语境的回溯,探讨这一文化活动产生的历史动因与文化诉求。本书研究重点在于对"跨语际实践"中各种细节的描述,如中外知识分子公共文化交往空间的建构,如英语小品文创作的文体建设、翻译文本的选择及译者的翻译策略,等等。本书通过对中国现代知识分子跨语际文学实践的研究,力图揭示出中国现代知识分子对西方文化及中国民族文化的多元化认同倾向。

三、研究内容:跨语际文学实践中的多元文化认同

《中国评论周报》于1928年5月在上海创办,1940年11月停刊,抗战胜利后的1945年8月复刊,直到1946年6月终刊。其前后发展过程大略可分为三阶段:从创刊到抗战爆发;抗战时期;战后复刊到终刊。《中国评论周报》一定程度上属于同人刊物性质,虽从1928年创刊到1946年终刊,编辑成员前后有较大变动,但清华毕业生、欧美留学生、沪上学者是其中的主体编辑与作者,他们在《中国评论周报》上发表了大量的时事评论、文学与文化评论。《中国评论周报》首任主编是美国

哈佛大学毕业生张歆海，此后刘大钧、桂中枢也相继担任过主编。参与编辑的还有潘光旦、全增嘏、林语堂、钱锺书、吴经熊等知名学者。该刊主要栏目有："编辑评论"、"文化专论"、"一周大事"、"新闻评论"、"新书介绍"以及"小评论"、"知交剪影"（后为"亲切写真"）、"公众论坛"等。钱锺书大学毕业后曾任教于上海光华大学，兼任《中国评论周报》的编辑，发表了多篇文化专论；林语堂、全曾嘏、邝耀坤等先后担任"小评论"栏目编辑，在刊物上发表大量英文小品文；温源宁主持"知交剪影"专栏，发表过风格独特的英文人物小品，并为该刊写过多篇书评，介绍欧美文学与文化论著；潘光旦长期主持"新书介绍"栏目，介绍国外最新学术成果，尤其是国外学者有关中国问题的作品备受关注。此外，《中国评论周报》的"文化专论"栏目中发表了中外知识分子有关中国文学及文化的评论文章。唯有中西文化交流达到一定水平与程度，才能出现中国知识分子创办的英文刊物，《中国评论周报》作为文化交流的媒介，架起了沟通中外的桥梁。作为民国时期由中国学者主持的具有国际影响的重要英文杂志，它在现代中西文化交流史上占有一席之地，为以归国留学生为主体的民国知识界与国际文化界展开对话交流开辟了重要的通道。

《天下月刊》于1935年8月在上海创刊，1941年8、9月由于太平洋战事而停刊，总共12卷56期。它由南京中山文化教育馆资助创办，吴经熊任总编，温源宁为主编，前期林语堂、全增嘏任编辑，而后姚莘农（姚克）、叶秋原也参与了其编辑工作。《天下月刊》全年10期，除去6、7月之外，每月15日出版。《天下月刊》由位于上海南京路的别发洋行在国内及美、英等西方国家发行销售。该刊栏目设置前后保持了高度的连贯性，主要有"评论"、"专论"、"翻译"、"时评"、"文艺通信"等。作为一份全英文期刊，《天下月刊》倡导中西文化交流的理念，着力将中国文化译介传播到国外，在现代中西文化交流史上发挥了重要作用。它的编辑作者群中聚集了一批学贯中西的学者名流,其"专论"栏目刊载了大量有关中西文化评述的论文;更为重要的是,其"翻译"专栏发表了大量中国古代及现代经典文学作品的英文译文,为中国文学尤其是现代文学向外传播开拓了先河。《大公报》1935年10月2日文艺新闻栏介绍《天下月刊》月刊创刊号,曾说:"有温源宁、林语堂、钱锺书等的文章。洋人解释中国文化,往往不得真解,非中国明理的学者自己道出不可,林语堂、钱锺书诸公是可以胜任的。"

《中国评论周报》和《天下月刊》作为现代历史上重要的两个英文期刊,虽然其创刊时间有先后、内容各有侧重,但均聚集了当时学贯中西的学者名流,拥有一部分共同的编辑与作者。同时两刊宗旨相近——在时局动荡的年代呼唤和平的到来,倡导文化交流,促进中西沟通,着力将中国文化传播到西方。两个刊物的共同性还表现在与现代文学的关系上:作为英文期刊,它们是现代作家发表英文文学作品、译文与文化评论的园地,刊载了林语堂的英文小品文、温源宁的英文人物随笔、吴经熊的英文日记随笔、钱锺书的文化评论以及许地山、金岳霖、凌叔华、姚莘农、全增嘏等人的英文著述与文学翻译等。同时,中国文学尤其是现代文学的许多作品被翻译成英文在两个刊物上发表,如鲁迅的《怀旧》、《伤逝》、《孤独者》,冰心的《第一次家庭聚会》,巴金的《星》,萧红的《手》,沈从文的《边城》、《萧萧》,凌叔华的《无聊》、《疯了的诗人》、《写一封信》,曹禺的《雷雨》以及大量古典文学作品如《错斩崔宁》、《牡丹亭》、《春香闹学》、《儒林外史》等。此外,两刊的"文化专论"、"专著"以及《天下月刊》的"时评"栏目刊载有大量中国现代文学评论文章,姚莘农论戏剧、邵洵美论诗歌、林语堂论报刊文学等。

目前对于《中国评论周报》和《天下月刊》的研究多集中于两刊个案的研究，缺乏对二者内在关系的考察及深入的文化解读。本书从跨语际实践中的文化认同角度，结合具体文本分析来考察聚集在两刊周围的中国现代知识分子丰富多样的跨语际文学实践，并在此基础上揭示出他们的多元文化认同倾向。多元文化认同是指中国现代知识分子在对西方现代性文化与民族文化的双向认同中，由于不同的教育背景、文化经历及社会地位，他们在建构文化认同方面所呈现出的多元化文化选择。

首先表现在寻求对西方现代文化的认同上。从语言媒介来看，两刊的中国编辑作者使用的是英语这一国际通行语言。这在一定程度上，表现出他们对西方语言表达形式的认同。英语作为发源于西方、通行于国际的语言，成为20世纪以来非英语国家知识分子重要的非母语文化实践语言形式。它不仅有效地促进了不同国家民族之间的文化交流，而且现代英语风格简洁、形式流畅，使其成为更能表达现代思想的一种语言。因此英语得到了来自殖民地知识分子的接受。对于英语写作的认同，表现了中国知识分子渴望参与世界文化进程的愿望。如果说语言是一个民族最为重要的文化表征形式，英语承载着欧美文化的思想内质，那么选择英语作为写作语言，也潜在体现了中国现代知识分子的西方文化认同倾向。此外，《中国评论周报》和《天下月刊》作为中国知识分子创办的英文杂志，两刊的内容没有局限于对中国文化的译介与阐发，仍然以一定的篇幅来引入西方文化。如以"书评"、"专论"的形式介绍了西方各国主要是欧美的文学及文化思想。温源宁在两刊发表了大量书评，主要内容是对英美文学及文化的评论。如潘光旦曾长期担任《中国评论周报》"Book Review"（"新书介绍"）的编辑，他在栏目编辑过程中介绍了大量社会学的书籍。据《潘光旦图传》一书分析,潘光旦的英文著述除去少数文章之外,大部分著作都刊发在《中国评论周报》上,尤其介绍西方文化思想的评论文章都来此刊发①。 此外,《中国评论周报》和《天下月刊》的编辑作者如林语堂、温源宁、吴经熊等人以"小评论"、"人物小品"及"日记随笔"所进行的英语创作,不仅丰富了20世纪30年代中国现代小品文的创作内容,而且直接以英语为语言媒介,将英美的小品文文体范式移植培入中国现代文学土壤,促动了中国现代散文在30年代的繁荣。 这些英文小品文往往被译成中文发表在各种刊物上,与当时的中文小品文创作形成互动,将小品文建设成为承载和表现中国现代"性灵"、"闲适"、"幽默"美学思想及个性主义文化思想的重要文学样式之一。 诚然,中国近现代众多中文期刊对西方文化思想的介绍与引进已经十分丰富,那么作为曾经留学欧美的中国现代知识分子,《中国评论周报》和《天下月刊》编辑作者们更多关注的是英美文学及文化思想,并力图以英美的现代主义文学及文化思想来推动中国现代文学与文化的发展。 因此,无论是语言形式的借用,还是文学及文化思想的译介,《中国评论周报》和《天下月刊》都表现了中国现代知识分子寻求对西方文化的认同,是他们建构现代性"自我身份"的重要途径,也即以文化认同实现自我认同,由此中国现代知识分子确立了自我作为世界现代历史进程中的一种"成员"身份,因而具有了一种世界主义的文化眼光。

其次是对民族文化的认同。《中国评论周报》和《天下月刊》分别在1928年、1935年创刊,处于中国现代知识分子寻求自我"文化身份"建构的特定历史进程中。 从整体性的历史情境而言,在中国近现代"半殖民地"的历史语境中,西方各国

---

① 参见吕文浩:《潘光旦图传》,武汉:湖北人民出版社,2006年,第65页。

之间在文化上存在的"缝隙",使得中国知识分子借用西方语言(此处指英语)进行文学及文化实践成为可能。新文化运动落潮以后,中国知识分子对民族文化的态度有了一定的转变,加之随着民族危机的日益加剧,中国政治力量及文化各界对民族文化的重视程度极大增强,试图通过文化认同寻求民族认同,化解民族危机。因此在这一独特的历史时期内,民族文化认同成为一种重要的文化思潮。在这一文化思潮促动下,中国现代知识分子开始通过创办英文期刊推动中国文化向外传播,以此构建民族文化认同。在一系列国人自办的英文期刊中,《中国评论周报》和《天下月刊》是最具有代表性的两个刊物。作为创刊时间长、影响范围大的英文期刊,《中国评论周报》和《天下月刊》较为典型地体现了中国现代知识分子跨语际实践中的多元文化选择,尤其是在20世纪20年代以后到抗战时期的这一特定历史阶段内。《中国评论周报》和《天下月刊》采用英语作为文化传播的语言媒介,其潜在读者除了留学欧美回国的中国知识分子之外,主要群体应该是西方读者。那么向西方读者介绍中国文化便是两刊重要的文化诉求。如果"现代性"是中国现代知识分子文化认同中的重要"他者"标示、"世界性"眼光,那么中国文化则是他们构建"自我"文化认同的重要基础。《中国评论周报》和《天下月刊》的主体内容是对中国文化的英语翻译与文化阐发。与西方知识分子的"他者"窥探的眼光相比较,中国知识分子对民族文化的向外译介与传播,表现出了强烈的文化主体性。两刊的编辑作者对传统文化(本书涉及的主要内容是古代文学)进行了文本翻译与文化阐发。其中既对古代文学经典如《诗经》、唐诗、宋词进行了译介,也对元杂剧、昆曲及话本小说进行了文化阐发,表现了中国现代知识分子对传统文化的认同。传统文学及文化作为中国民族文化中连续性、稳定性较强的文化内质,成为整个民族文化认同的核心内容,在民族危亡的关键时刻,能够发挥出凝聚民族力量与精神的作用。对传统文学及文化的认同,体现了中国现代知识分子超越于自我之上的民族认同倾向。在对传统文学与文化的"再解读"中,中国现代知识分子不再拘泥于封闭性的阐述,而是具有了开阔的视野,以世界性文化视界来观照阐释中国传统文学及文化的意义,凸显出中国传统文学及文化的现代性文化价值。从广泛的意义上来说,中国现代知识分子对中国文化的认同,不仅是体现在传统文化认同上,还潜在地包涵对现代文化的认同。《中国评论周报》和《天下月刊》发表了大量中国现代文学作品的英语译文与文化评论。尤其是抗战爆发后,《天下月刊》刊发了大量抗战题材作品的译文以及抗战文学评论,力图通过民族文学的想象,来实现民族认同,激发民众的抗战精神,化解民族危机。中国现代知识分子在对中国现代文学的译介过程中,整体上呈现出了对民族文化的认同倾向,但在不同的个体文学实践过程中又存在着多元化的认同倾向。两刊编辑作者从不同的文学思想及文化视角对现代文学进行英译、评论,这体现出中国知识分子文化认同的多元化倾向。如林语堂在"小评论"专栏对自己及老舍、姚颖等的中文小品文进行了英译,王际真、任玲逊将鲁迅的小说《伤逝》、《孤独者》及萧红的《手》、冰心的《第一次宴会》等具有现代主义文学形式和思想的作品译成英文,使之"回流"进入英语世界读者视野。在这一逆向"回流"过程中,中国现代知识分子展现出经由西方文艺思想"改造"后的中国现代文学建设成就。这本身就暗示出中国现代知识分子"文化认同"中的一个重要内涵,即以西方作为中国现代文学的参照对象,并以此作为"自我"文学现代化发展的重要标准,以实现对现代性的追求,进而使"自我"与"他者"保持"同步"。因此不论是对传统文学的再解读还是对现代文学成就的展示,中国现代知识分子在总体的民族文化认同中渗入了现代性文化认同的倾向,也即将自我身份认同与民族文化认同相结合,形成了多元文化认同的状态。

综上所述，将《中国评论周报》和《天下月刊》放置在中国现代知识分子寻求文化认同的历史中予以考察，能够揭示出聚集在两刊周围的中国现代知识分子在跨语际文学及文化实践中的文化选择倾向及主体性创造。正是有了这种文化选择与创造，中国现代文化得到了来自西方文化与民族文化的有益滋养，形成了结构逐渐完善、思想不断深化的文化体系，为中国未来文化发展建立起了新的传统。在这个意义上，《中国评论周报》和《天下月刊》为中国现代文化建构与发展提供了真实、有效、更富意义的实践载体。

本书共分为七个部分，具体章节内容如下：

导论在对有关《中国评论周报》、《天下月刊》的研究进行简要概述的基础上，引入本书的研究理论视域，以跨语际实践中的文化认同为研究视角，来考察聚集在两刊周围的中国现代知识分子所进行的丰富的跨语际文学实践，揭示出他们在跨语际文学实践中的多元化文化认同倾向，即在对西方与民族文化的双向认同中，由于个人或群体所具有的不同教育背景、文化经历及社会地位，他们在建构文化认同时所呈现出的多元化文化选择倾向。

第一章以史料考证的方法，还原《中国评论周报》、《天下月刊》创刊的文化背景、创刊过程、栏目内容以及编辑作者群体。通过分析比较两刊的性质、宗旨及栏目内容，阐述两刊呈现出的相同点。《中国评论周报》、《天下月刊》拥有一部分共同的编者和作者群体，他们以两刊为文化交流平台，构建中国现代知识分子寻求中西文化认同的"公共空间"。

第二章主要分析《中国评论周报》、《天下月刊》编辑与作者的英语小品文创作。林语堂、温源宁、全增嘏、吴经熊等人在两刊上发表了大量的英文小品文，如林语堂的英文"小评论"、温源宁的英文人物小品、吴经熊的英文日记随笔等，将英国小品文文体培植引入中国现代文学土壤,在一定程度上促进了中国现代小品文的发展与繁荣。中国现代知识分子在对西方文化的引入过程中,实现了自我对现代性文化的认同。

第三章主要分析两刊有关中国现代文学作品的英译。《中国评论周报》、《天下月刊》的编辑作者们能够勇于打破"译入"的主流模式,将大量中国文学经典"译出",尤其是将仍处于"进行时态"的现代文学及时译介到西方,以此展现中国现代文学创作的实绩,表现出强烈的民族文化认同倾向。在译者主体性实践中与翻译文本的选择中,两刊编辑作者表现出多元化的文化选择:一方面从自我文化思想倾向出发自由选择翻译文本,表现出对自我文化认同的坚守;另一方面,在抗战爆发后,两刊译介了大量反映抗战题材的作品,表现出通过中国现代文学的对外翻译,寻求民族认同的倾向。

第四章主要解读《中国评论周报》、《天下月刊》上有关中国现代文学的评论。两刊编辑作者以新闻报道、人物随笔、文化专论及书评等形式,对鲁迅、徐志摩、丁玲、谢冰莹、凌叔华等中国现代作家的生平经历及文学创作进行介绍与评论。这些文学评论向英语世界读者展现了中国现代文学的发展成就,揭示出现代作家文学创作的思想与艺术特色。在对中国现代文学多样化的评论中,中国现代知识分子表现出寻求自我文化身份建构与民族文化认同的多元化选择倾向。

第五章主要分析《中国评论周报》、《天下月刊》对中国古代文学及文化的译介。两刊的编辑作者对传统文化(本书涉及的主要内容是古代文学)进行了文本翻译与文化阐发。其中既对古代文学经典如《诗经》、唐诗、宋词进行了译介,还对元杂剧、昆曲及话本小说进行了文化阐发,表现了中国现代知识分子对传统文化的认同。在对传统文化认同的基础上,两刊的编辑作者以现代性文化思想对传统文化进行"再解读",促动中国传统文化的现代性转型。

作为中国知识分子创办的英文期刊,《中国评论周报》、《天下月刊》在中国现代文学史及文化史发展过程中具有重要的价值和意义。两刊所刊载的中国现代作家英文作品,有助于丰富对中国现代作家文学创作的解读;两刊对中国古代及现代文学作品的译介,有助于拓展中国与世界文学关系的研究向度;此外,两刊为中国近现代报刊出版研究提供了新的研究视角,有待于更深入的研究。

书后附三个目录,提供有关《中国评论周报》、《天下月刊》作家作品的目录资料,以备相关研究者检索利用。前两个目录为林语堂、钱锺书、温源宁、姚克在《中国评论周报》、《天下月刊》发表的英文作品目录的中译,附录三为双语对照的《天下月刊》全部目录。两刊的内容较为广泛,限于篇幅及论题,其潜在的丰富文化价值容待日后进一步深入研究。

第一章 /
文化认同平台的建构

本章以史料考证的方法，细致梳理《中国评论周报》、《天下月刊》创刊的文化背景、创办过程、栏目内容以及编辑作者群体；并进一步分析比较两刊的性质、宗旨及栏目内容，揭示出两刊共性特征：拥有一部分共同的编者和作者群体，他们以两刊为文化交流平台，构建寻求中西文化认同的"公共空间"。

安德森在《想象的共同体（民族主义的起源与散布）》一书中指出，报纸创造了一种超乎寻常的群众仪式，建构了数以百万计的人们在同一时间里对某种"共同体形象"的想象，"虚构静静而持续地渗透到现实之中，创造出人们对一个匿名的共同体不寻常的信心"①，"印刷资本主义使得迅速增加的越来越多的人得以用深刻的新方式对他们自身进行思考，并将他们自身与他人关联起来"②。在安德森看来，伴随着印刷资本主义的发展而出现的印刷传媒成了民族想象的重要媒介与载体。那么在建构民族共同体的想象、寻求民族认同的过程中，文化认同是其中重要的内容。因此，"作为认同现代建构的技术要素，现代印刷业及其他媒体成为中国民族认同最坚实和最广阔的思想阵地"，"报纸、杂志、书籍等印刷媒介作为语言再生产的重要途径，实际上承担了认同建构的功能"③。在中国近现代历史进程中，中国现代知识分子所创立的以报刊、图书为主要形式的现代出版传媒为其建构民族想象与文化认同提供了有效的媒介基础。但在较长的历史时期内现代传媒往往以"传播科学知识、介绍西方先进文化、引入现代思想"为主，"使中国现代

---

① 本尼迪克特·安德森：《想象的共同体（民族主义的起源与散布）》，吴叡人译，上海：上海人民出版社，2004年，第32页。
② 本尼迪克特·安德森：《想象的共同体（民族主义的起源与散布）》，吴叡人译，上海：上海人民出版社，2004年，第33页。
③ 殷曼楟：《认同建构中的时间取向》，《中国文学与文化的认同》，北京：北京大学出版社，2008年，第227页。

启蒙运动和现代化的追求,缺少必要的民族主义文化的支持,完全陷入以西方为'他者'的文化视野和价值移植中"①。 新文化运动落潮之后,大量阐发中国文化内涵的报刊图书出版发行,表现出强烈的民族文化认同的倾向。 尤为突出的是这一时期中国知识分子着手创办英文报刊以传播中国文化,这些英文报刊中以《中国评论周报》与《天下月刊》最具代表性,此外还包括《中国季刊》(The Chinese Quarterly,陈炳章主编)与《中国年鉴》(China Year Book,桂中枢主编)等②书刊,形成了一个多向度的英文书刊体系,构建起中华民族文化认同的平台,促进中国文化自主地向外传播。《中国评论周报》与《天下月刊》分别在1928年5月和1935年8月创刊,创刊时间、刊物内容及性质各有不同,《中国评论周报》以时政评论为主,兼及文化、艺术及科学等多方面综合内容;《天下月刊》以文化评论为主,同时也关注时局及重大事件发展。 两刊拥有一部分相同的编辑作者群体,表现相近的办刊宗旨与思想,即主张以文化的交流促进国际交往,寻求现代性自我文化认同与民族文化认同。 在栏目设置上,两刊设立了"翻译"、"专论"以及"小评论"、"知交剪影"等专栏,用以发表英语小品文、刊载中西文学及文化的译文与评论,为中国现代知识分子跨语际文学实践提供了国际性文化交流平台,建构起多元文化认同的"公共空间"。

---

① 周海波:《现代传媒视野中的中国现代文学》,北京:中华书局,2008年,第151页。
② 易永谊:《世界主义与民族想象:〈天下月刊〉与中英文学交流(1935—1941)》,福建师范大学硕士学位论文,2009年,第13—14页。

第一节 文化语境

一、1928年之后的期刊出版界

在中国近现代出版业发展过程中，上海占据重要位置。到19世纪末期上海的新旧出版机构达到100多家，其中商务印书馆成为其中较大的出版企业。1911年辛亥革命及1915年新文化运动之后，上海的出版业发展进入繁荣阶段。到20世纪20年代中后期，大批在上海及由北京南迁至上海的文人加入出版业，先后创办了创造社出版部、开明书店、现代书局、新月书店、世界书局、良友图书印刷公司、光华书局等中小书店及印刷出版公司；同时大批外埠出版机构移师上海，原来在北京出版鲁迅译著的北新书局总店于1927年也迁来上海。众多中小书局书店的建立以及大量外来书店在上海云集，使得上海取代北京成为当时的文化中心与出版重镇。出版业的繁荣也促进了这一时期报刊业的兴盛，在文学期刊方面表现为期刊数量迅速增长、新刊物不断涌现。1928年文化类杂志创刊达40多种，1933年至少有200多种杂志出版，1934年"自正月起，定期刊物愈出愈多。专售定期刊物的书店中国杂志公司也应运而生"。当时"全中国约有各种性质的定期刊三百余种，其中倒有百分之八十出版在上海"①。在此期间，"杂志群的出现"预示着现代报刊出版业的一种新趋势。由于当时文人办刊活跃，一人身兼数职，使得不同文学主张或文化倾向的刊物在知识分子之间形成相互交错的格局，也扩大了此前以文学社团为活动阵地的文人交往范围。如林语堂除了在其主持出版的《论语》、

---

① 茅盾：《所谓杂志年》，《文学》，1934年8月1日第3卷2期。

《人间世》等刊物担任主笔之外,还先后担任了英文期刊《中国评论周报》、《天下月刊》等刊物的编辑,与当时在国民党政界任职的吴经熊、温源宁等人交往密切。此时林语堂还创作了大量的英文作品,并由此结识赛珍珠,开启了长达30年的英文写作。中国现代知识分子在参与各类文学及文化报刊的创办及编辑活动中,努力践行其文化主张及思想,在广阔的社会层面实现其文化启蒙与传播的理想。从这个意义上说,作为现代文化传媒重要载体的报刊对现代知识分子有着巨大的吸引力。上海拥有数量庞大的出版机构群与文学及文化报刊群,成了中国现代出版业的重镇。其不断增长壮大的经营资本、先进的经营管理理念、丰富的营销发行网络及全球化的出版视野①,构筑而成日渐成熟完备的出版体系,召唤着更广泛领域的文人及知识分子加入报刊图书出版业。20世纪20年代以后文人及知识分子办报进入迅速发展阶段,他们除了创办中文报刊外,还开始出版外文报刊(主要以英文为主),以此打破了外国人在华创办外文报刊的垄断地位。国人自办的外文期刊在向海外发行,自主宣传中国文化的同时,也为中外知识分子文化交流构筑起了"国际平台"。

二、中外知识分子在上海聚合

1927年,中国政局处在激烈动荡之中,各种政治事件频繁发生,教育及文化界的大批知识分子命运发生转折。李大钊在北京被杀害,大批进步知识分子遭到通缉;再加之张作霖对北京大学进行整合改组后推行旧式教育,使得北京校园不再是知识分子安身立命的净土,大批知识分子被迫南迁。在"四·一

---

① 参见陈敏杰:《转型时期的上海文学期刊——1927至1930年上海文学期刊研究》,华东师范大学博士论文,2008年,第47页。

五事变"之后，当局政府加强对进步学生运动的镇压，广州不再是革命的中心。在广州短暂停留后鲁迅选择移居上海。"七·一五事变"后，武汉政府和南京政府实现了从对峙到合流，武汉不再是知识分子企图"有所作为"的理想之地，林语堂在1927年年底离开武汉赴上海。"在1927年，一些明显的征兆是文坛聚变的一个结果。全国各地的文化人好像受着神秘的力量驱使似的，他们像候鸟一样成群结队、不约而同地离开他们原来的栖居之地向上海迁徙。"①欧美游历回国的胡适，日本留学归来的夏衍、冯乃超、李初梨、朱镜我等人，以及当时在北京的闻一多、饶孟侃、丁玲、沈从文等人和在南京的梁实秋、余上沅等人汇聚成宏大的文化迁徙大流，共同汇聚在上海。在此后直至抗战爆发的较长一段时间里，上海成了中国知识分子云集的文化中心。

上海生活是现代知识分子人生命运及身份角色的重要转折点。进入上海之后，鲁迅等人通过为报刊撰稿或创办报刊及出版社，获取丰厚的稿酬及版税，成了以写作、出版为中心的自由职业者，实现了由教育部官员或大学教授向自由职业者的身份转换。陈明远所著《文化人的经济生活》一书对鲁迅、林语堂等人到上海之后的经济收入情况做过统计，鲁迅从1927年到1936年撰稿所得收入每年达到6000元，最少的一年是1927年，亦有3770元，最多的1929年、1930年都高达15000元以上，这样的收入远远超过生活收入令人羡慕的一般大学教授。②林语堂抵达上海之后，直至1936年去往美国的近十年时间里，

---

① 旷新年：《1928：革命文学》，济南：山东教育出版社，1998年，第19页。
② 参见陈明远：《文化人的经济生活》，上海：文汇出版社，2005年，第200页。

先后创办或参与编辑《论语》、《人间世》、《宇宙风》、《西风》及英文杂志《中国评论周报》、《天下月刊》等一系列报刊,创作并翻译了大量中英文作品在报刊上发表。此外,1930年前后他还为开明书局编写英文教材,之后应赛珍珠邀请创作的英文作品《吾国吾民》在国外获得好评并多次重版,获得丰厚的版税,曾被称为"版税大王"。沈从文、丁玲、田汉等人也在这一时期开始为报刊及出版社撰稿,他们的大量文学作品发表或出版后获得的稿酬版税维持了自身的生存。在文学商业化的进程中,文人及知识分子不再是传统意义上"儒家士大夫",以政治仕途为理想远离社会生活;而是积极参与文学市场的运作过程,以文学创作或文化著述促进自身生存之转变,并在此基础上实现新时代知识分子的文化理想,"脱离了传统庙堂仕途","靠自己的实践来探索自己的价值取向",树立现代知识分子在社会中"安身立命的新道统"①。1930年代,以各类报刊、出版社为中心形成了立体多元的知识分子生存领域与文化交流场域,构筑了上海独特的文化图景。

1843年上海被辟为通商口岸以后,逐渐成为国际化大都市。"开埠以后,上海以超常的速度膨胀、发展,人口在1900年超过100万,1915年超过200万,1930年超过300万大关,成为中国特大城市,远东第二大城市,也是仅次于伦敦、纽约、东京、柏林的世界第五大城市。"②作为"东方的巴黎"、"冒险家的乐园",现代摩登的上海吸引了世界各地的外国人。大量的外国人涌入上海并在此长期居住,使得上海的外侨数量

---

① 陈思和:《文化生活出版社与现代文学·序》,南宁:广西教育出版社,1999年。
② 熊月之主编:《上海文化通·总序》,上海:上海人民出版社,1999年,第3页。

迅速增加,"1920年代后期增加特快,1931年超过六万人,此后几年保持在六七万之间"①。来自英国、美国、法国、俄国、越南、印度、德国、葡萄牙、意大利、西班牙、波兰、希腊等国的传教士、商人、政客、难民、通缉犯共同构成了上海复杂多元的外籍移民群体。外侨在上海所从事的大多是知识与技术水平较高的文化及经贸职业,"20世纪以后,上海的外侨中,除了以前的商业、宗教、政治等领域的人物,新添了不少文化人士,他们在这座城市里,以文化作为其职业和主要谋生手段"②。据1935年中文版《工部局年报》统计,外侨的职业比例构成是:"各类专业人员、管理人员占外侨从业人员的47.8%,构成就业的主体。其中专业人员14.7%,主要是工程师、会计师、教授及教员、医师;管理职员占33.1%,主要是文员和企业管理人员;再加上业主人数占17.4%(主要集中在商业)。这三类人员占外侨就业人数的65.2%。"③从外侨的职业构成可以看出,当时生活在上海的外国人整体上文化水平较高。为了让在上海的各国侨民了解本国及世界时局的动态,各种外文报刊纷纷创办,其中英文报刊数量最多,读者最广。到1939年上海的近60种外文杂志中,英文杂志占一半,达30多种。上海作为东方大都会也吸引着西方知识分子的目光。1919年4月27日,美国哲学家杜威和夫人奇普曼应胡适、蒋梦麟、郭秉文的邀请离开日本到达上海;原本打算做短期访问的杜威最终在中国停留了近两年时间,先后在上海、北京、江苏

---

① 熊月之等编:《上海的外国人(1842—1949)》,上海:上海古籍出版社2003年,第1页。
② 熊月之主编:《上海通史·第10卷民国文化》,上海:上海人民出版社,1999年,第332页。
③ 熊月之主编:《上海通史·第9卷民国社会》,上海:上海人民出版社,1999年,第348页。

等地做演讲与访问,宣讲实验主义及伦理学说,同时也对中国历史文化有了深入了解。"1919 至 1921 年间,杜威在中国度过了丰富多彩的两年时光,他也从中感觉到了国际文化交往的重要性。"①在杜威到中国一年后的 1920 年 10 月,出于对中国的神往,罗素决定前来中国研究中国问题。罗素在上海的行程很简短,只在中国公学和江苏教育会演讲"社会改造原理"和"教育的效用",却在中国文化界引起了强烈反响。"而其时,罗素正以为西方文化走向末路,故对东方文化大加推崇,这种看法对探求东西文化交融的中国知识界,增加了一些新的议题。此后多年,上海的报刊持续宣传杜威和罗素的思想,使之影响日甚。"②与罗素一样都曾获得诺贝尔文学奖的大文豪泰戈尔、萧伯纳先后于 1924 年、1933 年来华访问。虽然萧伯纳在上海只停留一天,但受到了宋庆龄、蔡元培、鲁迅、林语堂等人的热烈欢迎。泰戈尔 50 多天的中国之行,由徐志摩、林徽因等人全程陪同参观访问。"这一次为期 52 日的访问,使他对陌生的中国有了某些初步的了解。他在访问期间所做的演讲以及中国报刊的有关报道,后来汇编为《在中国的讲演》一书出版。泰戈尔的中国之行,导致了亚洲学会于同年 9 月在上海成立。"③外国文化名人在上海期间与中国知识分子进行近距离的文化对话,进一步拓展了中国知识分子的文化视野。而外国知识分子亦借此参与到中西方文化交流中,促进了中国文化向外

---

① 张宝贵编著:《杜威与中国》,石家庄:河北人民出版社,2001 年,第 16 页。
② 熊月之主编:《上海通史·第十卷》,上海:上海人民出版社,1999 年,第 27 页。
③ 吴文辉:《泰戈尔》,成都:四川人民出版社,1999 年,第 239 页。

传播。中外知识分子的文化交往进程在斯诺①、赛珍珠②等人身上有更进一步的升华,斯诺等人与当时聚集在上海的知识分

---

① 埃德加·斯诺(1905—1972),美国著名记者和作家。出生于美国密苏里州堪萨斯城。1926年进入密苏里大学新闻学院学习。1928年9月斯诺到达中国,担任《密勒氏评论周报》的助理编辑,受命乘火车在铁路沿线进行旅行采访。1930年至1933年担任美国"统一新闻协会"驻远东游历记者,驻北平代表,在中国东南沿海、西南及东北地区进行采访报道。1934年至1937年,斯诺兼任燕京大学新闻系讲师,讲授"新闻特写"和"新闻通讯"。同时担任美国《纽约太阳报》、英国《每日先驱报》特约记者。1936年斯诺编译的中国现代作家短篇小说选集《活的中国》(Living China)在英国出版。1937年1—2月间,上海的英文报纸《大美晚报》、北京的英文刊物《民主》以及英美的一些报纸也相继发表了斯诺的陕北报道。其中美国的《生活》杂志发表了他在陕北苏区拍摄的70余幅照片,美国的《亚洲》杂志发表了他采写的《来自红色中国的报告》等。在这些报道的基础上,斯诺在北京写成30万字的《红星照耀中国》(Red Star Over China)。同年10月该书在英国伦敦出版。1938年1月,兰登书屋再次出版该书,2月中译本在做了少量增删后改名为《西行漫记》在上海出版,引起极大轰动,成为畅销一时的书。
② 赛珍珠(Pearl S. Buck, 1892—1973),美国作家,在中国长大。赛珍珠是以中文为母语之一的著名美国作家。赛珍珠出生于弗吉尼亚州西部,4个月后,随传教士父母赛兆祥和卡洛琳来到中国,先后在清江浦、镇江、宿州、南京、庐山等地生活和工作了近40年,其中在镇江生活了18年。1917年与传教士约翰·洛辛·布克结婚,从事传教工作。婚后随丈夫迁居安徽北部的宿县(今安徽省宿州市),在此期间的生活经历成为日后闻名世界的《大地》的素材。自1921年至1935年,她与布克长期居住在执教的金陵大学,在这里她写出了1938年荣获诺贝尔文学奖的长篇小说《大地三部曲》(The Great Earth)及其他小说,并最早将《水浒传》翻译成英文在西方出版。

子有密切而深入的日常交往与文化交流。1928年斯诺离开密苏里大学新闻学院来到中国,在上海任《密勒氏评论报》助理主编。出于对中国新文艺的兴趣,在姚克的帮助下,斯诺选择一部分现代作家作品译成英文,结集为《活的中国》出版,较早将中国现代文学传播到西方国家。赛珍珠在30年代与林语堂交往密切,并在《中国评论周报》上发现了林语堂文笔活泼、风格独特的英文小品,进而建议林语堂用英文创作向西方介绍中国文化。斯诺、赛珍珠等人与中国文人的交往,推动了中国文学及文化的向外传播。中外知识分子汇集在上海也为中国现代英文报刊的出版提供了广泛的作者与读者群体。

三、英语作为中国现代知识分子跨语际实践的语言形式

英语曾经作为殖民者推行文化殖民统治的语言媒介,从早期的宗教思想传播到后来的西方科学文化知识流布,英语推动了殖民统治在广阔空间里的发展。1839年马礼逊学堂建立,它是中国近现代历史上最早的由外国人开设的,传播英语语言文化的学校。在此之后长达半个多世纪的时间里,英美等国相继在中国各地主要是口岸城市开设了从小学、中学到大学的各级教会学校。这些学校一个最为突出的特征便是开设各种英语语言课程以及用英语教学的自然科学知识课程,为中国青年学生提供了直接学习英语的机会,同时也为他们获取西方文化提供了便捷的语言通道。"在西学最初传入中国之始,各门学科,不但教材缺乏,而且各门学科还缺乏汉语的科学用语,当时有了些翻译的术语,但也不统一。若用英语教学,对师生都会方便得多。英语课本中提及的其他著作的同类课程,对于精通其他学科也大有裨益。"① 由此可见,英语是西方殖民者在推行文

---

① 何晓霞:《教会学校与中国教育近代化》,广州:广东教育出版社,1996年,第132页。

化殖民统治的过程中所使用的语言媒介。在中国近现代历史进程中,虽然英语最终并未成为殖民者所强制使用的官方语言,但它在中国知识分子教育过程中占有重要地位,并因此而改变了他们的文化构成和视野,使得他们成为中国文化现代进程中的重要革新者以及中国文化向外传播进程中的积极推动者。许多现代作家诸如林语堂、张爱玲、姚克等,都曾经有过在教会学校受教育的经历。这种教育背景使他们在日后的文学创作及翻译实践过程中,拥有更为优良的英语语言能力以及吸收西方文艺思想的开阔文化视野。林语堂等人在翻译西方作家作品及进行英语写作的过程中,都表现出了与传统知识分子完全迥异的文化面貌。"我很幸运能进圣约翰大学,那时圣约翰大学是公认学英文最好的地方,由于我刻苦用功,在圣大一年半的预备学校,我总算差不多把英文学通了,所以在大学一年级时,我被选为 ECHO 的编辑人而进入了这个刊物的编辑部。""当时学英文的热情,持久不衰,对英文也热衷,如鹅鸭之趋水,对中文之研读,竟全部停止,中国之毛笔亦竟弃而不用了,而代之以自来水笔。"[①]

如果说各类教会学校的英语教育,对中国知识分子来说是被动而无形的文化影响过程,那么作为睁眼看世界的国际语言,英语成了中国近现代知识分子学习引入现代文化的语言工具。"粗略来说,由于第三世界各个社会(当然包括社会人类学家传统上研究的社会)的语言与西方的语言(在当今世界,特别是英语)相比是'弱势'的,所以,它们在翻译中,比西方语言,更有可能屈从于强迫性的转型。其原因在于,首先,西方各民族在它们与第三世界的政治经济联系中,更有能力操纵后者。其次,西方语言比第三世界语言有更好的条件生产和操纵

[①] 林语堂:《林语堂自传》,西安:陕西师范大学出版社,2005年,第24页。

渴望占有的知识。"①无论是官方向欧美选派留学生,还是开设京师同文馆、上海广方言馆等各类外语学习机构,及至民国时期政府在各级学校设立英语教育课程,中国官方及民间对于英语的认识变得重视起来。到民国初年,面对西方殖民者对中国社会及文化的诸多不实宣传,此时的官方政府重视英语教育则又带有了强烈的自我形象塑造及政治宣传的色彩,"假令中国通洋文者多,则此种荒谬悖诞之翻译,绝无所施其伎俩。故中学堂以上各学堂,必全勤习洋文,而大学堂经学、理学、中国文学、史学各科,尤必深通洋文而后其用乃为最大,斯实通中外,消乱贼、息邪说,距破诐行之窾要也"②。此后国共两党都高度重视对外宣传,曾经创建众多的英语报刊、电台等现代传媒,加强与欧美各国的联系,争取更多的外援。如中国共产党在成立之前就以团机关的方式设立"外国语学社"培养外语人才;1937年中国共产党在八路军武汉办事处成立了"国际宣传组",协调并引进外国进步知识分子对中国革命的支援。不管是外国人的主动送达还是中国官方及知识分子的被动引进,英语都是人们张望"他者"的语言载体。但当英语内化为知识分子的语言表达方式,它就不再是对西方语言或文化的单纯"模拟",而是变成了实现文化认同、建构民族想象的有效途径,以此颠覆西方知识分子的"东方化"想象,推动民族文化不断走向海外,融入世界文化的整体流脉中。由此而言,英语不只是一种语言形式,而且成为知识分子的一种文化策略。

只有中西文化交流达到一定的深度和广度,才能出现国人自办的文化性较强的英文刊物。《中国评论周报》与《天下月

---

① 转引自刘禾:《跨文化研究的语言问题》,许宝强、袁伟编:《语言与翻译的政治》,北京:中央编译出版社,2001年,第207页。
② 付克:《中国外语教育史》,上海:上海外语教育出版社,1986年,第23—24页。

刊》便是在中外知识分子互动交往过程中,由中国知识分子自己创办并主编的英文杂志,为中国知识分子引进西方文明与传播中国文化提供了有力载体,为其寻求中西文化认同建立起了有效的"国际平台"。

第二节 创刊及运作

《中国评论周报》、《天下月刊》先后于1928年5月、1935年8月创刊,两刊性质及内容有所不同:《中国评论周报》属于同人刊物,内容侧重时事与文化评论;《天下月刊》则是机关刊物,主要集中于文学与文化研究。《中国评论周报》在1940年11月停刊,1945年8月复刊直至1946年6月终刊,创刊时间长达近20年,成为民国时期创刊时间最长的华人自办英文期刊,被视为在国外具有广泛影响的英语周刊之一。《天下月刊》在抗战爆发后,出版受到一定影响,其主要编辑群体在1937年年底转移至香港,1941年由于太平洋战事而停刊,总共56期。作为文化期刊,《天下月刊》曾被誉为民国时期最具学术品位的英文杂志,在学界以及读者中产生了广泛而深刻的文化影响。

1936年8月16日第23期《宇宙风》刊有《天下月刊》的宣传广告,广告转引纽约《亚洲》周刊评论认为,凡是能读英文的人,都应该读《天下月刊》。作为现代中国知识分子跨语际实践的文化载体,《中国评论周报》与《天下月刊》表现出一定的相似性,都属于国人自办的英文期刊,拥有一部分共同的编辑作者,林语堂、吴经熊、温源宁、全曾煦以及姚莘农等一批兼具中西文化学识的知识分子参与到两刊的创办与编辑过程中,共同营造出中西文化交流的公共空间。考察两刊的创刊宗旨、栏目设置、广告宣传及刊物内容有利于揭示二者性质、特

图 1-1 《中国评论周报》与《天下月刊》封面

点及内在相互关系，进而将二者置于 20 世纪中外文化交流过程中，探究中国知识分子的文化观念与思想。

一、创刊经过及资金来源

两刊的创办动机与当时的时局发展密切相关，创办者希望在动荡时局中通过创办英文报刊来促进文化交流，呼唤和平时代的到来。《中国评论周报》创办者之一陈石孚曾撰文指出当时聚集在上海的陈钦仁、桂中枢、刘大钧、陆梅僧等人为表达对于"济南惨案"后中国时局的意见，而发起创办一种英文刊物，定名为《中国评论周报》[①]。此后该刊创刊词也表达出对动荡时局的不安，"中华民国美丽的五月已经被丑恶的事件破坏了：1915 年的'二十一条'，1925 年的'五卅惨案'，以及三

---

① 陈石孚：《林语堂先生与我》，台北《传记文学》，1977 年第 31 卷 6 期。

周前的'济南惨案'",发起者希望创办《中国评论周报》能够带来"一个愉快时代的开始"①。《天下月刊》的创办者吴经熊在其自传《超越东西方》一书中,论述了该刊的创办经过:"《天下月刊》的诞生,正如我生命中其他好事一样,是很偶然的事情。我在《中国评论》的一次宴会上遇到了温源宁,他曾是北京大学的英国文学教授。我对这个人的学问和人格有很深的印象。后来我们成了朋友。一天,我们谈起了办一个中英文的文化和文学期刊——以向西方解释中国文化——的可能性。"②此外,邵绡红所著《我的爸爸邵洵美》一书也论及了《天下月刊》创办经过:"在聊天中他们酝酿创办一份英文的杂志。1935年8月,英文的 *T'ien Hsia*(《天下月刊》)创刊号问世了,这份杂志旨在促进中西文化交流。"③吴经熊的想法得到了孙科的支持,此后《天下月刊》由中山文化教育馆资助创办,由孙科撰写发刊词,他认为在战争谣言不断的年代里,人们对于和平的向往比任何时候都要强烈。然而国际和平机构无法阻止武装侵略者对弱小国家的进攻,因此只有营造一种各国之间相互尊重的良好环境,才能给世界带来和平。他坚信文化的沟通与交流是实现这一理想最为有效的途径("It is our firm conviction that the best way to do this is through cultural understanding"④)。

此外,两刊创办与国民党推行的文化政策有一定关系。南京政府建立之后,当局认识到"由于时代之演进,文化与政治

---

① "Foreword", *The China Critic*, Vol.1, No.1, May 31, 1928, p.1.
② 吴经熊:《超越东西方》,周伟驰译,雷立柏注,北京:社会科学文献出版社,第228页。
③ 邵绡红:《我的爸爸邵洵美》,上海:上海书店出版社,第148页。
④ 孙科:"Foreword", *T'ien Hsia Monthly*, Vol.1, No.1, August 1935, p.2.

及经济之关系,乃益不可分离;政治经济固为文化之推动机,而文化亦为政治经济之孕育者。 且就另一意义言,政治经济有推动文化之力,而文化则尤能决定未来政治经济之趋归"①。为配合政治统治,国民党政府加强文化建设,先后制定一系列文化统制方针与措施。 在文化发展纲要及方针指导下,国民党政府开展各项文化建设运动,财政部及宣传部拨付一定数额的资金用于支持创办各类文化报刊及出版物,建立各种文化研究与中外文化交流团体。《中国评论周报》和《天下月刊》正是在这种文化政策促动下创刊的。

目前有关两刊资金来源的记载资料难以查到,但通过相关档案及书信仍可以考察其经费来源状况。《中国评论周报》和《天下月刊》因为创办者不同,各自资金来源也各不相同。《中国评论周报》属于同人刊物,编辑作者大多是聚集在上海的知识分子,包括毕业于美国密苏里新闻学系、曾任汉口英文《前锋报》主笔的陈钦仁,笔锋犀利、兼任律师的桂中枢,以及曾任教清华的刘大钧,广告学家陆梅僧,上海青年会总干事朱少屏等人。"我们把这个刊物定名为《中国评论周报》(The China Critic),公推桂中枢为总主笔。 我们每人每期写一两篇文章,包括短评、社论、专文或书评,由各人自己选择,完全是义务性质,没有稿酬。"②既然属于同人刊物,必定不受政党及其他群体利益影响,其经费少量来源于财政部拨付的津贴,大部分来源于刊物广告费。 到 1930 年前后,有人质疑《中国评论周报》是否受到南京政府外交部津贴资助,刘大钧在 1930 年 4 月

---

① 《文化建设协会创立缘起》,中国第二历史档案馆编:《中华民国史档案资料汇编第五辑第一编文化(一)》,南京:江苏古籍出版社,1999 年,第 765 页。
② 陈石孚:《林语堂先生与我》,台北:《传记文学》,1977 年第 31 卷 6 期。

17日的"Notice"中予以澄清:"我们在就任何话题表达意见时,并不受党、政府或国内任何商业利益集团的影响,为对他们公平起见,我们得承认他们也从未试图影响我们。"①尽管《中国评论周报》的编辑坚持独立的创刊理念,但由于时局动荡以及经费的紧张,《中国评论周报》曾一度"难以持久",为此蔡元培在1931年2月19日致函李书华、陈布雷、孙科等人,请求给予《中国评论周报》经费资助:

润章、布雷、哲生 先生 次长部长大鉴:

经启者:《中国评论周报》前荷贵部给予津贴、广告费,嗣因中央财政困难,暂停给发,该报宗旨尚正,且用英文出版,使外人明了中国政情,于国际甚有关系。惟因经费支绌,深恐难以持久。现值战事敉平,中央财政渐舒,该报拟请贵部恢复津贴、广告费,俾资发展。特此代为函达,想执事素重言论机关,当荷允许。诸希察酌为荷。专此,顺颂

勋妥。

蔡元培敬启二月十九日②

蔡元培曾为《中国评论周报》题写中文刊名,刊在封面上,因而与《中国评论周报》的关系不浅:一方面,蔡元培支持创办英文报刊,加强对外宣传;另一方面,《中国评论周报》借重蔡元培的封面题名扩大自身影响,并由蔡元培致信财政部获得资金支持。此信成为解读《中国评论周报》资金来源的重要依据。在1945年8月《中国评论周报》复刊后,陆梅僧在《上海

---

① "Notice", *The China Critic*, Vol. III, No.16, April 17, 1930.
② 蔡元培:《致李书华等函》,《蔡元培书信集》,杭州:浙江教育出版社,2000年,第292页。

社会局填写报纸杂志通讯社申请登记表》中"资金来源"一栏填写"全赖销售及广告收入,经济状况尚可"①。由此可见,后期的《中国评论周报》是由桂中枢、陆梅僧等发起复刊,资金已经由销售及广告收入充抵。综观《中国评论周报》的前后发展过程,其性质属于中国知识分子自办的刊物,在接受一定的政府津贴的基础上,依靠自身销售及广告收入维系刊物生存。

《天下月刊》作为文化团体的机关刊物,得到了中山文化教育馆的资助。中山文化教育馆于1933年在上海发起建立,由孙科任馆长,吴经熊任其宣传部部长,其宗旨是"以阐明中山先生之主义与学说,树立三民主义文化与教育之基础,培养民族之生命,为中山先生留文化上永远之纪念"②。中山文化教育馆的经费由发起人捐款、基本金、补助各款及出版物收入等各项组成③,用以开展学术讲座、实地调查、刊物图书出版等各项工作,"出版之刊物计有《中山文化教育馆季刊》、《时事类

---

① 《上海社会局报纸杂志通讯社申请登记表》,上海档案馆,档案号Q6-12-26。
② 《中山文化教育馆季刊》,中山文化教育馆编印,1933年,第9页。
③ 有关资金筹集来源及方法《中山文化教育馆章程》第35、39条有详细规定,"本馆经费之筹集"源自"创办捐款、基本金、补助各款、经常捐款、特募捐款、出版收入、其他收入"等六项,"发起人在创立本馆时期须自捐或募捐国币五百圆以上创办费,又于本馆成立一年之内募集国币五百圆以上之基本金"。《中山文化教育馆章程》,《中山文化教育馆筹备委员会总报告》,中山文化教育馆编印,1933年,第15、16页。

编》、《英文天下月刊》等,均系延聘专家学者执笔"①。 为了加强中西文化交流,吴经熊提议创办《天下月刊》,得到孙科支持。 孙科在为该刊撰写的创刊词中,阐明刊物宗旨:"作为一份中国人主办的刊物,《天下》的重心更多地放在向西方介绍中国,而不是向中国引进西方文化,但恰如刊物所寓('天下'意为'宇宙'),任何关乎全天下人类利益的文章都在刊物的选用范围内。"②此外,温源宁在创刊号的编辑评论中对刊物的内容有更为明确的阐述:"我们只对思想感兴趣,刊物的内容既宽泛又限定:宽泛是因为它囊括了史上的一切,限定是因为它只从思想的视角来衡量一切。 比如写政治文章,那就只关注知识思想,而不是去写政党政策的变化。 经济文章也在刊物的范围里,但得是经济理论的文章,而不是关于目前劳资方的纠纷等偶然性事件。 文学、艺术、哲学关乎思想,最符合刊物的要求。 但我们的关注点并不主要是文学的、哲学的和美学的。 也许歌德所讲的'文化的'一词最契合我们的态度。 我们的研究和兴奋点是在'普遍性'上。 所以我们关注的是一切关乎人类的东西。"③《天下月刊》的支持者与创办者都突出强调该刊内容以纯文化纯思想为主体,以促进中西文化交流为旨归,标示出该刊自由开放的办刊理念与思想。

---

① 邓奇峰:《国父思想之实践与阐扬者——孙哲生先生》(下),《政治评论》,第 31 卷第 10 期,第 312—313 页。 该文收入朱传誉主编:《孙科传记资料》(一),台北:天一出版社,1979 年,第 39 页。
② Sun Fo(孙科):"Foreword", *T'ien Hsia Monthly*, Vol.1,No.1,August 1935,p.4-5,中文译文转引自严慧:《超越与建构——〈天下〉与中西文学交流》,北京:光明日报出版社,2011 年第 16 页。
③ Wen Yuan-ning(温源宁):"Editorial Commentary", *T'ien Hsia Monthly*, Vol.1, No.1, August 1935.中文译文转引同上,第 6 页。

由于得到中山文化教育馆的资助,《天下月刊》的出版有稳定的资金来源,能够在抗日战争爆发后得以延续存在,1938年《天下月刊》的编辑者曾转移至香港,但仍坚持刊物的编辑工作。1940年八九月间,由于欧洲战事和国内连续三年多的战争带来时局的动荡,纸张价格与印刷费用不断上涨,许多杂志被迫改变出版周期,《天下月刊》也改为双月刊。为了不增加读者的负担,《天下月刊》没有提高每期杂志的价格,而是通过延长出版周期来降低刊物成本,保证读者能够购买杂志。在艰难的时局中,尽管杂志的出版周期改变了,但它的编辑理念和文化个性没有更改,它仍是沟通东西方文化交流的一个重要通道。"As before it will always maintain its character as a cultural magazine."① (它将一如既往保持作为文化杂志的品格。)此外,《天下月刊》在中山文化教育馆资助下创办,由别发洋行发行。该刊创刊后在短时间内获得好评,与其发行单位即别发洋行遍布各地完善的发行网络有关。别发洋行又称别发印书馆,是1870年由英商在上海创办的印刷出版公司,主要经营外文书籍,营业对象多为外国人,也开展邮购业务。每年夏季在外国人较为集中的避暑胜地如莫干山、庐山、北戴河等处设立临时分销处。《天下月刊》通过别发印书馆的发行网络,在国内的各大城市与南洋甚至海外获得了广泛的读者群,其每年的订阅量有大幅提升。稳定的资金来源为《天下月刊》提供了相对充足的办刊经费,使得其能够保持相对独立而纯粹的文化品质。"《英文天下月刊》其创办目的在于沟通中西文化,内容至为丰

---

① Wen Yuan-ning(温源宁):"Editorial Commentary", *T'ien Hsia Monthly*, Vol. XI, No. 3, December, 1940.

颖，均能按期刊行，对国民文化学术水平之提高，功不可没。"①由此看来，《天下月刊》是受中山文化教育馆资助的机关刊物，办刊过程中享有一定自由性，奉行多样化的办刊理念，倡导中西文化交流，推动中国文化向外传播。

二、栏目设置及广告

《中国评论周报》在其发展的三个不同阶段，栏目设置各有侧重，"Editorial Paragraphs（时评）"、"Editorials（社论）"、"Special Articles（专著）"、"The Little Critic（小评论）"、"Book Review（新书介绍）"等是贯穿前后、相对稳定的栏目。在早期还设有"Chief Events Of The Week（一周大事记）"、"Press Comments（中外论评）"以及"Public Forum（读者论坛）"等栏目。1930年加入"Facts And Figures（事实与数字）"栏目，进一步增强了《中国评论周报》作为时政周刊对现实关注的色彩，并坚持客观公正的立场全方面报道国内外新闻事件。后因时局动荡，《中国评论周报》栏目的设置与内容变化较大。1932年的"一·二八事变"、1937年的"七七事变"及1945年抗战胜利等重大历史事件都成为影响其内容变化的因素。时局动荡时期，《中国评论周报》内容以时事报道与评论为主，如在"一·二八事变"后的1932年2月4日第5卷5期中只有"时评"、"专著"、"事实与数字"3个栏目。抗战爆发后，《中国评论周报》的栏目进行了调整，加入"日本侵略"、"上海抗战"、"在伤员中"等新闻专栏，反映抗战时局。1945年8月23日，《中国评论周报》在抗战胜利后复刊，最初几期

---

① 邓奇峰：《国父思想之实践与阐扬者——孙哲生先生》（下），《政治评论》，第31卷第10期，第312—313页。该文收入朱传誉主编：《孙科传记资料》（一），台北：天一出版社，1979年，第39页。

图 1-2 《中国评论周报》上反映抗战时期民众生活的图片

栏目较少,直至第33卷6期开始逐步恢复到战前的栏目如"时评、社论、专著、小评论"等。《中国评论周报》复刊后的栏目保持相对稳定,大多以新闻评论表达对抗战胜利后社会现状的关注。在《中国评论周报》第2卷的卷首刊登有《〈中国评论周报〉的特点》,描绘了各个栏目的内容及特性:

1. 社论及时评:是关于时事的客观公正的报道
2. 专著:涉及广泛领域的所有问题,由各界权威撰写或提供
3. 时事与数字:提供有关工业及财政状况的统计数据
4. 一周大事记:是时事的精粹与浓缩,能让读者与新闻保持同步
5. 中外论评:由优良英语译自各种新闻评论,便于阅读
6. 新书介绍:为读者提供全方位学术性读书指导
7. 官方文件:为将来提供历史文献记载

8. 风格：大众化，令人愉悦
9. 定位：中国周刊中最好的
10. 印刷：印刷清晰、阅读愉悦
11. 订阅费：价位合理，国内每月 7 元、国外每月 10 元

除去新闻报道与时事评论外，《中国评论周报》上的"专著"、"小评论"、"新书介绍"、"艺术与文学"等专栏，刊发了大量政治、经济、文学、文化等方面的评论文章，包含有林语堂、胡适、钱锺书、姚莘农、温源宁以及吴经熊等人的文学及文化专论，为研究现代文学及文化发展史提供了有价值的研究史料。其中最为文学界关注的便是"The Little Critic"（小评论）专栏中林语堂、全增嘏、张培基等人的英文小品文与"Unedited Biographies"（知交剪影）专栏中温源宁、费鉴照等人的英文人物随笔。"小评论"专栏从 1930 年第 3 卷 27 期开始设立，由林语堂主编。该栏目后配有漫画做插图，选择"本周最佳中国漫画"予以登载，文图相配使得"小评论"隆重登场，成为林语堂所倡导的"幽默"小品文发表阵地。此后，全增嘏、邝耀坤、项美丽及张培基等人都曾为"小评论"撰稿，使之成为该刊的名牌栏目。林语堂从自己发表在该栏的作品中，选择代表性文章结集成英文小品集 *The Little Critic*（《小评论》一、二集），由商务印书馆出版。1934 年《中国评论周报》第 7 卷增加"知交剪影"专栏，后改为"亲切写真"，温源宁任编辑，由温源宁、费鉴照等人创作或改译 50 多篇人物随笔。温源宁择取自己创作的 17 篇作品结集而成 *Imperfect Understanding*（译作《一知半解》或《不够知己》）出版，在学界广为流传。此外，《中国评论周报》对现代作家及文学作品多有关注与评论，先后对鲁迅、徐志摩、谢冰莹、老舍、庐隐、凌叔华、欧阳予倩、姚颖等作家作品进行介绍、翻译及评论，体现出《中国评论周报》丰富的文学及文化价值。

与《中国评论周报》前后复杂变化的栏目名称相比较,《天下月刊》各个栏目则保持了相对的稳定性。其主要栏目有"Editorial Commentary"(编辑评论)、"Articles"(专著)、"Translations"(翻译)、"Chronicle"(时评)及"Bookreviews"(书评)等。"编辑评论"相当于社论,由主编温源宁执笔(全增嘏任编辑期间也曾撰写大量社论),介绍当时的时局发展及文艺动态,让读者能够及时了解天下大事。"专著"则刊发有关历史、政治、经济、文学、新闻出版以及考古、建筑等方面的文化评论文章,作者包括中外知识分子。与文学研究联系较为密切的是"翻译"及"时评"、"书评"专栏。"翻译"专栏刊载了大量中国文学作品的英文译文。其中古代文学作品的翻译有宋传奇《错斩崔宁》,李煜、欧阳修的宋词两首,明代戏剧《牡丹亭》中的《春香闹学》片断以及清代小说《儒林外史》结尾片断等。此外,《天下月刊》还刊载了大量现代文学作品英文译文,如鲁迅、冰心、巴金、沈从文以及萧红、凌叔华等人的小说,闻一多、徐志摩、邵洵美、李广田等人的诗歌,还有曹禺的戏剧等。《天下月刊》第3卷第1期起开设"chronicle"(时评,或译作历程、编年)栏目,是一个描述全年文化发展历程的专栏。围绕"文学艺术发展历程"先后发表了许多文章,如温源宁的艺术时评、邵洵美的新诗时评、叶秋原的考古时评、姚莘农的电影及戏剧时评、宋以忠的出版时评、陈大仁的文学时评、郁宸民的新闻时评,等等。这些带有较高学术文化内蕴的文章,在向中外读者介绍中国文学及文化艺术发展状况的同时,也体现了中国现代知识分子强烈的中国文化认同倾向。尤其是文学时评中,《天下月刊》编辑对中国军民抗战文学作品的关注与评论,表现了他们试图通过文学"想象"凝聚民众抗战精神,以文化认同实现民族认同的良苦用心。

综上所述,《中国评论周报》与《天下月刊》在栏目设置上具有一定的相似性,设置了一些中国现代知识分子进行跨语际

第一章　文化认同平台的建构 / 075

图1-3 《天下月刊》在《宇宙风》、《中国评论周报》上刊登的广告

图1-4 《中国评论周报》封内及封底刊登的广告

文学及文化传播的栏目，如《中国评论周报》的"小评论"、"知交剪影"专栏是他们英文小品创作的园地；《天下月刊》的"翻译"专栏，发表了大量中国文学作品的译文，表现了该刊编辑作者对中国文学的认同。而两刊都设有的专栏如"专

论"、"书评"专栏,作为中国现代中英文报刊的重要专栏,成为中国现代知识分子进行双向文化译介的载体。通过这些专栏,两刊编辑与作者不仅将中国文学及文化典籍进行传播译介,还将西方文学及文学思想引入中国,表现出了中国现代知识分子对中西文化的双向选择。

在现代社会,报刊广告是商品信息传播的重要渠道,也是近现代出版业的宣传工具。现代报刊除去正文内容外,还刊载有大量有关经济、教育、交通、电影及图书出版的商业广告。广告既是报刊文本内容的组成部分,又是其刊物营销的策略,这种双重的价值属性,使得现代期刊编辑十分重视广告的作用。一方面在所办刊物上刊登外来商业广告,以增加刊物资金收入;另一方面,又在其他出版物上以书评、目录介绍等形式刊发刊物宣传广告,实现促进刊物销量、扩大影响的目标。

《中国评论周报》与《天下月刊》在办刊过程中非常注重广告的作用与价值,在刊物封内、封底及各个专栏内容后都登载广告,同时也在其他出版物上刊登大量宣传广告。因刊物资金来源不同,两刊的广告策略也呈现出不同特征。《天下月刊》受中山文化教育馆资助,办刊经费充裕,因而刊物自身所刊登的商业广告相较于《中国评论周报》更少。这些商业广告内容主要是药品、服装以及银行、学校招生等针对社会生活的消费品推介,大都刊载在封内及封底。该刊正文没有插入任何广告,确保读者阅读不受影响,也保证了刊物较高的文化品格。《天下月刊》更为注重对外宣传,先后在《大公报·文艺副刊》、《人间世》、《宇宙风》、《中国评论周报》及《亚洲周刊》等期刊上,以目录介绍、内容述评等形式刊登广告,积极扩大该刊在国内外读者中的影响。

《中国评论周报》在每期刊物上都刊载大量商业广告,获得较高的广告收入以维持刊物运行。如"小评论"作为名牌专栏是《中国评论周报》刊登广告的重要板块。除去刊登外来广告之外,《中国评论周报》还在刊物上为自己做宣传,在1928年12月27日的《中国评论周报》上登载有"给你的朋友所想要的圣诞及新年礼物"的广告,文中介绍了刊物的主要内容及性质,并以列表的方式展示出该刊的阅读者涉及不同国家各界人士,发行地域遍及国内外各地,以吸引更多读者订阅。

给你的朋友所想要的圣诞及新年礼物

当你准备给国外的朋友礼物时,给他们所想要的。

中国人与外国人都想知道中国在政治、社会与经济上的进展,他们想迅速地、规范地、便捷地获得权威数据信息。

《中国评论周报》——中国人创办编辑的唯一受欢迎的高水平英文周刊,提供大众感兴趣的重要事态新进展与各方观点。

图1-5 《中国评论周报》在封底刊登的刊物宣传广告

《中国评论周报》的新闻是权威的、分类的、浓缩的。每周几分钟的阅览不仅使你的朋友了解中国重要事态,也让他们在一年中的每周时时想着你送的有价值的礼物。

《中国评论周报》被广泛阅读在

外国:奥地利,比利时,缅甸,加拿大,英国,F.M.S.,法国,德国,荷兰,印度,意大利,日本,拉脱维亚,墨西哥,秘鲁,菲律宾,瑞典,美国

中国：安徽，浙江，奉天，福建，黑龙江，河南，河北，湖南，湖北，江西，甘肃，广东，山东，四川和云南

《中国评论周报》与《天下月刊》作为林语堂参与编辑的刊物，连同《论语》、《宇宙风》、《人间世》等期刊一起，已经成为林氏整个刊物体系中不可或缺的部分。林语堂凭借其自身巨大的影响力，吸引了大量读者，同时利用各种期刊的广告为其所出版的书籍和所编辑的刊物做宣传。1935年《天下月刊》创刊后，以每期目录介绍的形式，先后在《宇宙风》、《中国评论周报》上频繁刊登广告，加强宣传以吸引读者。而"小评论"专栏中，经常刊登《论语》的广告，如"《论语》第三十六期三月一日出版"、"读小评论者不可不读《论语》"等，扩大了《论语》在广大英文读者中的影响。此外，"小评论"专栏后还有大量的商务印书馆的英文书籍广告，其中包括林语堂英文作品《小评论》、《吾国吾民》等。这些出版广告再加上有关的书评促进了林语堂作品在读者中的传播。广告成为林语堂向读者推介作品及报刊的有效方式，在这一现代出版营销理念的践行中，围绕林语堂所创办或编辑的期刊，建立了立体丰富的广告体系；不同期刊之间相互刊登宣传或订阅广告，形成良性互动，既使报刊群体相互关联，同时也培养了稳定的读者群。广告策略的灵活运用，体现出林语堂等现代知识分子文化观念的重大转变。中国古代文人创作多为自娱或相互唱和，而现代知识分子在此基础上增添了现代文化商品意识，认识到文化资本的价值，了解了文化市场的商业化运作规律。通过广告宣传文学作品，使其在经济场域中实现最大化的经济价值；现代知识分子的文学创作逐步走向市场、面向大众，由此实现了文学的现代性转变。

第三节　编辑与作者群体

尽管《中国评论周报》与《天下月刊》在创刊时间及资金来源上各不相同，刊物内容也各有侧重；但两刊还是有一定的内在联系，表现出某些共同性。《天下月刊》的主要编辑与作者都来自《中国评论周报》，林语堂、全增嘏自1930年起便已担任"小评论"专栏的编辑，温源宁在1934年任"知交剪影"专栏编辑，此外吴经熊也曾于1935年任《中国评论周报》编辑，其他如钱锺书、姚克、项美丽等人都为两刊重要作者。1935年《天下月刊》创刊之后，吴经熊、温源宁、林语堂及姚克等相继成为该刊的主要编辑。因此可以说，两刊拥有一批共同的编辑作者，这使得其刊物内容及思想上显示出某些共同倾向。如两刊共同推动了中国现代文学的向外传播，《中国评论周报》以新闻评论、文化专论、书评及人物随笔的形式，介绍徐志摩、凌叔华、谢冰莹、欧阳予倩等中国现代作家的创作活动及其作品内容；《天下月刊》更多的是以文学翻译及文学评论、书评等形式，较为全面系统地将鲁迅、沈从文、曹禺、丁玲等众多中国作家的作品译介给西方读者。此外，作为现代文化传媒，尤其是中国知识分子创办的英文报刊，《中国评论周报》与《天下月刊》构筑起文化交流平台，推动中西文化广泛而深入交流。他们以英语写作和文学翻译作为文化交流形式，将中国古代文学及文化典籍、现代文学及文化发展成就介绍给西方读者，促进中华民族文化走向国际世界，表现出高昂的民族文化主体意识。同时，中国现代知识分子以中西文化比较的视角，审视两种文化的优势与弊端，探寻中国文化的发展路径与方向，表现出更为开阔而多样化的文化视野与观念。

《中国评论周报》与《天下月刊》是由中国知识分子创办并

图 1-6 《中国评论周报》、《天下月刊》主要编辑
张歆海、吴经熊、钱锺书、温源宁的照片

主编的英文杂志,其编辑与作者群体集合了当时政界及学界的文化名流。作为兼具中西文化知识底蕴的现代知识分子,他们在引进西方文明的同时,亦着重将中国文化译介传播到海外,具有更为开阔的文化视野。这样一种独特的文化观念及思想的形成,与他们的教育背景及文化交往有密切关系。《中国评论周报》由陈钦仁、桂中枢、刘大钧、陈石孚及朱少屏、陆梅僧等发起创立。首任主编为张歆海,1928 年他到外交部任职后,刘大钧接任主编,此后桂中枢、宋以忠先后担任过主编。参与该刊

编辑的还有潘光旦、陈钦仁、林语堂、钱锺书、温源宁、吴经熊、林幽、马寅初、全曾煅、赵敏恒以及伍连德等。《天下月刊》由吴经熊发起创办并出任总编，温源宁为主编，前期林语堂、全增煅任编辑，此后姚莘农（姚克）、叶秋原也参与过其编辑工作。聚集在两刊周围的知识分子，按许纪霖对中国现代知识分子的代际划分，他们属于 20 世纪历史中的第三代知识分子即后"五四"一代①。他们大多出生于 1895—1910 年，在求学期间经历过"五四"文化运动的洗礼，都有过欧美留学经历：桂中枢、林语堂、何永佶、邝耀坤、陈立廷、吴经熊、郭斌佳、刘大均、陆梅僧等在哈佛、耶鲁、哥伦比亚、威斯康星等世界著名大学游学，温源宁、钱锺书则留学于英国名校。优良的学术训练成就了这一代知识分子在各个不同领域的专业素养，其中的一些人士在编辑《中国评论周报》、《天下月刊》之前，已经是各个文化领域的名家。陈钦仁是新闻学家，曾在汉口主持英文《前锋报》；桂中枢曾是《密勒氏评论周报》及《大陆报》文笔犀利的英文作者；刘大钧是著名经济学家；陆梅僧是广告专家；吴经熊是享有盛誉的大法官；温源宁是大名鼎鼎的英国文学教授；林语堂是大作家和杂志编辑家。与晚清及"五四"一代知识分子充满政治变革意识与文化批判思想不同，后"五四"一代知识分子更多在文学与学术上贡献突出，为构筑现代学术社会添砖加瓦。《中国评论周报》、《天下月刊》上刊发的大量学术含量较高的专论文章，体现了来自不同领域的知识分子在现代社会各个领域的学术建设实绩。

---

① 许纪霖将 20 世纪知识分子分为六代：晚清一代、"五四"一代、后"五四"一代、十七年一代、"文革"一代和后"文革"一代。参见许纪霖：《中国知识分子十论》，上海：复旦大学出版社，2003年，第 82 页。

表1-1 《中国评论周报》《天下月刊》主要编辑概况一览表

姓名	出生时间	籍贯	毕业学校	海外留学	主编栏目	社会任职
张歆海	1898	浙江海盐	清华学堂	哈佛大学	《中国评论周报》首任主编	国民政府外交部参事
林语堂	1895	福建龙溪	圣约翰大学	哈佛大学、德国莱比锡大学	《中国评论周报》、《天下月刊》编辑	任外交部秘书
钱锺书	1910	江苏无锡	清华大学	英国牛津大学	《中国评论周报》、《天下月刊》编辑	
温源宁	1899	广东陆丰		英国剑桥大学	《天下月刊》主编、《中国评论周报》编辑	立法院立法委员
吴经熊	1899	浙江宁波	东吴大学	美国密歇根大学、法国巴黎大学、德国柏林大学	《天下月刊》总编、《中国评论周报》编辑	上海特区法院法官、立法院宪法草案起草委员会副委员长
全增嘏	1903	浙江绍兴	清华留学预备学堂	美国斯坦福大学、哈佛大学	《中国评论周报》、《天下月刊》编辑、并任《论语》主编	
潘光旦	1899	江苏宝山	清华学校	美国哥伦比亚大学	《中国评论周报》编辑	

依托报刊，借助社团机构，两刊的编辑群体建立起了丰富的交往网络，"来自五湖四海的他们，在北京、上海这样的大都市里，正是通过具体的都市公共空间实现相互的交往和自我认同。这些空间主要指的是茶馆、咖啡馆、沙龙、书店、社团、同人刊物、公共媒体、出版社、大学和广场，等等。正是这些现代都市空间之'点'，编织成了现代知识分子公共交往的空间网络"①。凭借大学、社团及公共传媒等不同的交往介质，这群知识分子之间形成相互交叉的复杂关系网。一是以大学为中心形成的师友或同事圈，《中国评论周报》、《天下月刊》的编辑多毕业于清华学校或曾在清华大学任教：陈达、张歆海、李干、罗隆基、陈钦仁、潘光旦、钱锺书等皆为清华大学学生，温源宁、陈石孚等曾在清华大学任教。此外，还有一部分人在上海的大学任教、互为同事，张歆海、潘光旦、钱锺书同在光华大学任教，林语堂、潘光旦又在吴经熊任东吴法学院院长期间担任该院的预科教授。二是以社团为集体聚合大批学术精英，研究社会问题，加强与国际学术交往。《中国评论周报》的编辑和主要撰稿人曾经参加并组织中国社会、经济、统计学社；《天下月刊》的编辑曾加入孙科发起创办的中山文化教育馆；国际性社团国际笔会上海分会、太平洋国际学会也有两刊的编辑加入。陈立廷、刘大均是太平洋国际学会的执行委员，吴经熊和陈达等则是该会的会员与撰稿者。三是以《中国评论周报》、《天下月刊》等公共传媒为言论阵地，营造出相对独立自由的舆论空间与文化交流平台。林语堂、全增嘏、潘光旦等创办或编辑《论语》半月刊、英文《天下月刊》；吴经熊、林语堂、温源宁、全增嘏承担《天下月刊》的主要编辑职务，还担任《中国评论周报》的编辑；而《中国评论周报》的编辑林幽、宋以忠、钱

---

① 许纪霖：《都市空间视野中的知识分子研究》，《20世纪中国知识分子史论》，北京：新星出版社，2005年，第429页。

锺书等也是《天下月刊》的重要撰稿者。两刊编辑之间相互交错的关系结构有利于形成共同的编辑原则与文化取向，如林语堂在《论语》中所倡导的幽默闲适的散文风格直接影响到"小评论"专栏英文小品文的风格特征，全增嘏、邝耀坤及张培基等人的英文小品文均带有幽默闲适的风格。

《中国评论周报》、《天下月刊》的作者中还包括大量外国在华知识分子。他们分别是英国澳门史研究专家 C.R.Boxer（查尔斯·R.鲍克塞①），加拿大裔美国中国文物、艺术研究专家 John Calvin Ferguson（福开森②），法国耶稣会传教士 Henri Bernard（裴化行③），英国文学家 Julian Bell（朱利安·

---

① C.R.Boxer，查尔斯·R.鲍克塞（1904—2000），曾在军中任职。1936年奉命到香港进行情报工作，后在亚洲多个地区活动，发表了大量有关17世纪澳门历史的研究著作。1938—1941年间在《天下月刊》发表的文章有：《三百年前之澳门》、《葡萄牙援明抗清的远征，1621—1647》、《欧洲早期史料中关于明清时期海外华人的记载》、《郑芝龙的兴衰》，等等，具体期数详见文后目录。
② John Calvin Ferguson，约翰·福开森（1866—1945），1886年来中国传教，1888年在南京创立汇文书院，自任监督。1897年被盛宣怀聘为上海南洋公学督学，1899年接办上海《新闻报》。民国成立后为北京红十字会董事，1917—1928年任北洋政府总统府顾问，1936—1938年任国民政府行政院顾问。主要研究中国美术，收藏中国古玩甚多，著有《中国绘画》、《历朝瓷器》等书。福开森在《天下月刊》发表过大量中国古代文化专论，详见文后目录。
③ Henri Bernard，裴化行（1885—1975），法国来华耶稣会士，20世纪20年代开始在上海、南京、天津等地传教，曾任上海徐家汇天主教堂本堂教父，曾在北平辅仁大学任教。在《天下月刊》上发表的文章有《晚明时期的基督教之人文主义》、《朱子哲学及其莱布尼兹解读》，具体期数详见文后目录。

贝尔①），英裔意大利学者 Harold Acton（哈罗德·阿克顿②），美国女作家 Emily Hahn（项美丽③）等。从国别上看，他们大多来自欧美各国，如英国、法国、荷兰、葡萄牙、美国等，其中以英

---

① Julian Bell，朱利安·贝尔（1908—1937），英国著名画家瓦内莎·贝尔的儿子，著名作家弗吉尼亚·伍尔夫的侄子，毕业于剑桥大学。1935 年来到中国，在武汉大学教授英国文学。在《天下月刊》发表《诗二首》、《诗五首》、《威·休·奥登与当今英诗之运动》，并与凌叔华合译凌氏作品《无聊》、《疯了的诗人》，详见文后目录。

② Harold Acton，哈罗德·阿克顿（1904—1994），出生于意大利佛罗伦萨。1932 年起开始游历日本、中国等地，曾在北京大学任英国文学教授，与梁宗岱、朱光潜等多有往来，陈世骧、李广田、卞之琳等曾受其教益。他与陈世骧合作英译中国现代新诗，并结集出版 *Modern Chinese Poetry*（《中国现代诗选》），还曾与美籍中国戏剧专家 L.C. Arlington 合作英译中国京剧 *Famous Chinese Plays*（《中国名剧》）。《天下月刊》发表了阿克顿独译的《春香闹学》、《林冲夜奔》等作品，及与陈世骧合作英译的邵洵美、李广田、戴望舒等人诗歌作品 6 首，另外还发表了其有关中国现代文学专论的文章 The Creative Spirit in Modern Chinese Literature《中国现代文学的创新精神》，详见文后目录。

③ 项美丽（1905—1997），美国著名女作家，原名艾米丽·哈恩（Emily Hahn），1905 年出生在美国中西部的圣路易城。毕业于威斯康星大学。1928 年，她在纽约亨特女子学院任教，并开始写作。同时，被聘为《纽约客》特约撰稿人。1935 年她作为《纽约客》杂志社的中国海岸通信记者，来到上海。此后认识了邵洵美，并与之相恋。1938 年 9 月 1 日，项美丽为支持邵洵美，以美国人的名义，创办了抗日月刊《自由谭》。同时，她在邵的协助下，编辑出版了《直言评论》（*Candid Comment*）。1938 年 5 月，毛泽东的《论持久战》发表，根据指示，项美丽协助完成了《论持久战》英译本的翻译工作。在上海期间，项美丽在邵洵美的陪同下曾拜访过宋庆龄。宋庆龄为其提供了不少珍贵的资料和照片，这些资料都由邵洵美替她翻译成了英文。这为项美丽后来写成《宋氏三姐妹》一书提供了重要的素材。

美两国为主。从社会身份来看，他们当中既有传教士，也有教授，大部分是新闻记者和自由撰稿人。从所涉及的专业领域来看，涵盖文学、历史、经济、政治及哲学等诸多方面。① 这些外籍知识分子在两刊上发表的文章大部分是以中国问题为研究对象，体现出西方知识界对中国文化的研究热度。第一次世界大战后，"学习和传播中国文化一时蔚为战后西方知识界的风尚"，"在大量翻译出版中国经典著作和文艺作品的同时，西方各国的汉学家为满足社会学习中国文化的需要，还撰写出版了大量研究和介绍中国历史和文化的著作"②。

  以两刊为媒介载体，中外知识分子展开了深入的文化交流。福开森发表大量研究中国古代文化的文章，与中国知识分子一道探讨中国古代文化内蕴与精粹，同时他和刊物编辑也保持着密切往来。在阅读吴经熊发表在《天下月刊》上的日记体随笔后，他写信向吴经熊表达敬意，并赞许吴基督教信仰的纯正与深厚。哈罗德·阿克顿在北京大学任教期间，与学生关系融洽；在陈世骧的协助下，合作翻译了中国现代新诗，部分译文刊载在《天下月刊》上。此外，朱利安·贝尔不仅在《天下月刊》上发表英语诗歌，还与凌叔华合作翻译了凌的小说。项美丽在与邵洵美的密切交往中不断接近中国的文化界；通过邵洵美，她和许多能说英语的中国学者作家为友，如钱锺书、全增嘏、吴经熊、林语堂等；很多邵洵美的友人，如沈从文、陈福愉、顾苍生、张光宇等都与她相熟。也是因邵洵美，她逐渐了

---

① 严慧：《超越与建构——〈天下〉与中西文学交流（1935—1941）》，北京：光明日报出版社，2011年，第40页。
② 郑大华：《民国思想史论》，北京：社会科学文献出版社，2006年，第35—36页。

解了中国的风俗人情,对中国发生了很大的兴趣。① 此后,项美丽与邵洵美编辑出版中英文双语的《声色》画报,并为英文《天下月刊》翻译中国现代文学经典作品《边城》,项美丽还为两刊撰写了大量专论文章及书评。 在《中国评论周报》第16卷第9期上,项美丽与温源宁、姚克围绕婚姻问题展开讨论,中外知识分子的家庭婚姻思想得到了最直接的呈现与展示,促进了彼此间的文化交流。 由此看来,《中国评论周报》与《天下月刊》并非只是中国知识分子的"独角戏",在华外国知识分子的加入,使得两刊的文化空间有了极大拓展。 外国知识分子在两刊发表文章,一方面向中国读者介绍西方文化及思想,另一方面注重对中国文化的阐发与研究,促进了中国文化的向外传播。

近年来,学界开始注重对近代上海知识分子公共交往活动的研究。 王儒年在考察1930年代中国知识分子与上海地方社会的关系时,揭示出其中三个重要的知识分子群体,分别是:以鲁迅为中心的"左翼"知识分子,以刊物出版及私密交往为方式,参与到上海的文化活动中;以叶圣陶、郑振铎为代表的"开明书店"派知识分子,以文化出版事业为依托,在上海建立自身文化地位;以及由黄炎培、蔡元培所代表的上海政界、商界名流所组成的城市精英知识分子,以多样的社会活动引导上海文化的走向。② 众多有关近现代中国知识分子在上海的活动研究中,学界更多关注的是鲁迅、胡适等几位身处文化中心

---

① 参见邵绡红:《我的爸爸邵洵美》,上海:上海书店出版社,2005年,第148页。
② 参见王儒年:《梳理与融合:1930年代的知识分子与上海地方社会》,许纪霖等:《近代中国知识分子的公共交往:1895—1949》,上海:上海人民出版社,2008年,第220—285页。

的知识分子的文化交往空间,而对吴经熊、邵洵美、林语堂等其他知识分子群体的交往活动缺乏考察。聚集在《中国评论周报》、《天下月刊》周围的中国知识分子群体,可算得上1930年代上海文化尤其是中西交往活动中重要的族群。他们依借相近的学缘,如大多都是清华毕业生或教师,且皆有留学英美的经历;他们拥有相近的文化思想观念,积极倡导践行英语写作,着力研究与宣传中国传统文化,并力主向外传播中国现代文学。此外,这个知识分子群体还与外国在华知识分子关系密切,通过多种方式展开中西文化交流,构筑起与西方学界的文化交流平台。"30年代的上海知识分子,因着各种不同的地缘、学缘、惯习和自身占有的资源,构建起不同的交际网络,形成了相对稳定的知识团体。置身上海城市空间的这些知识团体,为着自身的生产并对社会发挥影响,通过各种管道将他们的声音传递到社会。在此过程中,他们通过创办刊物、出版书籍、组织团体等方式营造出许多新的表达空间,活跃了上海的文化氛围,扩充了知识文化人生存的文化空间。"[1]在半殖民地上海,聚集在《中国评论周报》、《天下月刊》周围的中国现代知识分子以英语写作和文学翻译作为文化交流形式,将中国古代文学及文化典籍、现代文学及文化发展成就介绍给国外读者,促使中华民族文化走向国际世界,表现出高昂的民族文化主体意识。同时,中国现代知识分子以中西文化比较的视角,探寻中国文化的发展路径与方向,表现出更为开阔而多样化的文化视野与观念。

---

[1] 参见王儒年:《梳理与融合:1930年代的知识分子与上海地方社会》,许纪霖等:《近代中国知识分子的公共交往:1895—1949》,上海:上海人民出版社,2008年,第284页。

第四节 《中国评论周报》上的商务印书馆英文广告

一、颇具影响力的英文传媒

《中国评论周报》编辑、出版及运营资金大部分来源于刊物销售及广告收入。作为现代商业周刊,《中国评论周报》刊物封内、封底及各个专栏前后都登载各种广告,其中包含大量中英文书刊广告。尤其在1934年以后,随着上海出版业走向顶峰,《中国评论周报》也迎来了书刊广告的黄金时期,频繁刊载大报名刊及知名出版公司的书刊广告,如《申报》、*The China Weekly Review*(《密勒氏评论报》)、*Asia*(《亚洲》)等中英文报刊的宣传广告和商务印书馆、开明书店等出版公司的英文图书广告,成为出版业界引人注目的英文传媒。

《中国评论周报》在广告业的良好声誉来源于其在国内外知识界所具有的广泛影响力和庞大读者群体。该刊不仅是在华外国人了解研究中国的主要媒介,也是中国留学回国知识分子表达自我的有力平台,同时还是中国青年学生学习英语、关注中外时事与文化进展的有效载体。1929年12月12日《中国评论周报》刊登"启事"称:"本报出版至今已经有一年半时间,所刊文字皆精心结构之作,既合一般人士之披览,尤适宜于大学生之约定,是以远近学子驰而订购者纷至沓来。本报为优待及便利学生订报起见,特定优待办法,于各著名大学分设经理处,藉免邮局汇款之周折,亦为同人所贡献于学生界之微意也。兹将已设经理处之各学校照录如下,凡未设经理处之大学可函报总经理处。"该启事还指出在复旦、大同、大夏、约翰等上海各个大学,中央大学、中央政治学校、金陵中学等南京各个大学,以及苏州东吴大学、杭州之江大学、山东齐鲁大学、安徽大学等国内各大学校设立经理处,便于学生就近订购《中国评论周报》。由此可见,业界的良好声誉、海内外的广泛影响以及庞大稳定的读者群体成就了《中国评论周报》在英文报刊界的主导地位,尤其是作为中国自主创办出版的知名英文报刊,对中外读者更具吸引力。

正是在此背景下,商务印书馆连续 10 年在《中国评论周报》刊登广告,体现出注重宣传效应的广告策略,即选择影响力大、读者广泛的报刊发布广告进行图书宣传推介。商务印书馆早在发展初期便已设置"交通科"(communication),1932 年"一·二八事变"后改名为"推广科"(promotion),"体制上已设有专门负责推广的部门,反映出管理者很早已重视推广和宣传工作"①。商务印书馆不仅利用《图书汇报》、《出版周刊》、《西书月报》等内部出版物刊载图书广告,还在知名报刊《申报》、《大公报》、*The China Critic*(《中国评论周报》)等刊物上发布中英文广告宣传推广各类图书。1928 年至 1938 年的 10 年间,商务印书馆在《中国评论周报》上持续发布大量英文广告,推介各类英文教材、文学经典、学术论著,为考察商务印书馆英文图书营销的历史概况提供了新颖丰富的文献史料。作为老牌出版机构,商务印书馆能够顺应时代发展趋向,积极拓展出版空间;一方面大量引进英文原版书进行销售,同时组织中外知识分子编撰英文图书,满足中国读者日益高涨的英语阅读需求。为促动英文图书的推介与营销,商务印书馆在各大英文报刊上刊登广告,其中包括国人自办知名英文报刊《中国评论周报》。商务印书馆运用疏密有致的投放频率,灵活整饬的设计风格、丰富多元的主题类型等广告形式,最广泛、高效率地进行英文图书推广,体现出独特而多样化的图书推广及营销策略。

---

① 李家驹:《商务印书馆与近代知识文化的传播》,北京:商务印书馆,2005 年,第 285 页。

二、广告频率与设计风格

1. 疏密有致的广告投放频率

商务印书馆自 1928 年 12 月 15 日《中国评论周报》第 1 卷第 25 期以 "Recent Books" 为名开始第一次刊登广告,至 1938 年 10 月 21 日第 23 卷第 4 期以 "私立商务印书馆函授学校广告" 结束,广告时间长达 10 年,约 60 余次,大部分是以全英文广告为主,其中 1934 年至 1935 年部分广告内容如下表所示:

表 1-2 《中国评论周报》1934—1935 年所刊载的商务印书馆英文广告

序号	刊登日期及卷号	广告标题
1	1934 年 2 月 1 日第 7 卷第 5 期	Advance Orders for Two Gigantic Reproductions（预定商务印书馆鸿篇巨著）
2	1934 年 3 月 8 日第 7 卷第 10 期	*CHINA ECONOMIC YEAR BOOK* (*January, 1932—June, 1933*)（《中国经济年鉴 1932.1—1933.6》）
3	1934 年 4 月 12 日第 7 卷第 15 期	Identify Yourself with Your Pen by Own Signature（定制个性化签名的钢笔）
4	1934 年 5 月 24 日第 7 卷第 21 期	Reduction Sale of IMPORTED BOOKS（进口书促销）
5		*PROVINCIAL GAZETTEERS* open for advance subscription（《各省地名词典》公开预订）
6	1934 年 6 月 21 日第 7 卷第 25 期	NEW IMPORTED BOOKS on DIFFERENT SUBJECTS（各种进口新书）
7	1934 年 2 月 1 日第 7 卷第 28 期	NEW ENGLISH PUBLICATIONS（最新英文图书）

续　表

序号	刊登日期及卷号	广告标题
8	1934年8月23日第7卷第34期	NEW ENGLISH PUBLICATIONS （最新英文图书）
9	1934年12月17日第7卷第47期	New Consignment of The Latest 14th Edition *ENCYCLOPEADIA BRITANNICA* （最新第14版《大不列颠百科全书》代售）
10	1935年1月10日第8卷第2期	The Commercial Press English Books Published in 1934 （1934年商务印书馆新出版的英文图书）
11	1935年2月14日第8卷第7期	NEW ENGLISH PUBLICATIONS （最新英文图书）
12	1935年5月9日第8卷第6期	The Commercial Press New English Publications （商务印书馆新出版的英文图书）
13	1935年6月20日第9卷第12期	*TSORNG SHU JYI CHERNG* （丛书集成，正售预约）
14	1935年7月18日第10卷第3期	NEW ENGLISH PUBLICATIONS （最新英文图书）
15	1935年8月28日第10卷第9期	*THE CHINESE YEAR BOOK 1935*（《中国年鉴1935》） Premier issue（连续3期刊登此广告）
16	1935年10月3日第11卷第1期	*CHINA ECONOMIC YEAR BOOK 1935 SUPPLEMENT* (*July, 1933—June, 1934*) （《中国经济年鉴1933.7—1934.6》）
17	1935年12月7日第11卷第6期	LIN YUTANG'S NEW BOOK *MY COUNTRY AND MY PEOPLE*（林语堂新书《吾国吾民》）

续 表

序号	刊登日期及卷号	广告标题
18	1935年12月12日第11卷第11期	CLEARANCE SALE OF IMPORTED BOOKS（进口书清仓销售）
19	1935年12月19日第11卷第12期	EDUCATIONAL GIFTS Supplied by The Commercial Press, Ltd.（商务印书馆教育礼品）
20		MY COUNTRY AND MY PEOPLE（林语堂新书《吾国吾民》）

以1934年为界，商务印书馆刊登英文广告的频率前后期有所不同，1934年前大约每年1至2次，此后登载频率不断提高，达到每年10余次。1935年"杂志年"到来之后，书刊出版业竞争日益增强，使得各个出版机构需要不断拓展推广渠道，扩大出版物宣传与营销。在此形势之下，商务印书馆不仅在内部刊物上发布图书广告，同时也注重利用各种报刊推广中英文图书出版物。《中国评论周报》自1928年创刊后便在知识界尤其青年学生中拥有稳定的读者群体，商务印书馆借助该刊发表英文图书广告，可以促进各种英文教材及英语学习类图书在青年学生中的销售与阅读。"书业广告的目的，从根本上说，就是通过种种手段，使潜在的可能读者，变成现实的实际购买者。因而在广告过程中，通过对书刊特点的把握、读者对象的选定，开展有针对性的广告宣传，是提高广告效率的不二法门。"①

2. 统一灵活的设计风格

商务印书馆在《中国评论周报》上发布的英文广告中，英

---

① 吴永贵：《民国时期书业广告的组织与运作》，《编辑之友》，2009年第5期，第74—80页。

文书籍广告占据主体地位，大多以一个整页码的形式刊登，显示大品牌的气势；往往以"Recent Books"、"New English Publication"、"Clearance Sale of Imported Books"为标题进行宣传；或者直接以英文书名作为广告标题，如 *My Country and My People*（《吾国吾民》）、*The Chinese Year Book*（《中国年鉴》）等。广告标题以粗体大字号文字编排，凸显广告的主要内容。广告正文则往往是以书目介绍、书籍内容简介、书籍相关评论及降价促销活动为主要内容。在广告下方同样以粗体大字号大写英文字母的形式显著和醒目地标明"THE COMMERCIAL PRESS, LIMITED, PUBLISHERS"（商务印书馆），使读者较为便捷地把握商务印书馆的广告。尽管商务印书馆的英文广告在整体上保持相对统一的风格，即"广告标题＋正文内容＋出版公司名称"的形式，但针对不同的广告主题则采用了灵活多样的设计形式，如在促销广告中标示折扣率、在新书预售广告中标示优惠率等，激发读者的购买兴趣。商务印书馆通过设立推广科设计股，用以提供广告营销计划与设计方案。正是有了职能部门的有力支撑，商务印书馆的广告体现出了既简洁整饬又灵活多样的风格。

3. 丰富多样的广告类型

进入20世纪20年代以后，商务印书馆建立了多样化的经营业务，形成了形式庞大的产业体系。正如1939年2月第8期的《图书汇报》广告所言，商务印书馆作为"出版家、印刷家、教育用品制造家、铅字铸造家"，经营要目是"出版学校课本、发行图书杂志、纂辑字书年鉴，供给文具仪器，承接各种印件，附设函授学校"①。商务印书馆利用英文广告对其多样

---

① 《图书汇报》，1939年第8期，第12页。

化业务进行宣传①，除去对少数衍生业务的宣传推广，商务印书馆的大部分英文广告都着力进行图书宣传与营销。根据正文内容的差异，商务印书馆的英文图书广告可分为以下几种类型：新书目录及内容推介广告、新书预售广告、降价促销广告。

书目推介是商务印书馆图书广告的主要形式之一，主要以介绍书目为主，并在书名前列出作者，在书名后列出价格。广告内容非常简单，有利于读者及时掌握商务新近引进和出版的英文新书。如1934年6月21日第7卷第25期的《中国评论周报》上刊登的广告是"NEW IMPORTED BOOKS on DIFFERENT SUBJECTS"，共介绍38余种涵盖政治、经济、科技及文学等多学科门类的原版进口英文书。此外，在1935年1月10日第8卷第2期刊登"The Commercial Press English Books Published in 1934"，介绍了商务自主出版的数十种英文书。《中国评论周报》上刊登的商务印书馆英文书目广告，不仅可以让读者追踪不同主题的英文图书的出版动态，也为后世研究者研究英文出版物提供了真实的史料。

如果说书目推介广告可以最大程度地推送商务印书馆的出版动态信息，那么新书内容推介广告则在书目推介的基础上，进一步展开内容概述：介绍新书的作者身份、内容架构及相关评价等综合信息，更好地向读者推介新书；再加上带有鼓动性的销售宣传语，吸引读者购书，带动并促进新书销售。如在

---

① 比如1934年4月12日第7卷第15期的广告"Identify yourself with your pen by own signature"，是关于派克钢笔以及其他各种文具和办公用品的营销广告，免费提供在钢笔和办公桌上刻写亲笔签名的服务，以吸引更多顾客光临选购商务产品；而1938年10月21日第23卷第4期刊载有"THE COMMERCIAL PRESS CORRESPONDENCE SCHOOLS"的广告，介绍了"MIDDLE SCHOOL"所开设的国文、英语、日语、数学、自然科学等课程，以及"COLLEGE"在专家指导下开设的15个系60个学科。

1933年9月28日第6卷第39期的"NEW PUBLICATIONS （In English）"广告，介绍1932年8月商务印书馆恢复了因上海战事而中断的业务以来新出版的英文书。该广告正文部分列出了3本书的内容简介和9本书的书目简介。其中 The New Geography of China（《中国新地理》）一书的作者是 C. G. Fuson，售价1.8美元。该书的内容简介是："本书的目的在于给高年级中学生提供英文文本，让他们对自己国家有清晰认识，也有助于学生在感受中国丰富物产的同时，把自己视为公民去解决现实问题。"而1934年8月23日第7卷第34期的"NEW ENGLISH PUBLICATIONS"广告中着重介绍了4本书的内容，其中关于 On Chinese Studies（《中国学术研究》）的内容简介是："该书作者近20年来一直致力于向外国学生介绍中国文化，许多著作都已经发表在欧美报刊上。该书包含40章，涉及中国文化研究的多个领域，不仅是对外国学生学习中国文化有帮助，也是中国教师和学生有价值的英语参考书。"

对于由政府部门编辑运作的英文主题书和知名作家的英文畅销书，商务印书馆都不遗余力地进行重点推广。比如1935年前后，在蔡元培的推动下，在国民政府的支持下，由《中国评论周报》主编桂中枢总领编辑的国人自办英文《中国年鉴》出版前后，商务在《中国评论周报》封内及封底连续运用整个页面多次刊登英文广告，集中介绍该书的出版概况及内容体例。1935年8月28日第10卷第9期的广告导语中写道："这是中国唯一的英文年鉴，来源于50位中国专家的原始资料。第一期由专题论文和年鉴组成，包含多达1200页的数据和实例，从无数材料中精选细选出来，以完美形式呈现在总共50章的内容中。"广告正文是英文《中国年鉴》的内容体例，包含蔡元培撰写的前言和桂中枢撰写的序言，以及每个章节的作者名称及各自的身份头衔。广告下方是该书的出版信息，即由中国年鉴出版公司赞助，商务印书馆出版发行，1935年9月中旬上市，可以提前预订。此后该广告连续3次刊登，为第1期《中国年鉴》的出版进行宣传造势。

商务印书馆还重点对林语堂的各种英文图书进行推介。林语堂作为登上美国畅销书榜单的英文作家，商务印书馆积极推动其英文图书在中国的出版与销售，先后对其英文著译 *My Country and My People*（《吾国吾民》）、*The Importance of Living*（《生活的艺术》）、*Confucius Saw Nancy and Essays About Nothing*（《子见南子及英文小品文集》）进行持续频繁广告。这些广告大都引用欧美知名报刊和评论家的评语作为广告内容，以名家推荐的方式吸引读者的关注与兴趣。林语堂以英文写作赢得欧美知识界的青睐，因此商务印书馆出版销售林语堂的英文论著，以期在中国英文出版界获得良好的市场价值和业界声誉。

新书预售广告是商务印书馆经常使用的广告模式和策略，通过预先收取读者购书款、再按照预定时间如期有计划出版新书的形式，有效调配出版资金和出版物数量，更好地节约出版资源，获得出版利润最大化。商务印书馆多种著名中文丛书如《说部丛书》、《小学生文库》以及《万有文库》等都在《大公报》、《申报》上刊登预售广告进行促销。《中国评论周报》作为商务印书馆借重的英语广告报刊，也刊登多种新书预售广告。如1934年5月24日第7卷第21期的广告"PROVINCIAL GAZETTEERS open for advance subscription"对《中国地名词典》的预售信息进行了介绍。作为商务印书馆此前出版的《大清帝国全图》的后续图书，《中国地名词典》吸纳了大量各省地名，提供了相关省份不同行政区域的大量信息。该系列丛书首批6套公开预订，价格优惠；同时订2套优惠5%，订3套以上优惠10%；而且邮费全免，宣传单页可以免费索取。此外，商务印书馆在1934年2月1日第7卷第5期《中国评论周报》发布了有关《四库全书》、《四部丛刊》的预售广告。广告中注明预售订购截止时间、预售总体价格,其中《四部丛刊》还采取付清首付款之后,按照年度分期付款的形式进行预售。

良好的促销方式可以激发读者的购书兴趣,书刊促销广告不仅是一种出版物推广策略,也是一种营销方式。商务印书馆精心设计促销广告,以打折促销、清仓减价、节庆活动等形式,推动各种中英文图书及文化产品的销售。1930年6月26日第2卷第26期的广告是"Standard MacMillan(N.Y)Educational Publications",该广告指出商务印书馆精心组织引进出版美国知名出版公司麦克米伦公司的80余种教材,并将其进行本土化改造,出版中国版本"China Edition",即以和原版相同的纸张、版式装帧出版,换用新的封面。该系列图书包含80余种约20万册的各个学科不同年级的教科书。该广告在醒目位置标示"1/3 Cheaper"、"to be sold at 1/3 less than the price",即以低于原版1/3的价格出售。由于受银价下跌和汇率变化影响,中国的进口英文书价格居高不下,许多学校停止使用西方通用教材。商务印书馆以优惠的价格引进原版教科书,满足了教育界对英文教材的需求。此外,这些促销广告还包括进行清仓促销,如1934年5月24日第7卷第21期的广告"Reduction sale of IMPORTED BOOKS",表明商务印书馆从6月1日起开始为期一个月的清仓促销,图书种类包含大众读物、科技论著、教材课本等。此外,1935年5月9日第9卷第6期上的广告对新出版的英文书促销力度更大,优惠幅度达到40%至50%。该广告表明:"即刻购买1935年出版的新书,优惠40%至50%,促销时间为期2个月,到1935年6月30日截止。图书馆机构一次预付满100美元,优惠50%;满50美元,优惠40%。个人预购满30美元,优惠40%,在校学生预购满15美元,优惠40%。"由上述几则广告可以看出,商务印书馆依据英文图书不同的种类及读者群体采取了差异化的促销手段，既有效促进了英文图书的营销，也赢得了读者群体的信任，维护了自身品牌形象。

《中国评论周报》上的英文广告不仅有助于解读商务印书馆的图书推广及营销策略，也为探析商务印书馆的英文出版提供了新视域。从广告文本表征来看，这些英文广告体现了商务印书馆独特的图书广告营销策略：注重选择影响效力大的传媒持续刊登广告，寻求优质广告效力，在广告设计风格上以简洁明快的文本形式传达丰富多样的广告内容，在图书营销过程中能够采取适度优惠的折扣激发读者的购买兴趣。这些广告营销策略不仅有效维护了大牌出版机构的品牌形象，也大力推动了各类英文书刊的销售，尤其是商务印书馆原版引进及自主编写的英文教材、文学名著，更是成为广受现代青年青睐的品牌图书。从广告内容来看，各种类型的英文图书广告也揭开了商务印书馆英文出版的历史面貌。按照出版形式的不同，商务印书馆出版销售的英文书[①]可以分成两种。一是原版及改版引进的英文书，主要是各种教材及畅销英文书。二是自主出版的英文书，包含年鉴、词典及文学译著、学术专著等。同时，作为

---

① 这些英文书籍目录不仅出现在《中国评论周报》的英文广告中，同时也被整理刊发于1939年2月出版的新第8期《图书汇报》上，收录于1981年出版的《商务印书馆图书目录（1897—1949）》一书中。这些英文书按照中外图书统一分类法，分别归入哲学、宗教、社会科学、语文学、自然科学、应用技术、艺术、文学、史地等各个类别中。1939年的《图书汇报》书目将这些英文书以"[英文本]"或"[中英文对照本]"形式在中文书名前进行标示，并附英文书名；而《商务印书馆图书目录（1897—1949）》则将"英文书"标示放在中文书名之后以示提醒，便于学者查找利用相关英文图书。

肇始于英语教材印刷出版的老牌出版机构，商务印书馆力图延续和传承自身出版优势，积极拓展英文出版产业空间并以此作为持续发展动力，不断夯实商务印书馆的资本基础，为其建构中国近现代出版巨擘提供了坚实的产业支撑。此外，通过英文图书的出版和营销，商务印书馆一方面更为全面地吸纳引进了西方政治、经济、文学及教育等领域的现代文化，同时还自主出版有关中国历史及文化的英文著译，推动中国文化向外传播，力图建立中西文化双向交流的英文出版传媒。

三、英文出版：商务印书馆的双向文化传播

《中国评论周报》所刊载的英文图书广告及其所推介的英文书籍，揭开了商务印书馆的另一个重要产业空间，即英文图书的出版与营销。在中国近现代历史进程中，商务印书馆出版了大量的汉译西方名著，据李家驹根据商务印书馆书目统计，"50多年间，商务一共出版了译著3880种，占总出版量的25.63％"[①]；中国知识界通过这些译著，广泛吸纳西方文化思想，积极推动中国文化现代性转型。此外，商务印书馆还积极引进销售和自主出版各种英文图书，更全面引入西学，同时向外传播中国文化，建构中西文化双向交流的有效出版传媒。通过英文图书的出版和营销，商务印书馆一方面更为全面地吸纳引进西方政治、经济、文学及教育等领域的知识与文化；同时还自主出版有关中国文化历史及时事政治的英文著译，力图建立自主有效的英文出版传媒，推动中国文化自主向外传播，体现出强烈的文化主体意识。

---

① 李家驹：《商务印书馆与近代知识文化传播》，北京：商务印书馆，2005年，第239页。

商务印书馆图书出版事业肇始于印刷英文教科书，即 1898 年翻印印度使用的英语课本 *English Primer*，此后商务印书馆开始大量出版英文学习读物、科普读物、学术论著以及各类英文工具书，"我国各类英语学习用书的出版，以它为最早"[①]。商务不仅引进出版各类英文图书，正如 1931 年 5 月 21 日第 4 卷第 21 期的广告导言所示，商务 30 年代引进各种品牌英文新书达到 1.5 万种。此外，商务印书馆还广罗中外知识分子编选撰写各类英文学术论著，自主出版大量英文图书，"解放前，商务印书馆几乎开创了英语书籍的所有类型"，"像对照读物、注释读物，都是出版史上开先河者"。根据汪家熔统计，其英语书籍总数达"四百七十二种"[②]，涵盖英语语言及文学、自然及社会科学的各个领域。

1. 英语学习及广泛吸纳西方文化

在商务印书馆出版的英文图书中，英语学习类书籍占据主体地位，包含英语语言及文学各种读本，从早期英语课本 *English and Chinese Primer*（《华英初阶》）、*English and Chinese Reader*《华英进阶》，到周越然编著的 *A Primer of English Sounds*（《英字读音》）、*English Spelling*（《英字切音》）等英语学习类图书，都得到当时中国读者的热烈响应，推动了中国现代英语学习热潮。与此同时，商务印书馆还以丛书形式出版了"世界名人传记系列"、"世界文学丛书系列"、"英文学丛刊"、"美英名人文选"等英文文学类图书，用以增强读者的英语学习兴趣，了解西方文学及文化思想。这些英文书籍和汉

---

① 汪家熔：《商务印书馆与英文书籍》，《英语世界》，1982 年第 6 期，第 8 页。
② 汪家熔：《商务印书馆与英文书籍》，《英语世界》，1982 年第 6 期，第 12 页。

译世界文学名著相互呼应，丰富和拓展了商务印书馆的出版空间，使之成为中国现代引进西方文学及文化的出版重镇，而其中众多译本和英文本亦成为中国读者学习西方文学的经典版本。 除去英语学习类图书之外，商务印书馆为了满足中国青年学生对西方自然及社会科学不断增长的学习需求，出版并销售大量中学及大学英文教材。 商务印书馆曾邀请外国学者编选了"商科讲义"丛书，并在1929年1月10日第2卷第3期《中国评论周报》刊登广告"SCHOOL OF BUSINESS SERIES"，宣传标语称"训练有素的商人总是拥有最佳机会"，并指出该丛书目的在于"训练全能商人"，包含商务经济原理、财务组织、商业法、商务英语等十套，涵盖商务各个部门。 其广告正文说："商务是一种社会科学，商务课本必须包含当地的社会内容，为了让有抱负的青年人了解现代商务的原理和实践，免去学习外国形势的麻烦，商务组织出版了该丛书。"此外，中国现代知识分子编选的现代自然及人文科学知识英文图书，也成为商务引入西方知识文化的重要通道，如钱端升编选的 The Politics（《政治学》）、The Spirit of Law（《法意》），吴经熊编选的 The Art of Law and Other Essays Juridical and Literary（《法学论丛及其续辑》）等英文图书，都是相关领域知名专家学者编选的英文图书，可信度高，专业性强，商务不断再版，成为经典。因此可以说，商务印书馆出版及销售的各种英文图书连同汉译西方名著一起，全面推动西方各种知识文化在中国的传播，有效开拓了中国现代青年的知识视野，加速推进了中国现代知识及文化体系的建构。 作为曾受惠并服务于商务印书馆的现代著名作家，叶圣陶晚年高度赞扬商务印书馆对中国现代青年文化启蒙的巨大作用："我幼年初学英语，读的是商务的《华英初阶》，后来开始接触外国文学，读的是商务的《说部丛书》（最近重版了林纾译的十种);至于接触逻辑、进化论和西方的民主思想,也由于读了商务出版的严复的各种译本(最近全重版了)。我的情况绝非个别的,本世纪的青年学生大抵如此。可以说,凡是在解放前进过学校的人没有不曾受到商务的影响,没有不曾读过商务的书刊的。"①

2. 典籍译介及自主阐发中国文化

商务印书馆在引入西学方面的贡献已毋庸赘言,其以英文图书出版传播中国文化的创举却鲜被提及,而《中国评论周报》英文广告的正文内容则展现出商务印书馆英文图书出版概况,及其在英文图书出版过程中所秉持的文化立场与主体意识。在20世纪30年代国学复兴的时代里,商务印书馆主持出版了大型国学丛书②,得到读者的热烈好评,夯实了中国传统文化在现代历史中的基础。商务印书馆对中国传统文化的推广还包括出版了由大量文化部门及中外知识分子编选译著的英文图书,如《庄子》、《墨子》等典籍英译本,《宋人画册》、《中国文化论集》、《中国儿童歌谣》、《参加伦敦中国艺术国际展览会出品图说》(中英对照本)等文化选集英译本,以及林语堂的《英

---

① 叶圣陶:《我和商务印书馆》,《出版史料》,1983年第2期,第52页。
② 《中国评论周报》还刊载了少量商务印书馆中文图书广告,如对《四库全书》、《四部丛刊》以及《丛书集成》的营销推广,1934年2月1日第7卷第5期的广告是"Advance orders for two Gigantic reproductions"。以新书预售的方式,宣传推广中文古籍丛书,广告正文宣传称:"《四库全书》珍稀版本系列第一辑,包含231种,总共2000卷,是中国最丰富最权威的晚清国家图书馆中国经典著作组成,由南京教育部授权再版。"由此可以看出,作为中国古籍出版重要机构的商务印书馆,在宣传推广古籍图书时不仅面向中国读者,还非常注重英语世界读者。

译老残游记第二集及其他选译》、《子见南子及英文小品文集》、《英文小品甲乙集》等译介和阐发中国文化的英文译著。这些英文译著全面推动中国传统文化向外传播，也体现着商务印书馆一贯所秉持的弘扬传统文化的使命意识。

在对传统文化进行英译、向外传播中国文化的同时，商务印书馆还组织中外知识分子撰写阐发中国时政的英文图书，此类自主出版的英文书更能体现商务印书馆作为中国出版巨擘的崇高文化使命和强烈文化意识。在出版西方知识分子的图书时，商务印书馆着力强调其东方视角及服务于中国读者的需要，体现出试图摆脱西方文化话语的掌控，建立自主文化话语权的努力。如1931年1月31日第2卷第5期上的英文广告，介绍了 George E. Sokolsky 的著作 *An Outline of Universal History*（《世界历史大纲》）。广告正文指出，"商务为了让此书适应东方学生的需要，特别委任作者完成充满巨大困难的修订"，并引用胡适的观点指出："本书不同于其他同类书之处在于强调亚洲历史。其他人强调历史从西方开始，本书作者选择从东方看历史，先东后西的有利视角，站在太平洋的亚洲岸边审视历史。"此外，商务印书馆英文广告在1934年8月23日第7卷第34期《中国评论周报》以 "NEW ENGLISH PUBLICATIONS" 为题对 H. D. Lamson 的 *Social Pathology in China*（兰彼得《中国社会病理》）进行了推介："该书作者在上海大学教授社会问题课程，是最有资质写作本书的人，该领域的开拓者不多，以如此系统性和广博方法研究的更少，作者说写作此书是为了丰富中国大学生学习社会基本问题，有关中国当今的生命、健康和家庭等各种问题。该书材料从宣传册、报告和专著中收集，也从作者的个人观察和特别调查中获得，西方数据只是作为参照背景。"

在阐述中国时政的英文图书中，最为有价值的莫过于中国政府部门及知识分子以英文编选撰写的各种论著，包括参与国际联合会调查委员会《中国代表处说帖》、实业部银价物价讨论委员会《中国银价物价问题》、上海公共租界工部局法律部编选的《中华民国刑法》与《中华民国刑事诉讼法》以及夏晋麟的 Studies in *Chinese Diplomatic History* (《中国外交史研究》)、郭斌佳的 *A Critical Study of the First Anglo-Chinese War with Documents* (《中英初次交战之研究及其文献》)、冯友兰的 *A Comparative Study of Life Ideals* (《人生理想之比较研究》)等诸多涉及政治、法律、文化及哲学领域的英文论著。商务印书馆在《中国评论周报》第5卷第1期封底重点推介时任安徽高级法院院长曾友豪撰写的英文书 *The Termination of Unequal Treaties in International Law* (《国际法上不平等条约之废止》)，广告称："该书作者深入系统研究不平等条约的历史和特性，并讨论相关问题，结尾部分探讨废除不平等条约在中国的理论和现实意义。"中国自鸦片战争以来，被迫与西方各国签订了各种不平等条约，废止这些不平等条约是中国的迫切需要。因此可以说，曾友豪的论著回应了中国的现实呼声，为解决历史及政治问题提供了学理支撑。此外，郭斌佳的 *A Critical Study of the First Anglo-Chinese War with Documents* (《中英初次交战之研究及其文献》)、吴芷芳的 *Chinese Government and Politics* (《中国政府与政治》)等书都不约而同地积极响应废止不平等条约运动。其中《中国政府与政治》一书介绍了中华民国建立前后，中国法律和政治的发展，并阐发了中国政府建立的基本原则，并揭示中国不平等条约设立的时代情境以及当时废止不平等条约的运动。上述论著表明中国现代知识分子力图以英文写作自主探讨及解决中国历史问题，向外展示出强烈的主体意识。

商务印书馆出版的大量由政府部门编译的英文图书及年鉴，则更为强调从中国自主的角度编辑整理各种文献数据。这体现出中国政府及学界力图通过自主出版真实反映中国现代时政进展的资料性工具书，展现中国在现代历史发展进程中所取得的各种成就，显示出了非常强烈的文化主体意识。1935年由桂中枢主编，蔡元培、李石曾、王云五、郭秉文等50余位各领域专家联合撰著的 The Chinese Year Book（英文《中国年鉴》）由中国年鉴出版社出版，商务印书馆印刷发售。在1935年前后的《中国评论周报》上刊登大量英文广告对该书予以集中宣传推介，其中第12卷第12期的英文广告对该书进行了详细介绍："不像其他处理中国事务表面化的做法"，英文《中国年鉴》首次由中国人作为编辑和作者进行出版，"显示出努力和严谨，该先锋之作希望努力从中国人眼中解决中国问题，由中国思维进行阐发，它是系统化和竭尽全力对中国基本层面进行研究。各个作者不仅熟悉相关主题，而且多年从事专业所属领域。他们不仅具有独到的品质，同时也占有第一手信息……该书合理保存有关中国和中国人的完整资料"。作为中国人自主编辑出版的第一部内容丰富的英文年鉴，The Chinese Year Book[①]不仅系统而全面地收集和整理了1935年至1936年中国各个领域的文献资料，有效保存了各项统计数据，有利于后来者对当时中国时政的研究；更为重要的是该书强调中国视角与思维，在一定程度脱开西方的视域，更为客观地展现中国社会各个层面的进展，显示中国政府及学界对中国现代社会发展的

---

① 该书总共45个章节，总计1966页，包含前言、导言、中国地图、历史概览、气候、健康和医药、天文学、出版及中国基督教运动和抗议援助等内容。

自信力。正如《图书展望》在"出版琐闻"一栏介绍该书时所言："聘请国内专家分门撰述，故所采材料力求真确，统计务求翔实，较之西人吴德海所编者，其真实性当非同日而语，亦我国出版界之光也。"①

现代著名出版家、时任商务印书馆编译所所长王云五，在商务印书馆三十周年之际曾撰文论及出版与文化的关系，"出版界与一国之文化有密切关系"，并指出"本馆现处地位，实已超越普通营业机关之上，而对于全国文化负有重大责任"②。商务印书馆元老何炳松也曾在回忆文章中谈及该馆文化宗旨："本馆深知出版事业关系我国文化前途甚巨，故确定方针，一方发扬固有文化，一方介绍西洋文化，谋沟通中西以促进整个中国文化之广大。"③作为近现代出版巨擘，商务印书馆对于20世纪中国文化的发展具有至关重要的贡献与作用。它不仅引进销售原版英文图书、出版汉译西方名著及各类英文著作，广泛吸纳西方知识与文化，助力中国文化现代性转型；同时还通过自主出版中国文化典籍英译本及英文图书，努力推广中国知识与文化，推动中西文化双向传播，体现出强烈的文化主体意识。然而，目前有关商务印书馆英文图书出版及营销的研究成果相对较少，仅见汪家熔的《商务印书馆的英文书籍》、《商务印书馆英语辞书出版简史》，汪瑞的《近代商务印书馆出版的英语教

---

① 《文化简讯：出版琐闻1 英文中国年鉴出版》，《图书展望》，1936年第6期，第67页。
② 王云五：《本馆与近三十年中国文化之关系》，《1897—1992商务印书馆九十五年：我和商务印书馆》，北京：商务印书馆，1992年，第288页。
③ 何炳松：《商务印书馆被毁纪略》，《1897—1992商务印书馆九十五年：我和商务印书馆》，北京：商务印书馆，1992年，第238页。

育图书初探》,陈应年、徐式谷的《商务印书馆百年前印行的英语读物、词典和翻译出版物》等少数回忆性及研究类文章。这些论著简要梳理了商务印书馆英文图书出版历史,但未能更详尽深入阐述其发展阶段及历程。如若能对商务印书馆自主出版的英文图书内容进行细密研究与探讨,则可全面而深入揭示商务印书馆英文出版事业在中西文化双向交流中的独特价值及其在推动中国文化向外传播进程中彰显出的文化主体意识。

第二章 /
想象"他者"的方式

本章以文本细读的方式，分析解读《中国评论周报》、《天下月刊》编辑与作者的英语小品文创作。林语堂、温源宁、全增嘏、吴经熊等人在两刊上发表了大量英文小品文，如林语堂的英文"小评论"、温源宁的英文人物小品、吴经熊的英文日记随笔等，将英国小品文文体培植引入中国现代文学土壤，促进了中国现代小品文的文体发展与创作繁荣。中国现代知识分子在吸纳借鉴西方文化的过程中，实现了自我对现代文化的认同。

中国现代知识分子对西方文化的吸纳与引入通常是以文学及文化翻译（外译汉）的形式进行，但《中国评论周报》、《天下月刊》对西方文化的认同则直接是以英语写作及译介的形式进行。作为中国知识分子创办的英文期刊，《中国评论周报》和《天下月刊》是中国现代知识分子发表英文作品的重要园地。两刊的编辑作者通过文化评论对欧美文学及文化进行了较为深入的介绍，如温源宁对英国诗歌的评论、钱锺书对英国文学的评述，等等。两刊编辑作者还进行了丰富的英语文学创作①，他们

---

① 在中国现代文学史上，许多作家如胡适、张爱玲、凌叔华等在用汉语进行文学创作的同时，还能以娴熟的英语进行创作，被称为双语作家。《胡适全集》包含五卷本英文著述及两卷本英文书信，英语写作经验十分丰富。新近出版的《钱锺书英文文集》（外语教学与研究出版社，2005年）收录了作者的大量英文作品，其中包括在《中国评论周报》、《天下月刊》上发表的文化专论、随笔及书评等。张爱玲的英文创作早在中学期间就已开始，杨雪的论文《多元调和：张爱玲翻译作品研究》（上海外国语大学2007年博士学位论文［未刊本］）对此有所梳理：张爱玲"1937年中学毕业前，在校刊《凤藻》上发表《论卡通画之前途》及两篇英文小品：Sketches of Some Sheperds（《牧羊者素描》）和 My Great Expectations（《心愿》）"。"1942年张爱玲返回'孤岛时期'的上海，开始职业写作生涯，刚开始时为英语杂志 Twenty Century（《二十世纪》）撰文，发表了一些谈论文化与生活的英语文章，如 'Chinese Life and Fashions' 和 'Wife'，'Vamp'，'Child' 等，其中不乏见解，义有谐趣。"1952年张爱玲离开上海去往香港，之后远赴美国，开始丰富的英文创作历程，先后有英文小说 Sprout Song（《秧歌》）与 Naked Earth（《赤地之恋》）及 Stale Mates（《五四遗事》）等作品发表。由此可见，中国现代作家的英文创作活动较为活跃。

的英语文学创作成为现代文学的有益补充。 林语堂在两刊上的英文小品文是其文学思想与文艺观念的又一种实践，"小评论"专栏中的英文小品文与其中文小品文形成互文，共同体现了"倡导幽默"、"独抒性灵"的文学主张。 温源宁的人物随笔在借鉴英国散文"人物素描"体式的基础上，抓住人物的特性进行描摹，呈现出简练中蕴含深刻的艺术风格，昭示出30年代人物小品的创作实绩。 吴经熊创作的大量日记体随笔，带有浓厚的灵修信仰内涵，是中国现代宗教文学的重要作品。 正如英国著名散文家培根借鉴法国散文家蒙田随笔，催生促动了英国散文随笔的发展一样，林语堂等人的英语小品文创作也以文体移植的方式，将英国散文小品引入中国，促动了中国现代小品文的发展。 这些英语散文小品因而具有了文体建设的意义。 虽然随笔性散文早在新文学革命之初就已出现，并经由众多中国现代作家的创作实践而获得丰厚的成绩；但是在20世纪30年代的小品文热潮中，林语堂、温源宁、吴经熊等人的贡献不可小觑。 他们以英语小品文创作的形式，将英国小品文文体培植进入中国现代文学土壤，在一定程度上促动了中国现代小品文的发展与繁荣。

第一节 "独抒性灵"：林语堂与"小评论"

一、林语堂的英文小品

1930年7月，林语堂在《中国评论周报》开辟"小评论"专栏，用以发表形式自由、内容广泛的文化随笔及小品文。"小评论"在1931年9月至12月、1932年2月至3月曾有短暂中断，1937年抗战爆发后，"小评论"随《中国评论周报》在18卷停刊。 1945年8月《中国评论周报》复刊后的第3期开始便恢复"小评论"专栏，直至1946年6月终刊。"小评论"作为《中国评论周报》的重要专栏，自1930年开辟到停刊及至战后复刊，该栏目一直贯穿始终，算得上《周报》持续时间较久的栏目。现代期刊史上的著名专栏如《申报》之"自由谈"、《新青年》之"通信"等都成为促进作家文学创作、倡导新文学思想的重要载体，具有丰富的文学及文化意义。同样，"小评论"专栏所刊载的英文小品文为研究30年代散文发展提供了重要的文本范例。"小评论"专栏最初由林语堂编辑，第4卷17期之后林语堂暂时离开后，"小评论"停办，直至21期起恢复由全增嘏接任编辑。林语堂回国后，和全增嘏轮流任编辑，每人隔期为专栏写稿。"小评论"创办初期，其稿件来源多以内稿为主，由编辑提供。林语堂1936年赴美之后，全增嘏、邝耀坤等人先后担任该栏编辑，一直延续林语堂的编辑理念，将"小评论"打造成具有独特文化内涵与文体风格的名牌栏目，也成为林语堂倡导"小品文"的一个重要阵地，影响并带动一大批作者加入创作潮流中，凝聚成一个阵容强大的英文小品文创作群，成为30年代《论语》、《人间世》、《宇宙风》等小品文杂志之外，重要的散文创作支流。自第7卷起，钱锺书、温源宁、吴经熊等人先后加入《中国评论周报》编辑群体，"小评论"开始大量发表该栏目编辑以外的稿件，吴经熊、姚莘农及邝耀坤、项美丽等人成为"小评论"中期的重要撰稿人，由此可看出受林语堂小品文文学主张的影响，越来越多的作者加入英文小品文的创作潮流中，甚至吸引了在华外国知识分子的参加。1945年8月复刊后的"小评论"专栏未注明具体编辑者，只是在文末标示作者名字。这一时期的"小评论"的作者有邝耀坤、林安邦、顾绶昌及张培基等。相较而言，张培基的文章数量较多，成为后期"小评论"专栏的主要推动者。从"小评论"的编辑作者群体组成人员来看，林语堂是这个英文小品文创作群体的中心人物,借助杂志这一现代传媒建立起立体交往空间,将《天下月刊》、《论语》的编辑作者①聚集到"小评论"周围,实现了杂志群作者、编辑的交叉覆盖,也直接影响推动张培基等人在复刊后对"小评论"专栏的持续创办。可以说,"小评论"专栏的创办及长期存续,再一次体现了林语堂作为现代传媒创办者的成功实践:一方面通过创办现代期刊及专栏,倡导并实践其文学主张;另一方面文学思想的广泛流行,也吸引召唤更多作家加入其文学实践,有力促进了文化报刊在社会上的流传与在读者中的畅销。

林语堂在"小评论"的开栏前言中阐述栏目主旨,并以幽默谐趣的笔调批评了当时的文化怪现象——"大"报编辑总是关注各种严肃问题,引得"博雅君子"振振有词,实际上落入各种权势力量的文化控制中。因此"小评论"主张文学创作应以自我表现为主,从各种束缚中摆脱出来,实现自由表达,"人毕竟只有从像狗一般的被约束中解放出来,手握烟斗,在自己的居室内或卧或立,伸展自如,那才叫人;只有在这样的气氛中,人才能说人话,才能不必因拘束而学犬吠"②。林语堂此种文学主张可看作其倡导"幽默"、"闲适"小品文的先声。1932年之后,林语堂创办《论语》、《人间世》、《宇宙风》等杂志,大力提倡"以自我为中心、以闲适为格调"的"性灵"小品文。受其影响,围绕林语堂所创办及编辑的杂志群,陶亢德、邵洵美、姚颖等人也加入小品文创作队伍中,由此形成了30年

---

① 全增嘏曾任《论语》编辑,全增嘏、吴经熊、温源宁、姚莘农曾任《天下月刊》编辑。
② 原文为英文,最先出现在1930年7月3日《中国评论周报》"小评论"专栏上,后被林语堂收录在英文小品文集《小评论》序言中引用,此处中文译文来自《林语堂评说中国文化》(第一、二集)"作者原序",北京:中共中央党校出版社,2001年,第5页。

代重要的散文流派——论语派。论语派小品追求自由主义的政治立场，主张文学独抒性灵，以"幽默"、"闲适"的笔调展开社会与文化的批评。其自由活泼的文风与追求个性的主张，打破了传统散文"载道"的桎梏，也为急促变幻的现代社会提供了新鲜的"润滑剂"。小品文在30年代迅速流行开来，诸多文艺刊物如《逸经》、《谈风》、《文饭小品》等都刊载幽默闲适小品文。后世学者较多关注的这些刊载小品文的中文期刊，其实作为林语堂所编辑的杂志群中不可忽略的英文"小评论"专栏，亦可看作其小品文文学主张的重要实践载体，对这一专栏作者群体及文本内容的分析，可以从更广阔的视域丰富对"论语派"小品文的文化解读。

林语堂在《中国评论周报》、《天下月刊》上发表了大量英文作品，其中包含一部分文化专论，其余则都是发表在"小评论"专栏的英文小品文。此后这些英文作品收录在林语堂编选的英文小品文集《小评论》（一、二集）①中，由商务印书馆1935年出版。在这本文集的前言中，林语堂阐述了"小评论"的内容与特征：

> "小评论"专栏并不是严格的幽默小品专栏，但它的格调更轻快，内容也更贴近人情常理，作者也因之更得读者信赖。
> 现在就将这些文字分成"评论随笔"、"讽刺随笔"和"记事随笔"可能更适合。这样的顺序没有什么特别的讲

---

① 中共中央党校出版社按照英文《小评论》（一、二集）的顺序，编选与其内容相对应的中文文章汇集成册，以《林语堂评说中国文化》（第一、二集）为名进行出版，后附有未能找到中文对应文章的英文小品文，为整理林语堂的中英文著作提供了有启示性的范例。

究,我希望聪明的读者不要按部就班地读它们,因为那是最糟糕的读书方法。 我以为人在旅游无聊时可读"记事随笔";在开会听那冗长不堪的演讲时可读"讽刺随笔",以免睡意袭人;而在宽衣就寝时倒该读读"评论随笔",俾收催眠之效,为此床前枕边之目的,集以成书,是以献焉。①

作为林语堂创作转型时期的作品,这些小品文一改早期杂文"浮躁凌厉"的风格,不再对政治时事进行"信口批评",而开始以冲淡平和的心态关注社会现实与自我生活,倡导以"幽默"、"闲适"的小品文创作,来践行其"超政治"、"近人生"的文艺思想。《小评论》(一、二集)"记事随笔"中的文章都是记叙生活物事、书写自我性灵的作品,如《安徽之行》、《买鸟》等,表现了作者对自由活泼人性的追求,而"评论随笔"与"讽刺随笔"则多为文化与社会批评,作者以文化对照的视角,对中西文化进行审视,如《论中外的国民性》、《论中装与西装》等文章均揭示两种文化的差异。 林语堂在文化比较与分析中力图寻求中西文化融合的趋向与可能,表现了更为开阔的文化视角。 此外在社会批评如《我怎样买牙刷》、《我不敢游杭》、《裁缝的道德》等文章中,以幽默讽刺的笔调,批判了社会的各种怪现状,表现出了作者对社会的敏锐审察。

林语堂的中英文创作形成互文,他在 1930—1935 年间所创作的英文作品,其中大部分往往以他译、自译及改写等形式译成中文刊载在 1932—1936 年间的《论语》、《人间世》、《宇宙风》等刊物上。 如"Buying Birds"(《买鸟》)先刊于《中国评论周报》1934 年 10 月第 7 卷 40 期,后由黄嘉音译出刊载在

---

① 林语堂:《林语堂评说中国文化·作者序言》(第一集),北京:中共中央党校出版社,2001 年,第 9 页。

《论语》1934 年 11 月第 52 期。如"*Six Chapters of A Floating Life* Preface"（《浮生六记英译自序》）起初发表于《天下月刊》1935 年 8 月第 1 卷第 1 期，后由林语堂自译刊载在《人间世》1935 年 11 月第 40 期。但在文后加上了补白，补充说明寻找《浮生六记》版本的过程，相当于对英文文本的"续写"。内容如下：

> 上序于《天下》英文月刊本年八月创刊号发表后，正在托旧书铺在苏州常熟访求全本（闻虞山素有世代书香之风，私人藏书者甚多）。过两星期得黎厂由甬来札，谓全本已为苏人土均卿老先生（文濡，即《说库》编者）所得，而王又适于二月前归道山。过数日又见《新园林》郑逸梅先生记均卿先生发现全本事。访之，谓亲闻于王，于去年发现；此书或已付印，或在遗稿中，不甚了了。又访王之家族，闻均卿先生遗物现在封闭，一时无从问津。到底如何，未见稿本，无从鉴别。惟个人以为苏州家藏沿袭三代以上者不难发现此书全本。尚望留心文献，不以此为好事者，留心访求，报我好音，不胜感祷。……英译四记已陆续登《天下月刊》第一、二、三、四期。廿四年十一月六晚附记。
>
> 顷阅世界书局新刊行《美化文学名著丛刊》内王均卿所"发现"《浮生六记》"全本"，文笔既然不同，议论全是抄书，作假功夫幼稚，决非沈复所作，闲当为文辨之。十一月十六日又记。

大部分小品文作品是由林语堂改写之后，以中文登载在他主编或主办的刊物上。下表所列几篇文章便集中体现了这种写作方式：

表 2-1 林语堂部分中英文小品发表刊物对照表①

作品篇名	英文发表期刊	中文发表期刊
How I Bought a Toothbrush 《我怎样买牙刷》	《中国评论周报》1932年8月18日第5卷33期	《论语》1933年12月第30期
How To Write Postscripts 《怎样写"再启"》	《中国评论周报》1934年1月第7卷3期	《论语》1934年2月第34期
On Bertrand Russell's Divorce 《罗素离婚》	《中国评论周报》1934年9月第7卷36期	《人间世》1934年9月5日第11期

如"How To Write Postscripts"与《怎样写"再启"》两文除去开头段落相异之外,文章整体内容是相同的。林语堂在英文文本中删减掉了大段的抒情性文字:"有时使你疑心这人不老实:他要向你说的话,在未执笔之先,早已布置阵势,有起有伏,前后连串好了,所以连信中的话也非出之真情,有点靠不住了。"英文文本则直接切入主题,多以说明叙述性文字阐述"怎样写'再启'"的事例及细节。该文开头部分中英文对照如下,中文文本中的画线部分是在英文文本基础上添加的内容:

我最喜欢看的是朋友书牍后的"再启"。<u>一封书信没有再启,就好像没有精采,没有弹性,作信的人话真说完</u>

---

① 香港钱锁桥博士编选了《林语堂双语文选》(香港中文大学出版社,2010年),辑录了林语堂中英文对照的双语文本,本文只做部分列举。

了。有时使你疑心这人不老实:他要向你说的话,在未执笔之先,早已布置阵势,有起有伏,前后连串好了,所以连信中的话也非出之真情,有点靠不住了。我们知道尺牍之所以成为文学,是因为它是真情最吐露,而最能表现个性的文字,而再启之所以可贵,就是因为他是尺牍中最能表露真情的一部分。再启中所给我们看见的是临时的感念,是偶忆的幽思,是家常琐细,是逸兴闲情,是涌上心头的肺腑话,是欲辩已忘的肝肠语,使人读之,如见其肺肝然。有时他所表现的是暗示函中失言的后悔(女子书牍中尤多),或是尽吐函中未发之衷情。因为有这再启的暗示,回诵书中禁而未发之辞,遂觉别有一番滋味了。人生总是这样的,充满着迟疑、犹豫、失言、后悔,或是依违两可之人,忽然果断,或是豪杰爽利之人,忽然灰心。现代戏剧之技巧,常在剧情紧张之际,描绘此种衷曲,使人有捉摸莫定之势,而最佳的再启,也就能表现这种地方。因为平常的函信,只是一人的说白,信后加一"再启",就像有两人对话。那收信人的答语,似乎就隐在"某某顿首"与"再者"之间的白纸中。比方有一位老父写一封满纸辛酸的信给他唯一的女儿,列举五六种理由,说明为什么他不能依她的请求,送她入北京女子师范(其一理由,是她有四位弟兄,都在大学中学,负担太重),却忽然在书后添了两行:"好吧,你尽管预备,秋间上学。信中的话全取消。"——这是多么动人!世界上最好及最坏的打算,都是成在这种一念之差的最后一刹那。

I adore postscripts, when they are well written. If letters are the most personal form of writing, postscripts are the most personal parts of the letters. They contain all the irrelevancies, the intimacies, the afterthoughts and indiscretions and corrections of indiscretions which full up our life. For life is full of after-thoughts and hesitations and regrets for indiscretions and sudden comedowns from philosophic heights as well as sudden flashes of heroic resolutions, and the best postscripts are those which reveal these sudden, unexpected sides to us. For a letter is a soliloquy, but a letter with a postscript is a conversation, in which the recipient's reaction are indicated by the silent space between the signature and the "P. S." Imagine a pathetic father, who, after detailing in his letter to his only daughter the five or six reasons why he cannot comply with her wish to be sent to college, (one of the reasons being that he has already four boys to support at college,) suddenly bursts out with a tender, postscriptural "hang it! Go ahead! Never mind what I have just said in the letter." The world's best and worst resolutions are always made at the last moment.

而"On Bertrand Russell's Divorce"与《罗素离婚》则改写较多。两文主体内容及思想极为接近,林语堂由罗素离婚事件引发对家庭婚姻的探讨,呼吁尊重女性权利与提升女性地位的思想。以英语写作的文章中,林语堂更多例举中国古代圣贤的婚姻生活来探讨,以此为对照,阐发对西方家庭婚姻思想与观念的认识。而在中文文本中,林语堂在开头即对英文文章进行改写,从自己看到的罗素离婚消息入手引发感想,进而引证西方的女性思想及家庭观念来反思中国女性的地位及思想,中英文文本的开头部分对照如下:

<u>来沪以前,看见外报罗素第二次离婚的新闻。只短短的十几行,使我发生无限感想。</u>初想这位现代大圣人,倒

也有切身的苦痛。 前听志摩讲，住在他家里时，看见他也曾发怒打小孩屁股。 这在教育与好生活之作者及具有新教育理想倾家办私塾之伟人，倒很耐人寻味。 罗素第二夫人，来北京时，尚是勃烈克女士，时为罗素书记。 时我在国外求学，未曾见面，北平学界中人会见过者当不少。 后来他们回英，罗素就离婚而娶勃女士了。 我只知道她也是一位有新理想的女子，著有《快乐之权利》一书，并曾翻译过她著的一小册《女子与知识》。 所以他们夫妇俩对于婚姻的理想及态度，我是很熟识的。

Bertrand Russell's divorce is none of my business. On the other hand, my thoughts on Bertrand Russell's divorce are none of his business. The short item of news that appeared in *The China Press* about two months ago made me think a great deal. In fact, it makes me think furiously. To those acquainted with the liberal views of marriage taken both by Bertrand and Dora Russell, which to my mind, would make marriage considerably easier, the news must have come as a surprise. In fact, the situation is a little invested with humour, as the personal distresses of all great men are invested with humour. This sort of humour is of the best, for it comes from the *Defeat of Theories*. The cosmic engine grinds on, taking its toll from among prince and pauper, and from the shop-keeper to the modern sage, and shows us up as a couple of human mortals that must eternally flounder along. For life is victorious over human philosophy.

相较而言，林语堂的中文小品呈现出更强烈的抒情风格，笔调变化多样，带有随意散淡的风格。 而其英文小品同样具有幽默、闲适的主旨,但在行文上则更简洁晓畅,更具叙述性文风,且行文自由活泼。

此后这些中文小品文又由林语堂收入散文集《我的话(上、下集)》(《行素集》与《披荆集》)中①。1942年明日出版社出版了林语堂英文小品的中文译文集《爱与刺》,赛珍珠为此书撰写序言,表现出对林语堂英文小品的极大关注:"我住在南京时,曾经常注意几种新的挣扎中的小杂志,因为我关心革命中国的周围动态。其中有一种英文的杂志名叫《中国评论周报》。我每星期一页一页地读着,因为这里面有中国的青年知识分子在发表他们的思想与希望。他们用的是英文,一半是因为他们需要懂英文的读者,又一半是因为他们中有几个用英文写起来还比较用中文容易一点。那时在这杂志中开始辟了一栏标题为'小评论'的,署名是一个叫作林语堂的人,关于这个人名声那时从未听说过,那一栏里的文章是一贯的对于日常生活、政治或社会上的各种事物新鲜、锐利与确切的闲话。最使我钦佩的便是它的无畏精神。"②赛珍珠高度评价了林语堂的文学创作及思想:"这里收着的文章,也许是最适合林语堂才能的,当然毫无问题。他是一个有才能的人,这些文章代表了他的思想的锋芒直刺的特质,它们都是他的才智天赋的表现,有所指,果敢,透刺,发笑。"在赛珍珠的建议下,林语堂用英语写作向外传播介绍中国文化。"林语堂写成了那本书,那便是《吾国吾民》。这本书以及其后的一本《生活的艺术》中的好多章节的基本来源,最初便是在'小评论'一栏中的那些文章,在那两本书都未写成之前,我曾收集了这栏文章中的几

---

① 高健:《近年来林语堂作品重刊本中的编选、文本及其他问题》,《山西大学学报(哲社版)》,1994年第4期。
② 赛珍珠:《爱与刺·序》,桂林:明日出版社,1942年。

篇,寄到美国去投给亚细亚月刊。其中有一篇在那杂志上发表了出来。那一篇便是收在这本书里的《遗老》。"① "在《中国评论周报》(*The China Critic*)的小评论家('*The Little Critic*')专栏上以英文写作,争取说英语民族的同情与了解,在此林语堂乃奠定了他以后英文写作的基础。"②

作为中国现代文学史上的双语作家,林语堂这一时期的文学作品存在着中文与译文双重文本,共同构成了其文学创作的重要成就。而其中的英文写作也成为林语堂践行文学主张及文艺思想的现实载体。早在1930年,林语堂便已开始了英文小品文的创作,《论语》创刊之后他中英小品文创作形成互动,因此可以说,其早期的英语小品文是一种铺垫,也是一种文体实践,为其日后中文小品文创作及理论倡导提供了重要的导引。此外,林语堂在《中国评论周报》上的英文小品文创作为其"向外国人介绍中国文化"的英语写作开了先河,既确定了文化方向及文学思想,也应当被视为其整体文学创作的重要组成部分。

二、全增嘏、张培基的英文小品文

在林语堂的文学思想促动下,以"小评论"专栏为载体,形成了一个英文小品文创作群体。全增嘏、钱锺书、吴经熊、姚克、宋以忠以及项美丽等中外知识分子都在此发表了大量独抒性灵的英文小品文,其中以全增嘏、张培基最为突出。

---

① 赛珍珠:《爱与刺·序》,桂林:明日出版社,1942年。
② 秦贤次:《林语堂生平事迹》,《语堂文集》,台北:开明书店,1978年,第1250页。

全增嘏①1931年开始担任《中国评论周报》"小评论"专栏编辑,1935年任《天下月刊》编辑,发表大量中英文文化专论及小品文,表现出了较深的中西文化造诣及娴熟的英文写作水平。 尹大贻曾撰文指出:"抗战时期,他(全增嘏)为了抗战的宣传工作而写了许多对外国友人宣传中国文化的文章,发表于英文《中国评论周刊》和英文《天下月刊》,可惜这些文章现在未能找到。"②由此可见,对于全增嘏早期的英文创作及期刊编辑实践,学界未给予足够关注。 因缺乏系统的文献材料支撑,全增嘏丰富的英文创作活动未引起足够的关注,因此有必要对其发表在《中国评论周报》及《天下月刊》上的英文作品进行系统梳理。 全增嘏在担任《天下月刊》编辑期间除了发表一部分编辑评论及书评之外,还有大量的文化专论文章,分别是《笛卡儿及现代西方思想界之恶现象》、《论曾国藩》、《论威廉·詹姆斯》、《魏忠贤》、《哲学时评》、《〈高僧传〉琐谈》、《侠士演义》、《阮籍及其交往圈》③等,对西方哲学思想及中国

---

① 全增嘏(1903—1984),浙江绍兴人。 1923年毕业于清华留学预备学堂。 1923年至1925年就学于美国斯坦福大学,1927年在哈佛大学获哲学硕士学位。 归国以后,1928—1937年先后在上海任中国公学、大同大学、大夏大学、光华大学、暨南大学等校教授。1931年起开始担任《中国评论周报》、《论语》、《天下月刊》编辑。 从1942年开始担任复旦大学外文系教授,兼任主任,同时任图书馆馆长。 1956年复旦大学创办哲学系,他从外文系转到哲学系工作,历任逻辑教研室主任、外国哲学史教研室主任、西方现代哲学研究室主任等职。 全增嘏后期主要以哲学学术研究与翻译为主,推动当代中国哲学研究的发展。
② 见尹大贻文,《20世纪中国哲学》第二卷,北京:华夏出版社,1995年,第365页。
③ *T'ien Hsia Monthly* 1卷2期、2卷2期、2卷5期、3卷4期、4卷3期、7卷5期、8卷5期、9卷5期。

古代文化做了深刻而独到的解析。作为"小评论"专栏的主要编辑人之一,全增嘏还发表了大量的英文小品文,现结合《中国评论周报》"小评论"专栏第6、7卷的文章来分析全增嘏英文小品文创作的思想内蕴与艺术特质。

"小评论"专栏上全增嘏的英文小品文既有对中国传统文化的挖掘,如对中国古代笑话中幽默因素的揭示;也有对自我性灵的书写,如"On Watch the Eclipse"(《看日蚀》)、"On Dancing"(《谈跳舞》)、"The Virtue of Idleness"(《发呆的妙处》)①等文章,通过对自我日常生活情趣的描写,展示出独特的人生情怀,践行小品文独抒性灵的文学主张。对现代中国社会现实与文化现状的关注及批判则是其小品文的主要内容。在"The Passing of Chinese Culture"(《中国文化之消逝》)②中,作者通过外国朋友的慨叹揭示出当时文化现状:市场上买不到中国传统文化手工艺品,多为仿制西方的工艺品。这表明中国人的民族文化意识逐渐降低,越来越西化;日常生活也不及《浮生六记》中所描绘的生活一样充满艺术情趣。现代中国人在迎合世界文化的同时,日渐丢失了自己的传统民族文化。"If I Were Minister of Education"(《假如我是教育部长》)③一文抨击了教育界的各种弊端,学生学习任务繁重、学习时间太长,而无法实现真正受教育。作者呼吁教育应当注重实践、倡导学生自主学习,并通过设立导师制、明确惩戒措施等方式,来促进学生接受高素质教育。"Are Returned Student Chinese"(《留

---

① 分别载"The Little Critic",*The China Critic*,1933年第6卷34、38、40期。
② "The Little Critic",*The China Critic*,1933年第6卷第10期。
③ "The Little Critic",*The China Critic*,1933年第6卷第48期。

学生是中国人吗?》)①一文则对留学生回国后的种种表现给予了深切关注。在国外接受西方教育后回国的留学生沉迷、享受现代物质文明,而不愿深入内陆城市了解国情,给社会造成了极坏影响,文章批评了留学生漠视国事的不良心态。不管是对文化现状的关注还是对教育界的抨击,作者都表现出了一种强烈的现实批判意识。作为哲学研究家,全增嘏的英文小品文风格带有鲜明的个人特色。文章结构严谨,条理清晰、完整,以哲思片语的文字连缀成篇,无论是写景、记事还是说理、论述,都显示出其透彻的思想,形成了自由明快而又整饬的文风。全增嘏独具一格的英文写作风格得到后世学者推崇:"他在哈佛专攻西方哲学,英文炉火纯青。曾经流传一种说法,全老写的一手流畅英文,没有人敢改动一个字。"②

张培基③在"小评论"上发表的英文小品文与同时期该栏的其他作者相比较,显得更为成熟,较好继承了前期"小评论"

---

① "The Little Critic", *The China Critic*, 1933 年第 6 卷第 42 期。
② 林帆:《全增嘏夫妇印象》,东方网,2006 年 11 月 26 日,http://news.eastday.com/eastday/node127047/node127048/node127049/node127083/node127085/u1a2469061.html。
③ 张培基(1921—),福建人。1945 年毕业于上海圣约翰大学英国文学系,曾任《上海自由西报》英文记者、英文《中国评论周报》特约撰稿兼《中国年鉴》(英文)副总编,写作大量英文文章发表于各大报刊。1946 年 5 月,张培基赴日本东京远东国际军事法庭任英语翻译,审判结束后留学美国。1949 年后张培基回到祖国,从事英语教学与翻译。张培基晚年翻译了大量现代文学作品,包括柔石《为奴隶的母亲》、杨植霖《王若飞在狱中》、王士菁《鲁迅传》、廖静文《徐悲鸿一生》等,力图将中国现代文学传播到西方。他对中国现代散文情有独钟,先后翻译大量中国现代散文名篇佳作。1999 年第一册《英译中国现代散文选》出版,(见下页)

文章的传统，即形式自由多样，有记事体、日记体、对话体、书信体，还有充满幽默讽刺意味的杂文体；内容上并非只是抒发抗战胜利后的欢欣情怀，更多的是反映社会现状、表达对历史转变时期社会问题的深刻思考，表现出强烈的忧患意识。如"From College to Bean Curd Shop"《从校园到豆腐店》、"A Jobless Young Man's Monologue"《一个无业青年的独白》①等文章，关注时局动荡带来的青年工作危机问题。文中接受过完整教育的大学毕业生，因时局动荡遭遇工作危机，计划经营小店来实现生存梦想，但终因现实问题而只能作罢。作者以幽默谐趣的笔调，描绘出青年人在社会危机中面对现实及未来时的复杂心态。与此类似，反映青年如何适应转变时期的社会环境问题的文章还有"The Diary of A Lunatic"《狂人日记》②，仿拟鲁迅小说的笔法，以日记体形式，描摹了一位对周遭事物感到陌生的青年无法适应社会环境的痛苦心境。而"A Youth on Cul-

---

（接上页）"该书篇幅有限，但它几乎囊括了1919年'五四'运动以来，中国一大批杰出作家的寓意深邃的散文作品""近百年来，把西方一些知识分子的思想或理论译介给国人者不乏其人，而中国人中自己主动把1919年'五四'运动以来，存在于散文中那些鲜活的思想译介给外国人的学者却并不多见。张培基教授的《英译中国现代散文选》弥补了这个缺憾。"参见朱曼华：《中国散文翻译的新收获——喜读张培基教授〈英译中国现代散文选〉》，《中国翻译》，2000年第3期，第61页。此后，第二、三册《英译中国现代散文选》相继出版，较为系统全面地将中国现代散文译成英文向外传播。与其后期的中国文学作品英译相比，张培基早年的英文创作常被学界忽略。他在早年的英文写作实践过程中，练就纯熟自然的英语表达技巧，为其晚年顺畅英译现代文学散文提供了坚实基础。

① 分别载于"The Little Critic"，*The China Critic*，第33卷第2、3期。
② "The Little Critic"，*The China Critic*，第33卷第5期。

tural Street"《文化街上的一个青年》①则通过街景素描、人物外貌刻画、人物对话描写等方式,展现了一位沉醉在传统文化情境与自我理想中不愿面对社会现实的青年形象。 此外,在"China——A Land of Stinking Socks"《中国——正在散发恶臭之地》、"The Noonday Siren"《午间的汽笛》、"Spring in My Bachelor Room"《我单身宿舍里的春天》、"A Story of Frogs"《青蛙的故事》②等文章中,作者揭示出抗战结束后历史急剧转变时期,黑暗动荡的上海社会现实情境。 虽然政客、官僚、宣传家尽力粉饰太平,但无法掩藏混乱的现实本质。 由此作者表达出当局政治的讽刺与批判及对未来新生活、新希望的企盼。

复刊后的"小评论"专栏以张培基的创作为主体,也包含林安邦、顾绶昌、钱惟藩等人状写旅程、关注现实、译介文化古籍的英文著译作品。 这些作品丰富了复刊后的《中国评论周报》,在努力继承前期的"小评论"专栏思想与风格的基础上,也进一步增强了复刊后的《中国评论周报》的文学与文化内涵。

第二节 "妙笔生花":温源宁③的英文人物小品

张中行晚年对温源宁仍然记忆犹新:

---

① "The Little Critic", *The China Critic*,第 34 卷第 1 期。
② 分别载于 "The Little Critic", *The China Critic*,第 33 卷第 8 期,第 34 卷第 3、4、9 期。
③ 温源宁(1899—1984),广东陆丰人。 早年留学英国,获剑桥大学法学硕士。 1925 年起,历任北京大学西方语言文学系教授兼英文组主任、清华大学西洋文学系教授、北平大学女子师范学院外国文学系讲师等职。 期间有十几年时间担任北京大学英语系主任,以英文写作与教学见长。

是三十年代初，他任北京大学西方语言文学系英文组的主任，每周教两小时普通英文课。我去旁听，用意是学中文不把外语完全扔掉，此外多少还有点捧名角的意思。第一次去，印象很深，总的说，名不虚传，确是英国化了的gentleman，用中文说难免带有些许的嘲讽意味，是洋绅士。身材中等，不很瘦，穿整洁而考究的西服，年岁虽然不很大，却因为态度严肃而显得成熟老练。永远用英语讲话，语调顿挫而典雅，说是上层味也许还不够，是带有古典味。①

温源宁深厚的英语造诣不仅让张中行由衷赞叹，也获得了钱锺书的钦佩：

> 钱锺书一生恃才傲物，真正受到他内心钦佩的现代学人似乎不多。然而，他早年就读于清华时，虽已初具才名，却对在此兼课的北大教授温源宁十分佩服和亲近，与之多有交往，曾作《与源宁师夜饮归来，不寐，听雨申旦》等诗。②

温源宁也很赏识钱锺书的才识，不仅多次在林语堂面前夸赞他，还主动介绍他去英国伦敦大学东方语文学院教学，虽然钱锺书最终未能成行，但师生之间的交情可见非同一般。此外，温源宁还与徐志摩、林语堂、陈西滢等多有交往，逐渐融入他们之间的文学活动中，1933年由北京南迁上海之后担任过

---

① 张中行：《负暄琐话》，哈尔滨：黑龙江人民出版社，1986年，第51页。
② 张晓唯：《钱锺书与温源宁》，《今晚报》，2001年2月3日。

英文期刊《中国评论周报》的编辑,在 1934 年开设的"Unedited Biographies"(知交剪影)[7 卷 21 期后改名为"Intimate Portrait"(亲切写真)]中发表大量人物随笔,另有专论及书评文章在此刊上发表。1935 年,他还担任《天下月刊》一刊的主编,创刊号上的《发刊词》后,温源宁发表了简短的编辑述评,介绍当时英国将要举行的中国艺术展览活动。此后在每一期中都有温源宁的编辑评论,主要是概述当局时事以及中国对外文化交流活动,为读者提供丰富的政治时事及文化信息。另外温源宁还发表了大量有关英国文学的专论①。

对于温源宁的创作,学界最为瞩目的便是 1935 年由别发洋

---

① 具体篇目是:"Racial Traits in Chinese Painting"《中国绘画之民族特性》(1 卷 1 期)、"A. E.'s Poetry"《爱尔兰诗人乔治·威廉·拉塞尔诗作》(1 卷 3 期)、"A. E. Housman's Poetry"《阿·爱·豪斯曼诗作》(1 卷 5 期)、"Walter de Lamare's Poetry"《瓦尔特·德·拉·梅尔之诗》(2 卷 4 期)、"Art Chronicle"《艺术时评》(3 卷 2 期)、"Notes on Four Contemporary British Poets"《现代英国四诗人》(4 卷 2 期)、《辜鸿铭》(4 卷 4 期)、"A Note on Aubrey Beardsley"《奥布理琐谈》(5 卷 5 期)、《英译吴经熊诗 6 首》(7 卷 2 期)等。其中"Notes on Four Contemporary British Poets"由顾绶昌翻译成中文《现代英国四诗人》后在 1932 年 9 月的《青年界》第 2 卷 2 期上发表,而"A. E.'s Poetry"由南星译成《A. E. 的诗》在 1937 年 1 月《新诗》第 4 期发表。除去在上述两个英文期刊发表的作品外,温源宁还有《高剑父的画》(1936 年 1 月《逸经》第 21 期,工爻译)、《二十四年我爱读的书》(1936 年 1 月 1 日《宇宙风》第 8 期)、《前世纪的回忆》(1941 年 2 月《西洋文学》第 6 期,骆美玉译)。由此可见,温源宁的创作较为丰富,兼及人物随笔、英国文学诗论以及绘画与音乐评论多篇,远不只是《不够知己》的译者所言:"温源宁留给后人的文字,似乎也就是这么四十几篇人物小传了。"(江枫:《不够知己·序》,长沙:岳麓书社,2004 年,第 3 页)

行出版的英文人物小品文集 *Imperfect Understanding*（钱锺书译作《不够知己》，南星译作《一知半解》）。全书由十七篇人物小传组成，选自温源宁1934年刊登在《中国评论周报》第7卷的"知交剪影"专栏的文章，虽然都是作者无意中的游戏文章，却获得不少人的兴趣与赏识："这里的几篇试笔，是我偷闲所得，写的是对于我有缘结识的几位人士的一知半解。本来应该投到废纸篓里去，只是有几个朋友看了还觉得有趣；收集起来印成一本小书，就是他们出的主意。"①该书出版后，钱锺书为之撰写书评，将书名译作《不够知己》，从行文风格及内容上进行评述，其中褒贬互见，但仍是给予充分的肯定："当初这许多文章在（周报）'亲切写真'栏（'Intimate Portraits'）中发表时，并没有温先生署名，可是我们看过温先生作品的人，那枝生龙活虎之笔到处都辨认得出，恰像温先生本书中描写吴宓先生所说：'人得无双谱的；见过一次，永远忘不了。'（Like nothing on earth: once seen, never forgotten.）"②钱锺书之评论甚是恰当，《不够知己》在历代学人中常被提及，广受好评。张中行对其推崇备至："这样的一本书，有史料价值可以不在话下；更重要的是有很高的文学价值，具体说，所收篇什是不同于流行散文的上好散文，无论是从事这方面写作的，还是只想欣赏而不动笔的，都应该细心地咀嚼几遍。"③后辈学人黄俊东也对其情有独钟："虽薄薄一小册，仅有一百一十五页，可是它

---

① 温源宁：《一知半解及其他·小引》，南星译，陈子善编，沈阳：辽宁教育出版社，2001年，第3页。
② 钱锺书：《不够知己》，上海《人间世》，1935年6月5日第29期。
③ 张中行：《人物剪影十七幅 一知半解·序》，长沙：岳麓书社，1988年，第1页。

却是一本名闻遐迩,令人念念不忘的书。"①至今,该书热度依然不减,由其所译成的中文版本在大陆多次出版。1988年岳麓书社出版了南星译的《一知半解》,收有张中行所作序言置于书前。2001年辽宁教育出版社出版《一知半解及其他》,收入南星所译17篇人物传记,以及陈子善收集的散落在《青年界》等刊物上的温源宁作品,可称为温氏作品迄今最为完整的中译本,为推动学界对温氏的研究提供了可靠的资料。正如陈子善在《本书说明》中所言:"希望本书的出版能够引起研究者对温源宁其人其文更大的兴趣。"而2004年岳麓书社出版的江枫所译《不够知己》,虽然以中英文对照形式编排,每篇人物小传前附有人物生平简介,便于阅读,但自称是全集,其中错误甚多。"'这个文集'全不顾温源宁自己的意匠心花(原著郑重地在标题下标明问世时间),竟以传主姓氏的汉语拼音为序编排(《武连德博士》则错简),也没有表示哪些是温著集外文,并且遗弃了原书的序文。"②尽管该书存在一定误识,但也表明时至今日温源宁的人物小品依然受到学界的积极关注。

温源宁的《不够知己》不断引起关注,其中作品多次被选译,并在当时的《人间世》刊载,该书的中文版本也屡屡出版印行,原因在于其自身的文学内蕴与艺术风格有独到之处。温源宁熟谙英国文学的内质与特性,其散文创作受英国随笔影响较深。钱锺书认为,温源宁的《不够知己》书名虽然与英国著名散文家兰姆的妙文《不完全的同情》类似,但风格并不相同,而更像夏士烈德《时代精神》,"同样地从侧面来写人物,

---

① 黄俊东:《不完全的了解》,《书话集》,香港:波文书局,1973年,后收入温源宁:《一知半解及其他·小引》,南星译,陈子善编,沈阳:辽宁教育出版社,2001年,第108页。
② 王雨霖:《评〈不够知己〉的编注》,《博览群书》,2005年第5期。

同样地若嘲若讽，同样地在讥讽中不失公平"①。 温源宁与所写笔下的人物都曾经有过交往，能够从独特的外貌表征中揭示其有别于他人的个性，于细微处见出深刻。 胡适"中等身材，十分匀称，一举一动轻快自如。 从外表看来，胡博士是由俗人变为学者，而不是由学者变为俗人"②。 周作人性情温文尔雅、细腻琐屑，但"周先生还有另外一面，我们切莫忘记。 他大有铁似的毅力。 他那紧闭的嘴唇，加上浓密的胡子，便是坚决之貌"③。 一代怪杰辜鸿铭很会说俏皮话，总是颠倒是非，一反常态，"显露出来他的头脑的特性——以反常态、逆众意为准则"④。 然而温源宁的这些小品文并非只是纯粹的人物剪影，其亦庄亦谐的文字中渗入对人物的品评及对文学与文化的评论，"温先生往往在论人之中，隐寓论文，一言不着，涵义无穷"⑤。 这也充分体现了他对文学与文化所具有的非凡洞察与见识。 对于徐志摩的诗歌与散文，世人更欣赏徐志摩的诗歌，而温源宁则认为徐的散文更能表现其为人与个性，而具有更久远的影响力，"因此，他的散文比他的诗好得多：读其文，更可想见其为人"⑥。 而对于王文显创作的戏剧《委曲求全》，因其完美的艺

---

① 钱锺书：《不够知己》，上海《人间世》，1935 年 6 月 5 日第 29 期。
② 温源宁：《胡适博士》，《一知半解及其他》，沈阳：辽宁教育出版社，2001 年，第 9 页。
③ 《周作人先生》，温源宁：《胡适博士》，《一知半解及其他》，沈阳：辽宁教育出版社，2001 年，第 16 页。
④ 《辜鸿铭先生》，温源宁：《胡适博士》，《一知半解及其他》，沈阳：辽宁教育出版社，2001 年，第 32 页。
⑤ 钱锺书：《不够知己》，上海《人间世》，1935 年 6 月 5 日第 29 期。
⑥ 温源宁：《徐志摩先生》，《一知半解及其他》，沈阳：辽宁教育出版社，2001 年，第 12 页。

术手法与纯熟的演技,没有丝毫的沉闷乏味,受到观众赞赏,但由于缺少点必要的人情味,"有时候我们就要报之以哄笑了"①。 在评论陈西滢的杂文创作时,温源宁以形象生动的比喻,状写出陈文曲折而又谐趣的风格。"换个比喻说,陈先生的杂文写法老是令人思到严冬里一个寒冷、晴朗的日子,一只猫在草地上跳来跳去耍弄着一只老鼠,看起来又好玩又冷酷,结果照例是凶杀成了特技表演。"②在人物塑造上,温源宁的小品文表现出较为成熟的风格,借鉴吸收英国传统散文的"人物素描"体形式,再辅之以精妙恰当的品评,创制出一种独特的人物小品文体式。 而其在行文与结构上则充分吸收了英国絮语体散文的手法,笔触灵动跳跃,摆脱了固定僵化的模式,在亦庄亦谐的语言中融入作者的深刻洞见与思想,正如张中行对该书的恰当点评,这种带有英国传统散文风格的散文具有只可意会、难以言传的特质:"由深沉的智慧观照一切事物而来的哲理味;由挚爱人生而来的人情入理;(哲理加情理,多表现为于眼前琐屑中见天道人心。)严正的意思而常以幽默的笔调出之;语求雅驯,避流俗,有古典味;意不贫乏而言简,有言外意,味外味。"③

温源宁早年留学英国,熟谙英国文学的思想与特质,他不仅撰写了大量介绍英国文学尤其诗歌的英文评论发表在《中国评论周报》与《天下月刊》上,还在《中国评论周报》"知交剪影"专栏发表了大量英语人物小品文。 如前所述,钱锺书与张中行都指出温源宁的小品文受到英国散文的影响,不仅是风格

---

① 《王文显先生》,温源宁:《徐志摩先生》,《一知半解及其他》,沈阳:辽宁教育出版社,2001年,第23页。
② 《陈通伯先生》,温源宁:《徐志摩先生》,《一知半解及其他》,沈阳:辽宁教育出版社,2001年,第41页。
③ 张中行:《人物剪影十七幅 一知半解·序》,长沙:岳麓书社,1988年,第Ⅲ页。

上的吸纳，而且还有散文体式的借鉴，他将英国"人物素描"小品文移植进入中国现代文学土壤中。"人物素描"是17世纪英国流行的一种散文体式，主要"是对生活中人们熟悉的各种类型的人物所作的静态描绘"，用典型化描摹来揭示人物的特性，以"一种幽默讽刺的笔调"将人物的特征"加以浓缩、综合和戏剧化"，"使读者感到兴趣盎然，立刻与自己周围的熟人联系起来"①。"人物素描"式的散文笔法给17世纪英国散文带来了新的表现方式，并为其后英国小说的发展提供了人物描写的方法。同时这种英国散文的体式也对中国现代散文的发展提供了有益的借鉴，温源宁将这一散文体式运用在英语小品文创作中，他对人物特性的典型化表现以及幽默雅致的笔调，带有浓郁的英国"人物素描"体散文的风格。温源宁的人物小品文发表之后广受好评，林语堂曾将《吴宓》、《胡适之》两文译成中文发表在《人间世》杂志上，使得这种散文体式在中文世界开始传播。受此影响，林语堂在其主编的《人间世》杂志开设"今人志"专栏，吸引了沈从文、废名、苏雪林等现代作家加入人物小品文的创作中。"今人志"专栏的散文采用的是人物小传的形式撰写，其中有多篇译自《中国评论周报》的"知交剪影"专栏。这些散文除了少数几篇篇幅较长之外，大多体式极其短小，因此可以算作人物小品文。此后"今人志"专栏的文章集结为《二十今人志》一书，作为"人间世丛书"系列于1935年出版，与1935年由别发洋行出版的温源宁英文人物小品文集 *Imperfect Understanding*（《不够知己》）形成中英文人物小品文创作呼应，共同推动着30年代人物小品文的发展与兴盛。经由温源宁引入的英国"人物素描"体散文发展成为中国现代小品文中一种重要体式即人物小品，为中国现代作家所认同并付诸创作实践。

---

① 陈新：《英国散文史》，南京：南京师范大学出版社，2008年，第27页。

第三节 "心智的漫游":吴经熊①的英文日记随笔

许多具有深厚专业造诣的中国现代知识分子,在文学创作上也表现出了非凡的才情。林徽因作为建筑学家,其诗歌与小说创作别具一格,在现代女性文学史中占有一席之地。吴经熊作为享誉世界的法学家,其内蕴丰富的法律哲学思想在中国法学史上成为他人难以超越的高峰。其实,他的文学创作及文化

---

① 吴经熊(1899—1986),浙江宁波人。1916年吴经熊进入上海沪江大学学习,期间与徐志摩相约去投考北洋大学学习法律。后北洋大学法学院与北京大学合并,吴经熊转入东吴大学法学院学习法律。1920年,于东吴大学法科毕业后赴美国留学,入读美国密歇根大学法学院。1921年,获美国密歇根大学法学院法学博士学位。取得博士学位后,吴经熊受资助开始游学于欧洲。他曾在法国巴黎大学、德国柏林大学等欧洲著名学府从事哲学和法学的研究。1924年回国,出任东吴大学法科教授。1927年出任上海特区法院法官,并兼任东吴大学法学院院长。1928年出任南京国民政府立法院的立法委员。1929年出任上海特区法院院长。1929年受邀请前往美国哈佛大学和西北大学讲学。1930年回国。1933年出任立法院宪法草案起草委员会副委员长,任上公布有《中华民国宪法第一草案》,被称作《吴氏宪草》。1940年吴经熊和妻子儿女移居意大利罗马,并同时出任中华民国派驻梵蒂冈教廷之公使。1942—1944年奉蒋介石之命翻译《圣经》,最著名的是其用中国古诗翻译的《诗篇》,脍炙人口。1949年受聘出任美国夏威夷大学中国哲学之客座教授。1950年出任美国新泽西州西顿哈尔大学法学教授。1966年移居台湾,出任中国文化学院教授。1986年2月6日逝世于台湾。吴经熊晚年以传道授业与著书立说为主,先后出版中英文著作多种,涉及法律、哲学、宗教及文学等领域。

译著也十分丰富。"德生先生不独为当代法学权威，即出其余绪研究中西文学，亦造诣极深。"①1935—1940年间，吴经熊担任《天下月刊》的总编辑，创作了大量的英文日记随笔发表于《天下月刊》，《生平志怪录》等英文小品文发表在《中国评论周报》上。《中国评论周报》与《天下月刊》开启了吴经熊的文学生涯，并成为其人生的重要阶段。"我与孙博士和《天下月刊》的朋友们的交往相当大地开阔了我的理智兴趣，也使我更专注于求知了。我更趋向于一种新的开阔的人文主义"②，"从文学的产量来看，也许这是我一生中最活跃的时期"③。吴经熊这一时期发表在《中国评论周报》与《天下月刊》上的英文作品内容广泛，从类型上看包含有文化专论、文学翻译、日记体随笔、宗教灵修专论等。以《中国评论周报》、《天下月刊》为载体，吴经熊在中国古诗翻译与研究、中西文学与文化对比研究中，展现了他作为一个文化奇才丰富而多样的文化成就；而其中吴经熊创作的带有浓郁宗教灵修色彩的日记体随笔是最受读者欢迎的英文作品。

吴经熊1899年出生于浙江宁波，其父是当地的银行家，父亲乐善好施的秉性给予了吴经熊最初的人性启示。4岁时生母去世，之后父亲及照料他的大娘相继离开人世，双亲早逝使得年少的吴经熊过早体验了生死离别，内心种下了细腻敏感的情感质子。或许是缺乏母爱的温暖，吴经熊一生都在寻找母性的精神力量，这成为其最终皈依基督教的内在情感驱动力。吴经

---

① 吴经熊：《杂感十章》，徐成斌译，《宇宙风乙刊》，1940年第20期。
② 吴经熊：《超越东西方》，周伟驰译，雷立柏注，北京：社会科学文献出版社，第229页。
③ 吴经熊：《超越东西方》，周伟驰译，雷立柏注，北京：社会科学文献出版社，第288页。

熊9岁时开始学习英语,从一开始就对英语一见即爱。通过阅读中国古代典籍的英译本,吴经熊的英语水平提高很快,但并未忘掉母语,一直奉行"用英文思想却以中文感知"的理念。这成为其双语写作的重要基础。早在东吴大学学习期间,吴经熊学习了各种宗教课程,并于1917年冬在循道宗教会受洗,取名若望。1937年抗战爆发后,吴经熊与家人及《天下月刊》的编辑同事们辗转到了香港,亲身所经历的战争惨状及民族国家的苦难引发了他对人生及世界的重新思索,涉及生与死、战争与和平、上主与人等问题。最终他被《圣经》所吸引,沉醉在阅读所带来的灵魂震颤中,并对自己此前的生活进行了反省:"耶稣啊,我也是个妓女。上主赋予了我美好的灵魂和理智,我却将它们浪费在寻求世俗的荣誉和物质的财富上。在政治圈和社会生活里,我也被迫装出我并未体会到的快乐表情,对那些我所蔑视的人示笑。在所有这些时候,我都忽视了你,我的救主和配偶啊!"①现实生活的困惑与内心情感的挣扎迫使吴经熊渴望找寻精神信仰的家园,1937年11月当他读到《一个灵魂的历史》时,修女圣德兰的灵魂之旅给了他极大的启示,促使其决定成为一个公教徒。12月18日吴经熊在圣约翰大学附属的圣母小教堂受洗,皈依基督教。"我一生都在寻找一位母亲,最后在公教会里找到了她。这是在三种意义上说的。上主是我的母亲,教会是我的母亲,圣母是我的母亲;这三位母亲共有一个母性,我在其中得以生活、行走、存在。"②自此,"虔信的神的恩典引领着他的生活方向","父亲的生命萦系于一种简朴而深邃的宗教信仰,而不再只是存活于文人雅士的日常过从

---

① 吴经熊:《超越东西方》,周伟驰译,雷立柏注,北京:社会科学文献出版社,第272页。
② 吴经熊:《超越东西方》,周伟驰译,雷立柏注,北京:社会科学文献出版社,第284页。

之间,尤其是不限于亚洲的土壤"①。

《中国评论周报》、《天下月刊》在1936—1938年、1939—1940年间,刊载了吴经熊大量的英文日记体随笔。这些絮语体英文随笔具有独特而深刻的人生哲理思辨与开阔的中西文化视域,给读者带来了丰富的思想启迪,以至于后来有读者专门写信给编辑部,强烈要求继续刊载日记体随笔。吴经熊的日记体随笔给当时身处危难时局中的人们带来了无限的精神慰藉。"天才的文艺作品,不但示人以真理,而且有无可抗御的感力,使你读了之后,不自觉地服从他的意志,拨动你的情感,疯狂地随着他走。这作品,不论何时何地,都能和你同在,鼓励你,激动你。"②中国古文化研究专家福开森在看了《思想与幻想》之后,为文中基督宗教带给吴经熊的影响而惊叹,曾致信给吴说,"你在最新一期《天下》上的'思想与幻想'深深感动了我","我喜欢你的文章,是因为它使基督宗教在中国的长期挣扎中开启了一个盼望已久的时代"③。为读者所喜爱的这些英文随笔,后来也被吴经熊写进了英文灵修式传记《超越东西方》一书中。

直接源自吴经熊自身生活体验与感悟的随笔,是最为吸引读者的内容。真实人生的各个侧面都在他的笔下展现出来,但不是停留在浅层的情感表达上,而融入深刻的生命追问与哲理思辨,带有生动的艺术内质与灵修色彩,带给读者丰富的生命

---

① 吴树德:《温良书生 人中之龙——法律哲学研究·序》,北京:清华大学出版社,2004年,第7页。
② 雷霆兆:《中国基督教文艺问题杂谈》,《鲁铎》,1934年第6卷,转引自刘丽霞:《中国基督教文学的历史存在》,北京:社会科学文献出版社,2006年,第102页。
③ 吴经熊:《超越东西方》,周伟驰译,雷立柏注,北京:社会科学文献出版社,第69页。

启迪。在"Life as a Play"(《演好你的角色》)中,他对人生角色进行了思考,不管人生是悲剧还是喜剧,最重要的是演好自己的角色,表达出对自我人生的反省与对质朴生命的追求:"人生是一场戏。它可以是喜剧,也可以是悲剧——这无关紧要。关键的是要演好你的角色,不管是什么角色。以前,我责备了收到的角色,但这个角色是上主给予我的——他是大剧作家和剧院经理。现在我发现了我的麻烦不在我演的角色上,而在于缺少演的精神。我的无知在于,以为要成为一个大演员,就得演有权者的角色。事实上,你可以很有力地扮演一个无权者的角色。"[1]在"The Pathos of Middle Age"(《论中年的悲情》)中,作者揭示了个体生命流逝中的心灵体验,充满了悲伤的意味:"人的生命,诚如利希腾贝格所说,被分成了两半;人们在前一半里向前望着后一半,在后一半里回头望着前一半。……他撕裂了过去,他浏览着将来。过去过去了,将来还不确定;于是他就被迫返回到自身之中,探索他自己灵魂的奥秘。同时,不管他多么努力地想从世界中撤离,都仍听到了时代的浪潮经过他的头顶,以及远处宇宙海洋的喧哗声。他浸透了生命的悲情。"[2]吴经熊并未在世俗生活中沉沦,事实上他一直在寻找人生中向善的力量与方向,表现出积极向善的人生意识。对生命善的意义的不懈追寻,使得吴经熊经历了一场曲折而漫长的心智漫游之旅。在"Spirit of the Morning"(《论早晨的精神》)中,作者有了新的生命动力,对未来充满期待,觉得自己像孩子一样展望新的一天:"你好啊,早晨精神!我又一次觉得自己像一个孩子展望着满满的一天——不是闲情逸致玩耍的

---

[1] 英文载 *T'ien Hsia Monthly*, Vol. V, No. 2, September 1937, p.157-158, 中文译文见《超越东西方》,第244页。

[2] 英文载 *T'ien Hsia Monthly*, Vol. V, No. 2, September 1937, p.153, 中文译文见《超越东西方》,第249页。

一天，而是充满了繁重任务的一天。 在我心里有一种自发的努力的召唤，涌现着的一种愿意在半路迎接着生活与之亲切握手的心情。 ……我曾将我的生活托付给命运的奇想，现在让我自己掌握吧。 让我按着自己的意思和你的欢心来待它吧。 让我穿着我自己的生命就像戒指戴在我指上，随时准备着抛弃它，但不是为了世上的财宝，而是为了一首歌，爱与牺牲之歌，天真与至善之歌。"①吴经熊早年在法学界就享有较高声誉，但名利双收的现实生活无法安抚其焦灼的心灵，友谊、知识、科学、官位、财富与名誉全都不能满足他对精神信仰的追求。 作为身处多元文化碰撞历史情境中的中国现代知识分子，吴经熊深刻感受到现代人的精神信仰迷失以及由这种迷失所带来的无限内心失落感。 再加之异族的不断入侵，中国现代知识分子陷入无所适从的文化焦虑中，正如他在自传中所说："成为我这一代的中国人，就是成为一个非常困惑的人。 我从一个避难所移到另一个避难所，经过许多震惊。"②于是他选择皈依基督教，以虔诚的宗教信仰安放身处中国现代动荡社会中的漂泊灵魂。 吴经熊这一期间发表的大量日记体随笔，便是其内心生活的真实写照——有对中西文化的深刻思索与独到评析，还有对精神信仰的执着追求。

吴经熊1930年代创作的大量日记体英文随笔中的大部分内容被融合进了1951年创作的宗教灵修自传《超越东西方》中，成为其宗教信仰追求的心灵记录。 吴经熊信仰基督教，因而他所创作的带有基督教精神与信仰的随笔可算得上中国现代基督教文学作品。 刘丽霞在《中国基督教文学的历史存在》一书中

---

① 英文载 *T'ien Hsia Monthly*, Vol. V, No. 2, September 1937, p.158,中文译文见《超越东西方》，第239—240页。
② 吴经熊：《超越东西方》，周伟驰译，雷立柏注，北京：社会科学文献出版社，第3页。

认为广义的基督教文学是指"基督教著作家本着基督教的主义和精神、不违背基督教思想而具有文学要素的一类文学"①。基督教文学的内容及精神内涵表现为"出世的超越,即对终极存在的趋向与追求;以及入世的深沉,即对在世处境的悲悯和对人性深处的体察"②。吴经熊的日记随笔不仅有着丰富的宗教灵修的精神启迪,也具有丰富的个人生命体验与文化思想,同时也呈现出丰富的文学审美特性,昭示出吴经熊在法学著作之外的文学创作收获,因此吴经熊也可称为一位具有深厚文学造诣的"著作家"。在中国现代文学史上,冰心、许地山、苏雪林等众多作家都曾创作过表现基督教思想的文学作品,显示出中国现代基督教文学的历史存在。但除了冰心的散文创作外,上述作家大多是在小说创作中以塑造基督徒的人物形象来阐发基督教思想。而吴经熊的英文日记体随笔,往往是以自我的灵修生活作为书写对象,在文体上也接近《圣经》中的祈祷辞的形式,因而是更纯粹意义上的基督教文学。吴经熊在借鉴基督教文学形式的基础上,运用更灵活的随笔形式,来表现内心的情感与哲思,体现他独特的文学风格。

本章内容主要是以《中国评论周报》和《天下月刊》上的英文小品文作为分析对象,阐述了林语堂、温源宁、吴经熊等人英语小品文的思想内涵及艺术特质。作为中国作家在本土范围内以英文创作的反映本国人民生活的作品,这些英文小品或可算作中国的现代文学史内容。那么从这个意义上可以说,林语堂等人的作品构成了20世纪30年代中国现代小品文繁荣发展的重要表征。它不仅有力地证明了现代小品文发展的多样性存

---

① 刘丽霞:《中国基督教文学的历史存在》,北京:社会科学文献出版社,2006年,第3页。
② 刘丽霞:《中国基督教文学的历史存在》,北京:社会科学文献出版社,2006年,第231页。

在，如文明与社会批评的"小评论"，人物小品以及日记随笔等多种文体表现形式；还在一定程度上说明西方的小品文在引入中国之后所经历的移植与转化过程。中国现代小品文是在继承古代散文传统尤其是明清小品文思想的基础上，借鉴英国散文的文体形式及思想表现方式实现了现代性的发展。现代著名学者方重对英国小品文的发展有过具体而深入的研究。他认为由法国作家蒙田创立的 Essais（英文 Essay，原意为"尝试"、"试笔"，后指随笔、小品文），被引入英国文学后获得大发展，从16世纪开始，历经近4个世纪无数作家的创作实践，已经发展成为英国近现代重要的文学样式。其中经过了"人物素描"、"期刊小品"等发展繁荣阶段。① 在新文学运动前后，从作品译介到理论阐释，中国现代作家都对英国随笔及小品文情有独钟。如胡适《怎样写白话文》、周作人《美文》、胡梦华《絮语散文》、梁遇春《〈小品文选〉序》等文章都对英国散文进行了介绍，尤其胡梦华在《絮语散文》中揭示出英国散文文体特征在于以"絮语体"的形式表现个性主义思想，"这种散文不是长篇阔论的逻辑的或理解的文章，乃如家常絮语，用清逸冷隽的笔法所写出来的零碎感想文章"，"我们仔细读了一篇絮语散文，我们可以洞见作者是怎样一个人：他的人格的动静描画在这里面，他的人格的声音歌奏在这里面，他的人格的色彩渲染在这里面，并且还是深刻地描画着，锐利地歌奏着，浓厚地渲染着。所以它的特质是个人的（personal），一切都是从个人的主观发出来，所以它的特质又是不规则的（irregular）、非正式的（informal）"②。梁遇春不仅是英国小品文的积极译介者，

---

① 方重：《略论英国小品文的发展——从16世纪到20世纪中叶》，《外国语》，1984年第3期。
② 胡梦华：《絮语散文》，俞元桂主编：《中国现代散文理论》，南宁：广西人民出版社，1984年，第15、16页。

曾经以英汉对照的方式选译了《英国小品文选》、《小品文选》、《小品文续选》等众多英国小品作品集，同时他还在《〈小品文选〉序》中特别强调了小品文的发展与现代期刊出版的密切关系："但是小品文的发达是同定期出版物的盛行做正比例的。这自然是因为定期出版物篇幅有限，最宜于刊登短隽的小品文字，而小品文的冲淡阑逸也最合于定期出版物口味，因为他们多半是看倦了长而无味的正经书，才来拿定期出版物松散一下。"①化鲁也指出，在各类文学中，"小品文学往往是报纸文学的重要部分"，"所谓小品，是指 sketch 一类的轻松而又流动的作品，如杂感，见闻录，旅行记，讽刺文等都是。这一类的文学，往往是普通阅报的所最喜读的，而且也只有在逐刊行的报纸上，才有刊载的价值，所以这一类的材料，在报纸文艺栏里是最为相宜的"②。对英国小品文的作品及理论思想的译介，促动中国现代作家广泛展开了小品文创作实践，尤其是到了 20 世纪 30 年代，林语堂将理论倡导与创作实践相结合，并通过创办系列期刊的文化实践极力推动了现代小品文的发展。林语堂在其小品文理论中更多强调的是一种文体形式的建设，"故西人称小品笔调为'个人笔调'（personal style），又称之为 familiar style。后者颇不易译，余前译为'闲适笔调'，约略得之，亦可译为'闲谈体'、'娓语体'。盖此种文字，认读者为'亲热的'（familiar）故交，作文时略如良朋话旧，私房娓语"，"故余意在现代文中发扬此种文体，使其侵入通常议论文及报端社论之类，乃笔调上之一种解放，与白话文言之争为文字上之一种解放，同有意义也"③。为践行其理论思想，林

---

① 梁遇春：《〈小品文选〉序》，李宁编选：《小品文艺术谈》，北京：中国广播电视出版社，1990 年，第 42 页。
② 化鲁：《中国的报纸文学》，《文学旬刊》，1921 年第 46 期。
③ 林语堂：《论小品文笔调》，《人间世》，1934 年 6 月 20 日第 6 期。

语堂先后创办《论语》、《人间世》、《宇宙风》等杂志作为小品文创作的载体。他在《小品文之遗绪》中阐明了创办《人间世》的宗旨即为对文体的倡导,"故吾尝曰,《人间世》提倡小品,不能兴邦,亦不能亡国,只想办一好的杂志而已,最多亦只是提倡一种散文笔调而已"①。此后他在《宇宙风》创刊词中进一步表明,对小品文这种文体的宣扬与实践,在于阐发幽默、闲适的现代个性思想,"《宇宙风》之刊行,以畅谈人生为主旨,以言必近情为戒约;幽默也好,小品也好,不拘定裁;议论则主通俗清新,记述则取夹叙夹议,希望办成一金于现代文化切贴人生的刊物"②。林语堂的文学及文化实践,推动了中国现代散文文体的发展,使得小品文成为表现中国现代知识分子个性主义人文思想的一种重要文学形式。林语堂在《中国评论周报》发表的英文小品文成为其创作转型期的重要作品,以英语创作的形式借鉴英法小品文的体式,也可看作其中文小品文创作的先导。与此同时,温源宁的人物小品以及吴经熊的日记体随笔,都是以英语写作的方式借鉴移植英国散文的文体形式,用以书写自我个性情感与思想,表现了中国现代知识分子对西方文化形式及其所承载的现代文化思想的选择与认同倾向。

---

① 林语堂:《小品文之遗绪》,《人间世》,1935年2月20日第22期。
② 林语堂:《且说本刊》,《宇宙风》,1935年9月16日第1期。

第三章 /
"自我"认同与民族想象(一)①

---

① 潘文国在《译入与译出——谈中国译者从事汉籍英译的意义》一文中,从文化双向交流的意义上强调了汉籍英译的必要性,其中也包括中国现代文学的英译。他认为:"在语言层面上,翻译被理解为语码的转换,同一个意义从一种语言形式的表达转换为另一种语言形式的表达。在文学层面上,翻译被理解为文学作品美的再现。而在文化层面,翻译则被理解为文化的传播。"从语言及文学层面上看,学界往往强调"译入"的重要性。但从文化的角度看,"我们当然不必得出'译出'比'译入'更重要的相反结论,但至少可以说,这两者同样重要,同样应该引起重视"。此外,该文还介绍了坎贝尔的"译入第二语言"理论,揭示出国际翻译界亦开始重视研究"译出"的意义。载《中国翻译》2004年第2期。

本章分析、解读两刊对中国现代文学作品的英译。《中国评论周报》、《天下月刊》的编辑作者们能够勇于打破"译入"的主流模式，将大量中国文学经典"译出"，尤其是将仍处于"进行时态"的现代文学及时译介到西方，以此展现中国现代文学创作的实绩与成就，表现出了强烈的民族文化认同倾向。在翻译文本的选择及译者主体性实践中，译者亦表现出多元化的文化选择与文化认同。

中国现代文学是在新文化思想影响下，吸收借鉴西方现代文艺思想与文学样式而逐渐发展成熟的文学体系。作为中国现代文化的一种重要表征，现代文学不论是在文化思想还是在审美风格上都体现了中国现代文化的内涵与形式。中国现代知识分子对现代文学的译介体现了他们对中国现代文化的一种认同，而这种认同在一定层面上又与自我认同与民族认同相叠加。在寻求中国现代性文化的建构过程中，中国现代知识分子对外译介带有现代主义文学色彩的文学作品，寻求对作为现代历史进程中自我文化身份的认同。随着政治矛盾激化、民族危机加剧，中国现代知识分子对外译介左翼及抗战题材文学作品，表现出通过文学翻译来实现政治认同与民族认同的倾向。本书的第三、四章内容，以中国现代文学对外译介（包括翻译与评论）为分析对象，来阐释中国现代知识分子在跨语际文学实践中的多元文化认同倾向。《中国评论周报》、《天下月刊》作为民国时期著名的国人自办英文期刊，对中国现代文学作品进行了全面英译，所刊载的中国现代文学英语译文数量丰富、内容广泛。两刊开启了中国现代文学作品英译的新方向，全面译介了中国现代小说、戏剧、诗歌、散文作品，让处于"进行时态"的中国现代文学迅速走进英语世界读者的视野。本章内容主要以中国现代文学作品的英译为分析对象，在比较研究英文期刊《中国论坛》、《中国文学》与《中国评论周报》、《天下月刊》所刊载中国现代文学作品英语译文的基础上，重点论述两刊译者主体性倾向以及对文学翻译文本的选择标准。在翻译文本的选择与译者主体性实践中，两刊编辑作者表现出多元化的文化选择,一方面从自我文化思想倾向出发自由选择翻译文本,表现出对自我文化认同的坚守;在抗战爆发后,两刊译介了大量反映抗战题材的作品,表现出通过中国现代文学的对外翻译,寻求民族文化认同的倾向。

第一节 译者的主体性倾向

有关中国文学作品的英译,国外学者主张由外国人来完成,因其具有天然的语言优势,能够将中国文学作品翻译成符合西方读者阅读习惯的英语译文。从译入语角度考虑,中国文学的"译出"应由母语是英语的外国翻译者来完成,"在翻译上我们几乎不能放手给中国人,因为按照一般规律,翻译都是由外语译成母语,而不是从母语译成外语的,这一规律很少例外"①。然而在翻译理论研究经历了文化转向之后,翻译中的文化影响因素越来越受到重视,文学翻译不仅是两种语言之间的符码转换,还是两种不同文化之间的相互阐释。西方译者在对中国文学作品进行英译时,往往带有欧洲中心论的文化思想,以自我文化想象代替对原作的文化理解,由此产生的文化偏见必然带来文学翻译中的文化误读和对原作的随意改写。如美国人伊文·金以美国社会的文化与道德取向,在翻译老舍小说《离婚》时对原作进行了大量删改,如删去作者对人物心理的刻画,将老舍简练的文字翻译成冗长的语句以及随意添加名词注释等。这样的翻译不仅改变了原作的风貌,而且不可避免会给读者带来先验性的文化误读。此外,由于西方译者对中国文学发展历史缺乏整体性观照和深入研究,他们在选择翻译文本时

---

① 霍跃红:《译者研究——典籍英译译者的文体分析与文本的译者识别》,上海:中西书局,2014年,第26页。

显得过于偏狭，导致了西方读者对中国文学的片面认知。如在20世纪三四十年代的美国，由于西方译者较多翻译鲁迅、老舍的作品，美国读者把鲁迅、老舍当作中国现代文学仅有的重要作家，其实还有茅盾、巴金、沈从文、郁达夫等作家在中国现代文坛占据重要位置。随着中国知识分子英语水平的提升，以外国译者英译中国文学为主的旧有模式被打破。中国译者也能够以流利熟练的英语，将中国文学作品译成英语，并在一定程度上可以避免西方译者因文化误读而产生的不当译文。相较而言，中国译者在对原作的文化理解上有很大的优势，他们若能掌握并练就娴熟的英语表达能力，就比外国译者更能胜任中国文学的英译工作。"例如，老舍先生的《茶馆》有两种英译义。尽管 Howard-Gibbon 先生是母语译者，但他既不精通汉语，又对戏剧是个门外汉，结果，翻译成果无法搬上舞台。相反，尽管英若诚先生是个中国人，但他既精通英语，又是戏剧行家。因此，后者在对原作的理解和再创作上都比前者高出一筹。由此可见，在对外翻译、出版的领域里，外国人与中国人完全可以平起平坐，谁高谁低，全凭本人的能耐。"①再如英文杂志《天下月刊》上所刊载英语译文，也体现了中国译者能够以流畅的英语进行中国文学作品的英译，其中王际真、林语堂及吴经熊等人成为得到西方学界认可和肯定的中国文学的重要英译者。

在中国现代文学史上，许多作家都曾是翻译家，如鲁迅、周作人、胡适、徐志摩、林语堂、郁达夫、梁实秋等人，在文学创作之余，同时还进行着十分丰富的文学翻译实践活动。"由于中国现代职业翻译家出现得较晚，人数极少，现代作家就义不

---

① 胡志挥：《谁来向国外译介中国作品——为我国对外英语编译水平一辩》，《中华读书报》，2003年1月29日。

容辞地担当起了文学翻译的任务。"①其中,鲁迅、周作人、梁实秋等人,大多以"译入"为主,通过译介西方文学作品,吸收借鉴外国文艺思想及文学表现手法,推动中国新文学现代化进程。而《中国评论周报》、《天下月刊》上的编辑作者中,林语堂、邵洵美、姚克、吴经熊等人,则较为关注中国文学的"译出",力图将中国文学经典佳作介绍给国外读者,展示中国古典文学的悠久魅力及现代文学的崭新成就。作为现代文学发展的"在场者",这些作家型翻译家拥有更为清晰的知识背景与更有针对性的翻译目标,能够从自我的文学思想倾向与新文学发展的"现场"出发,选择本国作家作品进行"译出",推动中国文学向外传播,为其融入世界文学之林开辟通道。"作家兼翻译家在文学翻译上的贡献,不仅丰富了中国现代文学翻译史的内容,也丰富了中外文学关系的内涵。"②他们选择不同风格的作品,运用多样化的翻译策略,体现了各自丰富的文学及文艺思想。在独立翻译过程中,译者往往能够保持自我文化认同;但在与西方知识分子合译的过程中,中国译者一方面能够以主导性作用力的发挥维持自我文化认同的实现,另一方面亦受到合译者的文化影响而导致自我文化认同的改变。

一、单个译者的主体性

在文学翻译过程中,译者对翻译文本的选择虽然受政治意识形态、文化语境、赞助人(出版者)以及潜在读者等诸多因

---

① 查明建、谢天振:《中国20世纪外国文学翻译史》,武汉:湖北教育出版社,2007年,第435页。
② 查明建、谢天振:《中国20世纪外国文学翻译史》,武汉:湖北教育出版社,2007年,第436页。

素影响,但译者的主体性①在其中仍发挥着重要作用。"翻译是由译者操作的,而译者个人的独立审美标准未必和当时社会的主流意识形态相符。当两者相符时,我们可以充分肯定社会意识形态的决定作用;但当两者不符时,很多情况下译者宁愿选择坚持个人喜好","译者作为个体,有着自己的爱憎和审美标准,这种个人的喜好有时甚至可以超越社会意识形态的决定作用"②。译者的知识背景、专业视角以及文艺思想倾向都影响着他们对翻译文本的选择。林语堂在《论翻译》一文中也强调译者主体性的重要性,指出翻译作为一种艺术,其成功依赖于"个人相当之艺才",不仅在于译者对原作文字及内容上的"透澈了解",还在于译者需要有一定的文化与语言修养、相当的翻译实践,才能实现成功的翻译。③ 林语堂1935年在《天下月刊》的创刊号上发表了《浮生六记》的英文译文。在英译文序言中,林语堂阐述翻译的目的在于"不过因为这故事应该叫世界知道;一方面以流传它的芳名,又一方面,因为我在这两位无猜的夫妇的简朴的生活中,看他们追求美丽,看他们穷困潦倒,遭不如意事的磨折,受狡佞小人的欺负,同时一意求享浮生半日闲的清福,却又怕遭神明的忌——在这故事中,我仿佛看

---

① 查明建对译者主体性的内涵及意义有相应研究,认为:"译者主体性是指作为翻译主体的译者在尊重翻译对象的前提下,为实现翻译目的而在翻译活动中表现出的主观能动性,其基本特征是翻译主体自觉的文化意识、人文品格和文化、审美创造性。"参见查明建、田雨:《论译者主体性——从译者文化地位的边缘化谈起》,《中国翻译》,2003年第1期,第22页。
② 李先玉:《从译者的身份看翻译文本的选择》,《山西青年管理干部学院学报》,2008年第2期,第102页。
③ 林语堂,《论翻译》,黄嘉德编:《翻译论集》,1940年1月。

到中国处世哲学的精华,在两位恰巧成为夫妇的生平上表现出来"①。林语堂不仅对《浮生六记》中的"芸"与丈夫在日常生活中的审美趣味大加赞赏,更重要的是揭示出两人生活情趣中所蕴含的审美意味与超越现实的豁达精神。由此可见,《浮生六记》所蕴含的"闲适"的生活情趣与审美思想,深刻暗合了林语堂所倡导的"闲适格调"文学主张。此外,林语堂还在《中国评论周报》的"小评论"专栏翻译大量现代小品文,如老舍及姚颖的散文作品。从林语堂对翻译文本的选择来看,其自身的文艺思想倾向是影响选择的重要因素。20世纪30年代林语堂通过创办《论语》、《人间世》、《宇宙风》等文学刊物,大力宣扬"幽默"、"闲适"的文学思想,倡导独抒性灵的小品文创作,以更切近人生的文学态度来舒解现代中国急峻的社会生活对人性的挤压,并以中国式的人生智慧来疗救西方社会的现代文明病症。"幽默"、"闲适"的文学思想不仅融渗在其汉语文学写作中,也影响了他的英文文学翻译活动,尤其是在对中国古代及现代小品文翻译文本的选择中表现得尤为突出。

姚克作为现代著名的戏剧创作家及理论家,其对于《雷雨》的英译,也体现出译者的知识文化背景必将影响翻译文本的选择。姚克在《我为什么译〈雷雨〉》②一文中指出,在被问及为何翻译《雷雨》时,他觉得"我简直想不出一条真的好理由",起始动因仅是在刊物主编温源宁先生的提议下而进行翻译,以推动《天下月刊》译介更多的现代文学作品。然而,"翻译文本的选择不是随机的,任何译文都是译者有目的地选择

---

① 林语堂,"Six Chapters of A Floating Life Preface"(《浮生六记英译自序》),原载《天下月刊》1935年8月第1卷第1期,后由林语堂自译刊载在《人间世》1935年11月第40期。
② 姚克:《我为什么译〈雷雨〉》,《中流》,1937年第2卷2期。

的结果"①。姚克翻译《雷雨》的真正"有意的动机"是"《雷雨》中的周繁漪曾给我一个异常深刻的印象","因此我对于《雷雨》就有了一种偏心的爱好和不能磨灭的好印象"。于是当温源宁先生提议要翻译一个中国剧本时,"我不觉就脱口而出地提起了《雷雨》,而且真的把它译成了英文"。尽管姚克翻译《雷雨》时并没有任何明确的动机与目标,但我们从其论述中可发现,自身的专业知识背景让姚克对《雷雨》的艺术特征有敏锐感知,并由此产生了对该作品的喜爱。姚克为戏曲家吴梅的高足,曾赴苏联学习戏剧理论,对中国古典戏曲及现代戏剧都有丰富的理论知识与精准的专业视角。他能从中国现代戏剧发展的角度,敏锐体察到该剧所具有的独特艺术魅力,并将其译成英文,向外展示中国现代戏剧发展成就。从1936年10月至1937年2月,《天下月刊》分5期连载《雷雨》英文译文,姚克在首期译文的刊物栏目"编辑评论"中,没有说明翻译动机及过程,而是深入分析阐述《雷雨》的艺术成就及对中国现代戏剧的贡献:

> 本期所刊登的《雷雨》就是新文化运动后取得的一枚成熟果实。在中国舞台上,《雷雨》仿佛划过苍穹的彗星,发出闪耀的光芒。这是第一次世界大战后开始的中国现代话剧运动中最成功最受欢迎的一部剧作。到目前为止,现代话剧运动一直局限于小部分的学生精英圈中,其影响也只是在校园戏剧组织内,并没有在公众中掀起戏剧热。因此,现代戏剧的影响非常小。三教九流的戏迷很少去剧院看话剧。老一代迷恋京戏,年轻点的听听说书。话剧艺术家的热情因为中国观众不欣赏他们的演出而受挫。但是

---

① 李先玉:《从译者的身份看翻译文本的选择》,《山西青年管理干部学院学报》,2008年第2期,第103页。

《雷雨》的上演完全打破了这种局面。①

在姚克看来,《雷雨》不仅代表了中国现代话剧发展的成就,并在推动现代话剧走向更广大观众群体的过程中具有了突破性的意义。姚克一方面从《雷雨》所刻画的人物形象上揭示该剧所具有的独特艺术价值,表达出对此剧的偏爱;同时还从更深广的历史背景出发,指出《雷雨》开拓了中国现代话剧的新纪元。姚克以戏剧评论家的学识与视角,选择《雷雨》作为翻译文本,将其译成英文介绍给西方读者,促进了中国现代戏剧的向外传播。作为《天下月刊》所刊载的唯一的中国现代戏剧英文译作,姚克的译文被视作《雷雨》早期的代表性译本。该译本曾被曹禺作为礼物送给1937年初来华访问的美国著名剧作家亚历山大·迪安,可见其译文的专业性与重要性。

从译者角度看翻译文本的选择,无论是林语堂译现代小品文还是姚克译《雷雨》,中国译者在中国现代文学进行英译的实践过程中,从自身文艺思想倾向与个人文学喜好出发,选择具有针对性的作品进行翻译,向西方读者展示中国现代文学的成就,显示出一定的译者主体性,表现出中国现代知识分子对自我文化的认同。

二、中西合译者的翻译实践

考察众多中国文学作品的英译者构成情况,我们可以发现其中包含有几种不同的类型。第一种为独译,译者包括谙熟中国文学与文化的西方译者,如霍克思译《红楼梦》、赛珍珠译《水浒传》;也包括具有流畅英语表达能力的中国译者,如林语

---

① 译文转引自严慧:《超越与建构——〈天下〉与中西文学交流(1935—1941)》,北京:光明日报出版社,2011年,第176页。

堂译《浮生六记》、姚克译《雷雨》。第二种为合译,通常由中外知识分子构成译者组合,如杨宪益与戴乃迭合作翻译中国文学作品,邵洵美与项美丽合作翻译《边城》,陈世骧与阿克顿合作翻译中国现代诗歌,凌叔华与朱利安·贝尔合作翻译凌氏小说等。不论是合译还是独译,作为文学翻译活动的主体,译者在翻译文本的选择、方法与策略的运用等方面发挥出重要的作用。独译者更多从自身的文化倾向与对作家作品的喜好等角度,选择相应的翻译文本进行译介。而合译者则需要兼顾二者的文学思想倾向,进行合作翻译,其背后体现出的不仅是语言上的润色,还有中西文学及文化思想的碰撞与交融。

中外译者合作进行中国文学作品英译,一直被视作最佳翻译"组合",如杨宪益、戴乃迭的译作曾广受赞誉。中西合译的模式最大限度地实现了文化传达与语言表达的有机统一,尽可能减少文化误读与语言误差。但不同的翻译组合,因各自采用独特的翻译策略,其翻译过程及结果往往会呈现出迥异的文化特征与倾向。邵洵美与项美丽、凌叔华与朱利安·贝尔等译者组合在中国现代文学作品英译的过程中,呈现出完全不同的翻译策略与文化选择。

1. 邵洵美、项美丽合译《边城》

在中国现代文学史上,邵洵美是个多面手,集作家、编辑出版家、翻译家于一身。在文学翻译方面,世人更为关注他在翻译西方名著中的贡献。其实邵洵美还曾经有过丰富的英语写作活动以及汉译英的翻译实践,其中包括与项美丽合作翻译《边城》。1935年美国女作家艾米莉·哈恩(Emily Hahn,即项美丽)作为《纽约客》杂志的记者来到中国,经弗里茨夫人介绍认识邵洵美,很快发展出亲密恋情,同时也开启了他们共同的文学及文化合作之旅。他们先后创办出版了一份中英文双语的《声色画报》、抗日宣传刊物《自由谭》月刊及英文版

Candid Comment（译为《直言评论》）。 此外，邵洵美与项美丽还共同进行小说创作与文学翻译，合作翻译《边城》便是他们中西文化合作之旅重要的收获。 邵洵美在《谈翻译》[①]一文中阐述了翻译思想，认为在翻译过程中翻译态度至为重要，不同的翻译目的影响译者的翻译态度：一种是客观以满足他人为目的的态度，译者在选择翻译文本及运用翻译策略时以他人的标准为出发点；另一种则是由自我的兴趣为出发点来选择翻译材料。 邵洵美更为推崇后一种翻译态度，这与他"为艺术"的自由主义文艺思想有关。 邵洵美是新月派的重要作家，主张文学应该脱离政治宣传与商业功利的束缚，而葆有艺术审美的特性。 文学翻译亦然，也须摆脱"直译"或"意译"模式的限制，保留对原作的理解，"翻译是一种运用两国文字的文学工作，缺一不可。 所以第一个条件应当是对于原作的文字要有彻底了解的修养；同时对于译文的文字要有充分运用的才能。 知道了原作的一句话或是一个字的正确解释，力量与神韵；同时又知道了怎样用另一种文字去表现时，什么'意译'、'直译'、'硬译'等问题根本不值得讨论了"[②]。 沈从文的小说《边城》描摹湘西地域民俗风情，揭示了纯朴、自然的人性特征，带有浪漫主义艺术风格，在20世纪30年代的中国文坛因其题材之新颖与风格之独特而独树一帜，也赢得了邵洵美的喜爱。"洵美非常喜欢沈从文这本《边城》，有一个时期一直将它放在枕边，睡前总要读几段，仔细琢磨"，"为了向外国人介绍沈从文这部成功之作，洵美萌生将之译出来的念头。 他知道自己的英文翻

---

① 邵洵美著，陈子善编：《洵美文存》，沈阳：辽宁教育出版社，2006年。
② 邵洵美著，陈子善编：《洵美文存》，沈阳：辽宁教育出版社，2006年，第130页。

译水平还有一定的不足,所以跟项美丽合作,其实是他译好之后请她修改润色而已"①。《边城》是沈从文的代表作,1934年1月起在《国闻周报》连载,1936年1月邵洵美、项美丽将其译成英文发表于第2卷第1至5期的《天下月刊》上。项美丽在《边城》译文前言中,阐述了她对该小说及其作者的解读。她认为因其创作风格与人生经历的独特性,沈从文小说别具一格:带有田园牧歌情调,文字简洁流畅,充满音乐般的抒情意味。此外,项美丽还从中国古代小说观念演变、西方小说在中国的翻译等角度,揭示出《边城》在中国现代小说发展史上的重要意义。这也是邵洵美、项美丽选择翻译《边城》的主要原因之一。两人在翻译过程中表现出较为谨慎的态度,他们深知任何关于一本中国书的英译都将招致大量的批评,汉语与英语差异如此之大,以至于每个句子都可能有上百种的翻译。但在翻译方法与策略上,邵洵美与项美丽显示出较高的一致性,采用自由灵活的翻译策略,尽可能在英语译文中保留原作的文学及文化意蕴。如在译《边城》开头一段时,译者基本上以直译的方式进行翻译,从行文顺序到句式结构,都紧密扣住原文,较好地再现了原文简洁流畅的风格。

　　由四川过湖南去,靠东有一条官路。这官路将近湘西边境到了一个地方名为"茶峒"的小山城时,<u>有一小溪,溪边有座白色小塔,塔下住了一户单独的人家。这人家只一个老人,一个女孩子,一只黄狗。</u>②

　　From Szechuen to Hunan there is a highway running along

---

① 邵绡红:《我的爸爸邵洵美》,上海:上海书店出版社,2005年,第149页。
② 沈从文:《边城》,北京:人民文学出版社,2000年,第4页。

the east side. It leads to a city called Chatung, which is surrounded by small hills, beyond which is a little stream. Near the stream is a little white pagoda, and close to that there is a cottage where once lived an old man, a young girl, and a yellow dog.①

译者在对原作中特有的名词进行翻译时,大部分保留原有文化意味,以最大程度体现湘西的文化风情。《边城》的标题未被译成带有西方色彩的地域名称 The Border Town 和 The Outlying Village,而是译成了带有中国文化特色的 Green Jade and Green Jade。 为了保证读者阅读的连续性,译者没有采用名词术语注解的翻译方式,而是直接在行文中进行阐释,"当在文章中遇到中国人熟悉而外国人不了解的习俗或事物时,我们在文中做出解释,它并不像看起来那么糟糕,沈先生的行文风格就是带有诸多解释性的特征,他提供了如此多的释例,以至于我们三次插入解释性内容,都未被察觉"②。 如在以下这段译文中,对"王"字没有进行注释,而是直接在原文中予以说明:

端午日,当地妇女小孩子,莫不穿了新衣,额角上用雄黄蘸酒画了个王字。 任何人家到了这天必皆可以吃鱼吃肉。 大约上午十一点钟左右,全茶峒人就皆吃了午饭,把饭吃过后,在城里住家的,莫不倒锁了门,全家出城到河

---

① 沈从文著,Emily Hahn(项美丽)、Shing Mo-lei(辛墨雷,即邵洵美)译:"Green Jade and Green Jade", *T'ien Hsia Monthly*, Vol. 2, No. 1, January 1936, p.93.
② Emily Hahn(项美丽),"preface", Green Jade and Green Jade, *T'ien Hsia Monthly*, Vol. 2, No. 1, January 1936, p.92.

边看划船。"①

During the Dragon Boat Festival all the women and children put on new clothes and painted the character "Wong" with orpiment wine on their foreheads, like this-王-because tigers wear this pattern of wrinkles on the brows, and they thought it would frighten away all the devils who come out for Dragon Boat Feast. That day everybody ate fish and pork at grand banquets. All the people in Chatung had their lunch early, about eleven o'clock, and after lunch the city-dwellers locked their doors and went down to the river to watch the Dragon boats.②

邵洵美与项美丽采用灵活的翻译方法,使得《边城》的英语译文有力保存了原作的文化风貌。尽管沈从文小说的文体风格难以在译文中呈现,但从原作文化传达的意义上来说,两人的译文无疑是成功的。由于邵洵美在翻译过程中处于主导地位,因而《边城》的英译较好地保存了邵洵美的自我文化认同。

2. 凌叔华、朱利安·贝尔合译凌叔华的小说

《写信》、《疯了的诗人》、《无聊》曾被译成英文发表在《天下月刊》上,除《写信》署名为凌叔华独译之外,其余两篇小说都是由凌叔华与朱利安·贝尔合作翻译。他们共同的文学

---

① 沈从文:《边城》,北京:人民文学出版社,2000 年,第 14 页。
② 沈从文著,Emily Hahn(项美丽)、Shing Mo-lei(辛墨雷,即邵洵美)译:"Green Jade and Green Jade", *T'ien Hsia Monthly*, Vol. 2, No. 1, January 1936, p.105.

翻译,始于彼此情感密切交融与文学思想深入交流的过程中①。1935年9月,朱利安·贝尔来到中国,受聘为武汉大学英语文学教授。在此期间,结识中国女作家凌叔华,并发展出密切情感关系。热烈的情愫促动了两人文学才情的迸发,朱利安·贝尔重新燃起诗歌创作的热情,先后创作多首英文诗歌在《天下月刊》发表。此时他还打算将凌叔华的小说译成英文介绍到英国去,让英国读者了解"中国有这样一个女作家存在"②。受朱利安·贝尔文学思想的影响,凌叔华此时的小说创作也有了新的变化,运用现代主义文学表现手法来揭示中国现代女性的心灵困境。

　　凌叔华与朱利安·贝尔在进行合作翻译时,往往先由凌叔

---

① 研究者对凌叔华的翻译才能已有所关注:"凌叔华出身燕京大学外文系,曾着手翻译英国名著《傲慢与偏见》,可惜未果。我编在她'文存'里的译作很少,只有契诃夫和曼斯菲尔德的短篇小说各一篇,那是相当成熟的译品。此次'佚作'集里的一组翻译作品相当引人注目。三篇欧洲画家生平的英译汉,是她学生时代的习作,行文、标点都有不合今日规范处,不做改动以存史料原貌。与翻译契诃夫、曼斯菲尔德小说相比,译文的稚嫩非常明显,倒也让人了解,凌叔华译笔在短短两年之后取得如何的进步。后三篇汉译英尤有意味,她将自己的作品译成外文,这在中国作家中是少有的文学现象。那一代不乏既能创作又能翻译的作家,但往往是翻译别人作品或别人翻译自己的作品,少见自己翻译自己的作品。还有意味的是,What's the point of it?(《无聊》)和 A poet goes mad(《疯了的诗人》)系凌叔华与朱利安·贝尔合作,它见证了女作家与英国诗人的一段特殊往来,而这方面遗存的史料罕见得很。"见陈学勇:《〈中国儿女——凌叔华佚作·年谱〉前言》,上海:上海书店出版社,2008年,第4页。
② 参见帕特丽卡·劳伦斯:《丽莉·布瑞斯珂的中国眼睛》,万江波、韦晓保、陈荣枝译,上海:上海书店出版社,2008年,第129页。

华将自己的作品译成英语,再经朱利安·贝尔修改成文:

> 我称之为翻译,但是这实在只有我们俩的这种特殊情形下才可能存在的一项活动。她把自己的汉语译成英语——她的语言易懂、语法严谨。然后我仔细询问她在字面翻译中想要表达的微妙涵义……一旦找到确切的(而非含混的)涵义,我就想出一个英语的句子打出来,其中加进了很多特殊的时态,把简明的词句扩展为各种形象的话语,再用上近似的对应英语习语和手法,等等。这样产生的译文令我兴奋不已,我希望别人也这样认为。①

虽然凌叔华认为经由汉语创作然后译成英文的文学翻译模式,可以让她拥有更多的创作自由,但实际上她与合译者朱利安·贝尔之间仍存在较大的文学及文化思想差异,这使得他们共同的文学翻译必然对凌叔华的原作进行大量改写,最终产生"信息不对称"的英语译文。如在《疯了的诗人》开头的片段中,凌叔华以细致的笔调,叙写了男主人在路途中所看到的自然美景,从整体意境的营造到人物心理的描摹都流溢出细腻柔婉的情致。尤其是在遣词用句过程中,作家特别运用了一些饱含色彩质素的词语来形象展现自然之景的多彩维度,使得其作品带有浓烈的绘画艺术风格。而凌叔华与朱利安·贝尔在英译过程中,大量使用简短句式、普通词汇,使得英译文显得简洁流畅,但消弭了原作所蕴含的文化意味及艺术风格。

---

① 贝尔致埃迪的信,1936年3月20日,参见帕特丽卡·劳伦斯:《丽莉·布瑞斯珂的中国眼睛》,万江波、韦晓保、陈荣枝译,上海:上海书店出版社,2008年,第131页。

原来对面是连亘不断的九龙山,这时雨稍止了,山峰上的云气浩浩荡荡的,一边是一大团白云忽而把山峰笼住,那一边又是一片淡墨色雾气把几处峰峦渲染得濛濛漠漠直与天空混合一色了,群山的脚上都被烟雾罩住,一些也看不见。

"山万重兮一云,混天地兮不分。"他一边吟咏着这两句,觉得方才胸中的惆怅都消散了,轻轻坐在石坡上,"今天眼福真不浅,米氏父子偷摹的云山真样本和王摩诘诗味的烟士披里纯都给我找着了"。

痴望了一会儿,手触到画箱,正欲打开取出画具,忽然抬头一看,目前云山已经变了另一样。他自语道:"拿这样刷子画这云山够多笨!况且这缥缈轻灵的云山那能等你对写呢?他一分钟里不知变多少次,纵使你能够赶快的擒着东边的一角,西边已经不同了。这色彩浓淡也因雨云的厚薄,天光的明暗变化的,这天地迅速的化工那能让你凡眼追随呢?……"①

In front of him was the unbroken ridge of Chu Lung Shan. The rain had stopped, and the clouds were flowing across the mountains in a broad tide. At one place a group of white clouds hid their shoulders, in others the watery grey mists covered them, making mountains and sky of the same colour. Their skirts could not be seen.

"A million mountain folds cloud;
Shy and earth confused, undistinguished."

---

① 凌叔华:《疯了的诗人》,陈学勇编:《凌叔华文存·上》,成都:四川文艺出版社,1998年,第208页。

He sat lightly on the rock, chanting the lines, forgetting about his own unhappiness. "I have been very lucky today," he said to himself, "I have seen the inspiration of Wang Wei, and the motif of Mis' cloud and mountains".

As he looked, his hand touched his paintbox, but while he was getting out his brush the mountain he was watching was no longer the same. "How can one ever hope to paint clouds and mountains in this way? They are so impalpable, smokey, and variable that in a single second there are an enormous number of changes; even if you catch a bit of the east side, the west will have changed. The colours change with the rain and mist, and the tones with the light from the sky; it is more than the eye can follow."

Mis'处标明有注释：Wang Wei, a famous T'ang poet; the Mis, Mi Fei and Mi Yu-jen, father and son, Sung painters famous for their landscapes.①

朱利安·贝尔在修改凌叔华的译文过程中，不仅删除了许多整句熟语，还摒弃了凌氏营造文化情境的描述性文字，以消除这些语句带给西方读者的文化陌生感，这极大削弱了凌叔华小说所具有的文体特征与文化意味。 朱利安并没有意识到凌叔

---

① 凌叔华与 Julian Bell（朱利安·贝尔）译："A Poet Goes Mad"，*T'ien Hsia Monthly*, Vol. 4, No. 4, April 1937, p.402.

华小说中那些形象化与诗意性的描述蕴含着丰富的"中国味道"①,这正是凌叔华吸引西方读者的文化表征。"朱利安和凌叔华的翻译合作之所以有趣,不仅在于它集中体现了一个浪漫和文学的时刻,还在于这些文本揭示了跨文化的痕迹。他们之间除了具备通常这类合作的特质之外,还加入了一个维度——文化和语言的误解。"②由此可见,经由朱利安·贝尔修改而定的英语译文中,汉语语言的形象性特征被消弭了。在朱利安·贝尔的引荐下,凌叔华与英国布鲁姆斯伯里文化圈有了越来越密切的文学交往,并受其文学思想影响,在文学创作中更多采用现代主义的文学表现方式。1938年凌叔华开始与英国著名女作家弗吉尼亚·伍尔芙通信,在伍尔芙的鼓励下开始用英文写作。"你是否有可能用英文写下你的生活实录,正是我现在要向你提出的劝告。……不过,考虑到这一点,不是仅仅把它当作一种消遣,而是当作一件对别人也大有裨益的工作来做。我觉得自传比小说要好得多。"③1953年凌叔华带有自传色彩的

---

① 1938年凌叔华将用英文写成的自传故事寄给弗吉尼亚·伍尔芙(朱利安·贝尔是其外甥),曾被朱利安摒弃的"中国情调"得到了伍尔芙的赞赏。她给凌回信写道:"至于你是否从中文直译成英文,且不要去管它。说实在的,我劝你还是尽可能接近于中国情调,不论在文风上,还是在意思上。你尽可以随心所欲地,详尽地描写生活、房舍、家具陈设的细节,就像你在为中国读者写一样。然后,如果有个英国人在文法上加以润色,使它在一定程度上变得容易理解,那么我想,就有可能保存它的中国风味,英国人读时,既能够理解,又感到新奇。"见凌叔华著,陈学勇编撰:《中国儿女——凌叔华佚作·年谱》,上海:上海书店出版社,2008年,第244页。
② 帕特丽卡·劳伦斯:《丽莉·布瑞斯珂的中国眼睛》,万江波、韦晓保、陈荣枝译,上海:上海书店出版社,2008年,第135页。
③ 杨静远:《弗·伍尔夫致凌叔华的六封信》,《外国文学研究》,1989年第3期。

英文小说《古韵》由英国荷盖斯出版社出版,很快成为畅销书,获得了英国评论界的关注与好评。"《泰晤士报·文学副刊》评论说,叔华平静、轻松地将我们带进那座隐蔽着古老文明的院落。现在这种文明已被扫得荡然无存,但那些真正热爱过它的人不会感到快慰。她向英国读者展示了一个中国人情感的新鲜世界。高昂的调子消失以后,'古韵'犹存,不绝于耳。"①那种被朱利安·贝尔所摒弃的文化风格后来在凌叔华的英文自传中得以保留,并获得了英国评论界的赞赏,由此凌叔华将满蕴着中国传统文化的独特魅力传播到了英语世界。因此可以说,在朱利安·贝尔与凌叔华合译过程中,凌叔华处于相对被动的地位,这使得她作品中所呈现出的对传统文化的认同在英译中遭到了删除与摒弃。

3. 哈罗德·阿克顿与陈世骧合译中国新诗

1932年,哈罗德·阿克顿到达北京之后,经由张歆海、温源宁的引荐,进入北京大学的文化圈,并受聘于北大教授英国文学。此后他与北大青年学生如陈世骧、废名、卞之琳及李广田等人交往甚密②,并在年轻诗人卞之琳的建议下开始着手翻译中国现代新诗。陈世骧常常引领年轻的诗人如卞之琳等与阿克顿畅谈文学,同时卞之琳提出英译现代诗歌的建议③。在翻译过程中,时为北大学生的陈世骧起了关键作用,陈世骧在北京大学读书及任教期间,积极参加校园文学活动,并成为朱光潜所主持的"读诗会"的成员,还曾写作《对于诗刊的意见》参与

---

① 凌叔华:《古韵——凌叔华的文与画》,傅光明译,济南:山东画报出版社,2003年,第7页。
② 参见赵毅衡:《艾克敦:胡同里的贵族》,《对岸的诱惑 中西文化交流记》,上海:上海人民出版社,2007年,第160页。
③ 陈国球:《"抒情传统论"以前——陈世骧与中国现代文学及政治》,《现代中文学刊》,2009年第3期,第73页。

到当时的文学讨论中,他对中国现代新诗的发展有更为真切的体察与认知。因而可以说陈世骧是阿克顿进入中国现代文学的主要引领者,"选译工作当然阿克顿无法胜任,他至多把世骧的译稿加以润饰而已"①,"后来二人更日夕研讨中国现代诗的英译,据阿克顿回忆,他对现代中国文学的了解主要得自陈世骧。1935年11月阿克顿在《天下月刊》发表《现代中国文学的创新精神》;这是早期以英文论述'新文学'的一篇相当有见地的论文,其中不乏陈世骧的意见"②。阿克顿与陈世骧合译了邵洵美的《蛇》、闻一多的《死水》、卞之琳的《还乡》、戴望舒的《我的记忆》与《秋蝇》、李广田的《旅途》与《流星》等作品。这些译作大都来自于他们当时正在编译的 Modern Chinese Poetry(《中国现代诗选》)一书。该书于1936年在伦敦出版,首次将中国现代新诗集中译介到英语世界,推动了中国现代文学向外传播。《天下月刊》上所刊载的两人选译诗作包含有新月派与现代派诗人作品,这一方面体现出译者对中国新诗发展过程的把握与认识,即20世纪30年代之后中国新诗发展进入借鉴西方文学手法与融合中国传统文化相结合的阶段;同时还揭示出阿克顿作为西方读者更多侧重于对中国新诗中所蕴含的传统文化的偏好,"他抱持艾略特式的'传统观',以为有成就的诗人必与传统互动,既取资于传统,又创新以丰富传统。中国新诗除了承受西方的影响以外,还得活化传统故旧,以建立现代风格"③。阿克顿在《中国现代诗选·导言》中指

---

① 夏志清:《陈世骧文存序二——悼念陈世骧并试论其治学之成就》,陈子善编辑,沈阳:辽宁教育出版社,1998年。
② 陈国球:《"抒情传统论"以前——陈世骧与中国现代文学及政治》,《现代中文学刊》,2009年第3期,第65页。
③ 陈国球:《"抒情传统论"以前——陈世骧与中国现代文学及政治》,《现代中文学刊》,2009年第3期,第67页。

出中国现代诗歌发展"应该保持历史感","除了欧洲的影响,也存在着中国庞大传统中的一些大诗人的影响,两方面的影响'已经完全化合,并经过了二次提纯',必将贡献于现代诗人的风格特征与感觉能力"①。阿克顿与陈世骧所选译的诗歌大部分属于后期新月派与现代派,这些诗歌开始突破格律体诗歌范式,向"现代形式"转变,在融合运用中国古典诗歌意象与西方象征派诗歌思想基础上,探索着中国现代诗歌发展的新方向,"它是在中西文化大交流的历史背景下,对中西诗歌进行重新审视之后而进行的成功而富有进步意义的融合与独创"②。现引用阿克顿与陈世骧合译的李广田《旅途》一诗做例证,来解读两人的翻译思想。

旅途(李广田)

不知是谁家的<u>高墙头</u>,
<u>粉白</u>的,映着西斜的<u>秋阳</u>的,
垂挂了红的瓜和绿的瓜,
摇摆着肥大的<u>团扇叶</u>,<u>苍黄</u>的。

像从远方的朋友带来的,好消息,
怎么,却只是疏疏的三两语?
声音笑貌都亲切,但是,人呢,唉,人呢?

两扇漆黑的<u>大门</u>是半开的,
悄然地,向里面窥视了,

---

① 哈罗德·阿克顿:《〈中国现代诗选〉导言》,北塔译,《现代中文学刊》,2010年第4期,第78页。
② 范伯群等主编:《1898—1949 中外文学比较史》,南京:江苏教育出版社,2007年,第208页。

拖着沉重的脚步,又走去,
太阳下山了,蠓虫在飞,乌鸦也在飞。

一九三三年十月二十日

(《汉园集》,上海商务印书馆,1936 年 3 月)

A JOURNEY①

Who high white walls are these,
Set on a flare by the autumnal sunset,
With pendulous vivid gourds of red and green,
Round yellow-speckled fan-leaves floating over them?

As if glad news were brought of distant friends,
But why these vague words, only two or three?
Feature and voice and smiles are so familiar,
But individuals-ah, what of them?

Two dark doors ajar,
Quietly the traveler peers through
And then, with heavier footsteps, plods away,
The sun sinks: birds and insects suddenly flitter,
Flecks in the afterglow.

《旅途》体现了李广田诗歌质朴自然的风格,诗中的意象多为平常的自然与生活物象,如"高墙头"、"团扇叶"及"大门"、"蠓虫"、"乌鸦"等,语言也十分平易通俗,如色彩及动作词汇"粉白"、"苍黄"、"摇摆"等。 在诗歌构思上,该诗也

---

① "Two poems", by Li Kwang-t'ien, Translated by Harold Acton and Chen Shih-hsiang(陈世骧), *T'ien Hsia Monthly*, Vol. 1, No. 4, November 1935, p.423.

没有大的情感跳跃，而以细腻的心理变化过程，来点染出苍茫迷惘的心情。阿克顿与陈世骧以直译的方式较好地保留了原作的语言特色与文体形式。这首诗带有鲜明的中国传统诗歌韵味与特色，注重对自然物象的描写，契合了阿克顿与陈世骧的翻译思想倾向。在两人的合译过程中，陈世骧的文学思想也开始逐渐受到阿克顿影响，如注重对中国古典文学的研究，在诗歌研究过程中注重对自然意象的阐发等。陈世骧曾写作了《中国诗歌中的自然》一文，指出中国诗歌的显著特征在于自然与人生的高度融合，这使得中国诗歌与西方诗歌迥然相异，而具有了独特内质："我们已经讨论过遥远的、无生命的天体以及风霜雨露怎样与人生密切地交织交融，我们不难想象人生与自然界的生物之间的交融和相互象征的程度，以致中国诗歌更因充满奇异的生活而显得五彩缤纷，借用一位现代中国诗人的话，简直'浓得化不开'。"[①]因此可以说，早年与阿克顿的合译经历及此后得到延续的合作关系[②]，深刻影响了陈世骧离国赴美之后的文学研究思想与路向，确立了陈世骧对传统文化的认同倾向。

综合考察凌叔华与朱利安·贝尔、邵洵美与项美丽、哈罗德·阿克顿与陈世骧合作进行文学翻译实践，我们可发现译者的主体性在翻译过程中起着较为关键的作用。合译者双方的文艺思想倾向与文学爱好，不仅影响着翻译文本的选择，还决定了翻译策略及方法的运用。当两者的翻译思想切近时，他们的翻译方法及策略较为一致。但当彼此的文学思想及文化观念显示出较大差异时，合译者双方中，外国译者会对原作进行重大改写，以迎合译入语读者的阅读习惯与文化心态。上述几个组合在英译过程中体现出的翻译策略趋同或背离的文化心态，既

---

① 陈世骧：《陈世骧文存》，陈子善编辑，沈阳：辽宁教育出版社，1998年，第70页。
② 两人在美国重聚之后还曾合作英译《桃花扇》。

为研究中国文学作品的英译模式与策略提供了有益的经验与启示,又在更广泛的意义上为研究译者主体性文化选择提供了有效的参照。

第二节 译作的选择标准

埃德加·斯诺曾在《活的中国——中国现代短篇小说选》一书的序言中,表达过当时西方知识分子渴望对中国知识界进行深入了解的愿望:

> 任何对周围环境略有感觉的人都会想了解中国知识界的活动,并加以探究。我就是这样的人。西方人——甚至中国人专门为西方读者所撰写的成百种"解释"中国的书并未满足我的要求。他们几乎都把过去作为重点,所谈的问题和文化方式都是早已埋葬了的。外国作家对中国的知识界差不多一无所知,而那些一般都是顽固不化、把变革看作洪水猛兽的汉学者总有意不去探索的。大部分中国作者则要末对现代中国加以贬低,要末用一些假象来投合外国读者之所好。
>
> 然而当我去寻找这种文学作品时,使我感到吃惊的是实际上没有这种作品的英译本。重要的现代中国长篇小说一本也没译过来,短篇小说也只译了几篇,不显眼地登在一些寿命很短的或是读者寥寥无几的宗派刊物上。①

斯诺揭示出 20 世纪 20 年代中国现代文学还没有获得英语

---

① 斯诺:《活的中国》,文洁若译,陈琼芝辑录,长沙:湖南人民出版社,1983 年,第 3 页。

世界的足够关注。自1917年新文学革命之后,中国现代文学在吸收西方文艺思想及借鉴西方文学表现方式的基础上,有了新的发展面貌;到20世纪30年代,中国现代文坛已经涌现出了体现新文学发展实绩的代表性作家与作品。尽管斯诺认为这一时期"没有产生什么伟大的文学",但作为反映现代中国社会的重要文学文本,"总具有不少的科学的及社会学的意义"。这表明对于仍然处于"进行时态"的中国现代文学,西方知识分子更多关注的是其思想性与社会意义,而较少研究其文学审美的艺术性。中国现代文学成为西方世界了解动荡的现代中国社会的重要窗口,这也体现了当时许多西方译者的思想倾向,即通过译介现代文学作家作品,来展示中国的社会现状以及广大民众的革命斗争活动。

从20世纪20年代末开始,中国现代文学逐渐得到各方力量的关注,被翻译成各种不同的语言向外传播。"在民国时期,政府并未鼓励和支持向外传播祖国文化的活动,也未建立官方的出版汉籍外译作品的专门机构,故外译汉籍者仅是散兵游勇,翻译何种汉籍全凭本人爱好,并无计划,而且有的译者纯属兴到为之。"[①]参与这一文学翻译潮流中的译者,大致可以分为两类。一类是掌握并精通西方国家语言、大部分曾留学海外的中国知识分子与外籍华裔的各国知识分子。他们尝试着译介中国现代文学作品,向外展示中国新文学的发展成就。如旅法的创造社成员敬隐渔较早为法国读者译介了《阿Q正传》;受斯诺选译中国现代短篇小说影响,姚克倡议各位编辑大力支持《天下月刊》全面翻译中国现代文学作品。第二类是自20年代末起来到中国的西方记者及文化人士。他们构成了另一种翻译主力,从各自不同的文化立场出发,选译中国现代小说、诗歌及戏剧作品介绍给西方读者。尽管他们的文学翻译中存在各

---

① 马祖毅、任荣珍:《汉籍外译史》,武汉:湖北教育出版社,1997年,第703页。

种文化偏见,但其译介活动表明他们已经开始关注中国现代文学发展成就,并逐步解读现代作家的创作思想内蕴与艺术审美特质。其中的代表人物有:斯诺在姚克、萧乾协助下编译《活的中国——中国现代短篇小说选》,哈罗德·阿克顿在陈世骧协助下编译《中国现代诗选》,伊罗生在鲁迅、茅盾帮助下翻译中国现代短篇小说集《草鞋脚》。除了以选集的形式将中国现代文学译文进行出版外,许多单篇的译作首先会发表在各种英文刊物上。中国出版的英文期刊《中国简报》①、《中国论坛》,中国人自办的《中国评论周报》、《天下月刊》,以及在美国出版的《亚细亚》、《今日中国》等报刊,都刊载过中国现代作品的英文译文,现代英文期刊成为中国现代文学向外传播的重要

---

① China in Brief《中国简报》于1931年6月创刊,由美国人威廉·阿兰出资创办,萧乾任文艺版主编,负责翻译中国现代文学作品。《中国简报》为英文周刊,是"关于文学、社会、艺术动向的文摘周刊"。虽然该刊存续时间很短(中国现代文学馆现存该刊的1931年6月1日第1期至7月29日第8期),但显示出了中国现代文学早期英译的成就。该刊宗旨是,"介绍现代中国文艺界的情势以及社会大众之趋向与其背景"。萧乾曾拟定一套编辑计划:(一)每期介绍二位中国当代作家,"述其身世、性格、作风,选择其代表作(指短篇)",准备陆续介绍蒋光慈、叶绍钧(圣陶)、张资平、周作人、谢冰心、丁玲、胡适、谢冰莹、苏曼殊、胡也频;(二)力求翻译介绍能够代表作者的文艺思想、作风特点,反映作者生活背景的作品;(三)计划出以下专号:"文学革命号"、"革命文学号"、"中国新诗坛号"、"南国戏剧运动号"、"北平小剧院运动号"、"国故派与白话文学派之战"、"语丝与新月社、创造社之论战"、"汉译西洋文学书目"。该刊先后译介了"鲁迅的《聪明人、傻子和奴才》、《野草》,郭沫若的《落叶》,茅盾的《野蔷薇》、《从牯岭到东京》,郁达夫的《日记九种》、《创作之回顾》,沈从文的《阿丽丝中国游记》,徐志摩的《自剖》、《灰色的人生》(诗),闻一多的《洗衣歌》(诗),章衣萍的《从你走后》"等作品。参见文洁若:《"萧乾作品选"序言》,《书屋》,2002年第5期。

载体。现以英文期刊 China Forum（《中国论坛》）、Chinese Literature（《中国文学》）及《天下月刊》为研究对象，通过分析三个处于不同文化语境中的期刊所刊载的现代文学作品译文之异同，来揭示中国现代文学英译所发挥出的多样化文化作用。

一、《中国论坛》对左翼作家作品的英译

China Forum《中国论坛》于1932年1月13日在上海创刊，前期为英语周刊，后16期改为中英双语双周刊。至1934年1月的3卷4期终刊，共存续39期。该刊由美国人伊罗生[①]

[①] 伊罗生的本名是哈罗德·R.伊萨克斯，1910年生，美国人。1930年毕业于哥伦比亚大学，1931年来华，任职于《大美晚报》和《大陆报》。后在上海主办《中国论坛》，兼任哈瓦斯通信社驻沪通讯员。1933年任中国民权保障同盟执行委员。1943年起历任美国《新闻周刊》副主编，麻省理工学院国际研究中心副研究员、政治学教授。著有《国民党反动的五年》、《中国革命的悲剧》、《亚洲殊无和平》、《心影录——美国人心目中的中国和印度的形象》等，编有《草鞋，1918—1933年中国短篇小说》。李辉在《伊罗生：卷进中国革命漩涡的美国记者》一文中述及伊罗生编辑《中国论坛》一事："伊罗生在1932年1月3日张贴出《中国论坛》的创刊启事：'《中国论坛》首先不是任何政党或团体的喉舌。但是，它将成为中国发表受到帝国主义、资产阶级和国民党的报纸的压制，或者视而不见，或者将之歪曲的消息和观点的媒体。'"《中国论坛》虽标榜不属于任何政党或社团，但其经费一部分由在上海的中共组织提供，一部分来源于伊罗生的薪水。刊物创办期间，伊罗生曾请陈翰生主持"观察家"专栏，以政论的方式为中共提供消息线索，并对左联遇难五烈士进行了关注，刊载作品配发照片，译介了丁玲、茅盾、鲁迅等人的新作。"这一切，使《中国论坛》不仅仅是一种宣传品，而更是一种富有活力的、有专业水准的刊物。"参见李辉：《伊罗生：卷进中国革命漩涡的美国记者》，《百年潮》，1999年第12期。

编辑出版。

30年代初期,这位取了华名伊罗生的美国青年思想左倾,经史沫特莱的介绍,与文化界名人鲁迅、蔡元培、宋庆龄等交了朋友。经他们的协助,他在上海主编了一份向国际做抗日宣传的英文刊物《中国论坛》。①

关于《中国论坛》的创办过程,茅盾在其回忆录中也曾提及:

一九三二年回到上海后,(伊罗生)在史沫特莱的建议与协助下,由他出面,于一九三二年一月十三日创办了英文刊物《中国论坛》。因为他的没有政治倾向的身份,从公共租界工部局取得办《中国论坛》的执照,比较容易。我和鲁迅是通过史沫特莱的介绍认识伊罗生的,当时他很年轻,才二十多岁。《中国论坛》出版了整整两年,在这期间我们与伊罗生常有往来,许多中国报纸不准刊登的消息,我们就通过《中国论坛》报道出去,例如"左联"五烈士被国民党反动派杀害的消息,就首先公开登在《中国论坛》上。②

伊罗生受鲁迅及茅盾等人的思想影响,对当时左翼作家创

---

① 董鼎山:《西边书窗》,上海:上海三联出版社,1997年,第45页。
② 单演义编:《茅盾心目中的鲁迅》,西安:陕西人民出版社1992年,第116页。

作及活动予以密切关注。自1932年1月20日第2期刊载胡也频《同居》英译文开始,在短短两年的时间中,《中国论坛》刊载了11位左翼作家的14篇小说译文①,目录如下:

表3-1 《中国论坛》英译的中国现代小说篇目

刊物期数	作者	作品
第1卷第2期	胡也频	《同居》
第1卷第3期	林疑今	《旗声》
第1卷第4期	郁达夫	《春风沉醉的晚上》
第1卷第5期	鲁迅	《约》
第1卷第6期	叶圣陶	《抗争》
第1卷第8期	柔石	《为奴隶的母亲》
第1卷第14期	鲁迅	《孔乙己》
第1卷第15期	殷夫	《血字》
第1卷第15期	应修人	《金宝塔银宝塔》
第1卷第16期	柔石	《一个伟大的印象》
第1卷第17期	白莽(殷夫)	《小母亲》

---

① 《中国论坛》停刊后,伊罗生继续将中国革命作家作品译介到西方,计划选编一本中国现代短篇小说集。后在鲁迅及茅盾的指导和帮助下草拟了作品篇目,包括23位作家26篇作品,由伊罗生译成英文。原拟书名为《中国被窒息的声音》,后定名为《草鞋脚》,请鲁迅题签并作序,于1935年编成。但当时未能出版,后经重编,于1974年由美国麻省理工学院出版社印行。1982年蔡清富依据英文版目录辑录中文原作而成《草鞋脚》,由湖南人民出版社出版。

续　表

刊物期数	作者	作品
第1卷第18期	茅盾	《喜剧》
第1卷第19期	张天翼	《二十一个》
第1卷第21期	丁玲	《某夜》

从以上目录可看出,《中国论坛》所选译的现代作家主要是以左翼作家为主,著名作家及青年作家兼顾,鲁迅、郁达夫等人都是享誉文坛的老作家,而胡也频、柔石、殷夫等则是文坛新秀。 上述作品的译文前都标有一行文字"Especially Translated For The *China Forum*",显示出乃译者特别为《中国论坛》翻译;这位被伊罗生邀约的译者便是 Sze Ming-Ting,原名 George A. Kennedy,中文名金守拙。 他1901年出生于杭州,1917年中学毕业后去美国读书,1926年至1932年间在上海停留,成为伊罗生信赖的译者①。 该刊所发表的作品内容大多以反映工农大众生活为主,揭示出当时中国黑暗的社会现实。"那时候,比较集中地向国外的读者介绍中国的进步作家及其作品这样的工作,还没有做过,尤其是左联成立以后涌现出来的一批有才华的青年作家,国外尚无人知晓。"②因此,从这个意义上可以说,《中国论坛》首次将中国现代左翼作家尤其是青年作家作品介绍给西方,具有重要的开拓意义。

作为带有强烈政治倾向的英文期刊,《中国论坛》成为进步知识分子反抗国民党统治当局、向外宣传革命斗争活动的政治

---

① 顾钧:《〈草鞋脚〉与〈中国论坛〉的关系》,《鲁迅研究月刊》,2016年第12期,第18—19页。
② 鲁迅、茅盾选编辑录:《草鞋脚》,长沙:湖南人民出版社,1992年,第4页。

媒介。该刊多次设立"国民党白色恐怖专辑",通过新闻图片报道与文化评论,抨击国民党政府对进步势力的压制与对左翼青年作家的迫害,真实有力地揭露国民党的罪行,也为争取国际进步势力的支持提供了舆论支持。《中国论坛》上的文学翻译成为其政治宣传的文化载体,译者更多从政治思想倾向上选择文学翻译译本;大部分作品都以现实主义表现方式为主,其中小说文本占有较大比重,因小说能更为直接地反映现实社会生活,具有更为鲜明的思想性与政治性意义。因此,《中国论坛》的现代文学英译以政治思想作为主要选择标准,表现出中国左翼政治力量力图以文学翻译寻求政治认同的倾向。

二、《中国文学》对"'五四'以来作品"的英译

Chinese Literature(《中国文学》)创刊于1951年10月,由中国外文局主办①,中国文学杂志社出版发行。该刊早期为不定期丛刊,1954年为季刊,1958年改为双月刊,1964年开始出版法文版,此后一直发行英法两种版本。"文革"期间未停刊,1984年改回季刊,直至2002年春季终刊。该刊创刊时的主要栏目有"论文"、"长篇小说"、"叙事诗"、"短篇小说"、"抗美援朝专辑"、"美术插页"等6个栏目,主要刊发古代文学作品、解放区及1949年后作家作品,内容多以表现工农兵生活为主。自1952年起设立"'五四'以来作品"专栏,刊载"五

---

① 鉴于西方对20世纪40年代起至50年代的新文学作品尤其是解放区文学作品了解甚少,时任中国对外文化事联络局副局长的洪深,邀请回国不久的叶君健创办一份刊物,向外传播解放区及1949年后的文学作品。此后杨宪益与戴乃迭也受邀加入刊物编辑工作。他们共同促进了《中国文学》的诞生与发展。

四"新文学以来的代表性作家作品①。《中国文学》在选译中国现代文学作品时，得到了中国作家协会及文联的指导意见，茅盾认为《中国文学》的主要读者对象为东南亚读者，"因此要多考虑亚非地区的实际情况，以争取中间甚至落后读者。刊物太'左'了，他们不易接受。刊物的内容应该具有多样性，多样性不能认为是拼盘"②。1959年对外文化联络委员会再次强调了选译"五四"文学作品的重要性，"因为'五四'新文化运动，对于亚、非、拉丁美洲的民族文化发展，将是有帮助和影响的"，为此应该提升"五四"文学作品选译的比例，"拟大体定为4（当代文学）、4（'五四'时期作品）、2（古典作品）的比例"③。此后《中国文学》逐渐改变了主要侧重当代文学作品的趋向，不断加大了对"五四"以来文学作品的译介力度。对《中国文学十五年目录索引（1951—1965）》④进行分析统计，笔者粗略整理出1951—1960年间该刊对"五四"以来作家作品的英译目录，表格如下：

---

① 其中中国现代文学作品的英译多由杨宪益、戴乃迭提供，两人为《中国文学》英文版的主要译作者。
② 《茅盾同志对〈中国文学〉编辑方针的意见》，《外文局五十年回忆录》，北京：新星出版社，1999年，第150页。
③ 《对外文委〈关于外文出版社出版的四种外文刊物编辑方针的请示报告〉》，《外文局五十年回忆录》，北京：新星出版社，1999年，第159页。
④ 该目录索引为内部使用资料，由中国文学杂志社1966年印行，书前有"说明"："《中国文学》自从1951年创刊以来，一直没有编印过刊物的目录索引，这对日常编辑工作和领导了解刊物的情况，很不方便；特别是在当前'文化大革命'中，对刊物的检查、批评尤其诸多不便。为此，我们特汇编了这本目录索引，少量印刷，供内部使用。"

表3-2 《中国文学》(1951—1960)英译的中国现代文学作品篇目

作家	作品	数量(篇)
鲁迅	《阿Q正传》、《药》、《孔乙己》等	25
茅盾	《林家铺子》	1
艾芜	《石青嫂子》	1
柔石	《为奴隶的母亲》	1
叶紫	《丰收》	1
张天翼	《新生》	1
许地山	《枯杨生花》、《春桃》	2
沙汀	《磁力》、《一个秋天的晚上》	2
郁达夫	《薄奠》、《春风沉醉的晚上》	2
老舍	《月牙儿》	1
朱自清	《背影》、《匆匆》、《房东太太》、《荷塘月色》等	5
郭沫若	《凤凰涅槃》、《女神之再生》、《地球,我的母亲》	3
王鲁彦	《桥上》	1
萧红	《手》	1
王统照	《五十元》、《湖畔儿语》	2
吴组缃	《一千八百担》	1
叶圣陶	《多收了三五斗》	1
闻一多	《死水》等	4

续 表

作家	作品	数量（篇）
胡也频	《一个穷人》	1
殷夫	《孩儿塔》、《让死的死去吧》	2
魏金枝	《奶妈》	1
夏衍	《包身工》	1

从上表可看出，《中国文学》创刊初期对"五四"以来的现代文学作品给予了充分关注。其选译的作品包含各种体裁，小说、诗歌、散文，而小说作品占据主体，戏剧作品未曾涉及。从所选译的作家来看，以鲁迅为首的左翼作家仍然成为被译介的主要对象，同时也兼顾其他不同创作倾向的作家，如朱自清、老舍、闻一多等。这些作家的作品以反映旧社会的大众生活为主要内容，通过展现民众艰难困苦的生存境遇，来揭示他们顽强的生命力与伟大的革命斗争精神。这一文学主题暗合了新中国成立初期"共名"状态下的文学主旋律，即以批判旧中国的黑暗社会现实来赞颂新社会的伟大，讴歌人民的革命斗争精神。作为国家赞助出版的对外宣传刊物，《中国文学》在选译中国现代文学作品时体现出了一定的多样性，没有刊载"配合外交斗争的政治性文件"，而是"主要通过作品的思想和艺术形象来反映我国人民的革命斗争和社会主义建设事业，同时通过作品、文学评论、报道来阐明我们的文艺方向和建设社会主义民族新文化的势力"[①]。

[①] 《对外文委〈关于外文出版社出版的四种外文刊物编辑方针的请示报告〉》，《外文局五十年回忆录》，北京：新星出版社，1999年，第159页。

三、《中国评论周报》《天下月刊》对中国现代作家作品全面英译

《中国评论周报》"小评论"专栏、《天下月刊》"翻译"专栏都曾刊载中国现代作家作品译文。"小评论"所刊译文多为现代小品文,主要从《论语》《人间世》等林语堂所编辑创办的中文刊物上选择译出,如将老舍、姚颖、老向的幽默小品文进行了英译。而真正对中国现代文学作品进行全面英译的是《天下月刊》。该刊编辑姚克受斯诺编译《活的中国——中国现代短篇小说选》思想影响,曾建议主编温源宁加强对现代文学作品的英译,这一主张在刊物编辑过程中得以充分践行。《天下月刊》在存续的6年时间中,对中国现代文学作品进行了全面而系统的译介,详细目录如下:

表3-3 《天下月刊》英译的中国现代文学作品篇目①

作者	原作及发表时间	译文刊载期数	译者	文体
鲁迅	"Looking Back to the Past"《怀旧》原载1913年4月《小说月报》	1938年2月第6卷第2期	冯余声	小说23部
	"A Hermit at Large"《孤独者》原载1926年《彷徨》小说集	1940年5月第10卷第5期	王际真	
	"Remorse"《伤逝》原载1926年《彷徨》小说集	1940年8—9月第11卷第1期		

---

① 本人在博士论文中已全面梳理《天下月刊》上现代文学作品英译篇目,此处参照彭发胜论文《〈天下月刊〉与中国现代文学的英译》(《中国翻译》2011年第2期),做了一定修改校正。

续　表

作者	原作及发表时间	译文刊载期数	译者	文体
沈从文	"Green Jade and Green Jade"《边城》原载1934年1—4月《国闻周报》	1936年1—4月第2卷第1—4期	项美丽、辛墨雷（邵洵美笔名）	
	"Hsiao-hsiao"《萧萧》原载1930年《小说月报》	1938年10月第7卷第3期	李宜燮	
	"Old Mrs. Wang's Chickens"《乡城》原载1940年6月24日《大公报》文艺副刊	1940年12月—1941年1月第11卷第3期	失名（杨刚笔名）	
巴金	"Star"《星》	1937年8—11月第5卷第1—4期	任玲逊	
冰心	"The First Home Party"《第一次宴会》原载1929年《新月》第6—7号	1937年3月第3卷第3期		
萧红	"Hands"《手》原载1936年1卷1号《作家》杂志	1937年5月第4卷第5期		
谢文炳	"The Patriot"《匹夫》原载1936年《东方杂志》第9号	1936年9月第3卷第2期		
叶圣陶	"A Man Must Have a Son"《遗腹子》原载1926年9月《一般》月刊	1938年4月第6卷第4期		
鲁彦	"Good Iron is not for Nails"《重逢》	1940年2月第10卷第2期		

续表

作者	原作及发表时间	译文刊载期数	译者	文体
老舍	"They Gather Heart Again"《人同此心》原载 1938 年 7 月《抗战文艺七》	1938 年 11 月第 7 卷第 4 期		
老舍	"Portrait of A Traitor"《且说屋里》原载 1936 年《蛤藻集》	1941 年 8—9 月第 12 卷第 1 期	叶公超	
杨振声	"Revenge"《报复》原载 1934 年《大公报》文艺副刊	1938 年 5 月第 6 卷第 5 期	马彬和、项美丽	
凌叔华	"What's the Point of It?"《无聊》原载 1934 年《大公报》文艺副刊	1936 年 8 月第 3 卷第 1 期	凌叔华、朱利安·贝尔	
凌叔华	"A Poet Goes Mad"《疯了的诗人》原载 1928 年《新月》	1937 年 4 月第 4 卷第 4 期	凌叔华、朱利安·贝尔	
凌叔华	"Writing a Letter"《写信》原载 1931 年《大公报》"万期纪念号"	1937 年 12 月第 5 卷第 5 期	凌叔华	
姚雪垠	"Chabancheh Makai"《差半车麦秸》原载 1938 年《文艺阵地》	1938 年 12 月第 7 卷第 5 期	马耳(叶君健)、陈依范	
吴岩	"Departure"《离去》原载 1938 年《文艺阵地》	1939 年 3 月第 8 卷第 3 期	马耳(叶君健)	
王思玷	"Lieu Shih"《偏枯》原载 1922 年《小说月报》	1940 年 3 月第 10 卷第 3 期	毛如升	

续　表

作者	原作及发表时间	译文刊载期数	译者	文体
俞平伯	"Florist"《花匠》原载1919年《新潮》	1936年8月第3卷第1期	伍铭泰	
田涛	Hou Fumakou《山窝里》原载1938年《战地剪集》	1940年12月—1941年1月第11卷第3期		
徐志摩	"Chance Encounter"《偶然》原载1926年5月27日《晨报副刊·诗镌》第9期	第10卷第2期 1940年2月	Arno L.Bader, 毛如升译	诗歌13首
邵洵美	"The Garden of Yesterday"《昨日的园子》原载1928年出版的诗集《花一般的罪恶》			
卞之琳	"The Monk"《一个和尚》原载1936年出版的诗集《汉园集》			
闻一多	"The Dead Water"《死水》原载1928年诗集《死水》	1935年8月第1卷第1期	哈罗德·阿克顿、陈世骧	
卞之琳	"The Return of the Native"《还乡》原载1934年1月《文学季刊》	1935年9月第1卷第2期		
戴望舒	"My Memory"《我的记忆》	1935年10月第1卷第3期		
	"Fly in Autumn"《秋蝇》原载1929年《我的记忆》			

续 表

作者	原作及发表时间	译文刊载期数	译者	文体
李广田	"A Journey"《旅途》原作于1933年10月	1935年11月第1卷第4期		诗歌13首
	"The Shooting Star"《流星》原作于1934年11月			
邵洵美	"Serpent"《蛇》	1935年8月第1卷第1期		
	"Voice"《声音》原载1936年《诗二十五首》	1937年8月第5卷第1期	邵洵美、哈罗德·阿克顿	
梁宗岱	"Souvenir"《途遇》	1936年1月第2卷第1期	梁宗岱	
	"Vespers"《晚祷》原载1925年同名诗集			
曹禺	"Thunder and Rain"《雷雨》原载1934年《文学季刊》	1936年10月至1937年2月第3卷第3期至第4卷第2期	姚莘农（姚克）	戏剧2部
姚莘农	"When the Girls Come Back"《出发之前》	1936年8月第7卷第1期	姚克	

　　从上表可看出，《天下月刊》对中国现代文学的翻译，包含各种文体不同风格的作品，小说、诗歌、戏剧皆有选择，从现实主义风格到现代主义风格都有体现。从翻译时间来看，沈从文的《边城》、《乡城》与曹禺的《雷雨》，原作与译作发表时间间隔较短。《边城》原载1934年1—4月《国闻周报》，后经邵洵美与项美丽合作译成英文刊于1936年1—4月《天下月刊》；《乡城》原载1940年6月24日《大公报》文艺副刊，后经杨刚译成英文刊于1940年12月至1941年1月期间的《天下月刊》；《雷雨》

原载 1934 年《文学季刊》第 1 卷第 3 期,后经姚克英译刊发于 1936 年 10 月至 1937 年 2 月期间的《天下月刊》。 邵洵美及姚克是中国现代文学在场者,对小说及戏剧艺术所具有的高度敏感与专业品鉴,促成他们及时译介这些新近发表的文学力作,推动中国现代文学传播到海外,为建构现代文学作品经典化奠定了最初的基础。 从翻译的模式来看,《中国论坛》上中国现代文学的译者主要是金守拙作为单一译者,而《天下月刊》的译者包含了自译、他译及合译等各种形式。 自译者包括凌叔华、姚克等人,凌叔华创作的《写信》收录在小说集《小哥俩》中,此后其英译发表在 1937 年 12 月的《天下月刊》上;姚克自译独幕短剧《出发之前》刊于 1936 年 8 月的《天下月刊》上。 合译模式包括哈罗德·阿克顿、陈世骧合译中国现代新诗,项美丽、邵洵美合译沈从文《边城》,凌叔华、朱利安·贝尔合译凌叔华小说,这些中外合译组合的译文不仅见证了中外知识分子的文化交往活动,也促进了中外文学思想的交融。 除去自译与合译以外,大量的译作都是他译的方式,译者包括王际真①、任玲逊②、

---

① 王际真,1921 年毕业于清华大学,翌年赴美就读于威斯康星大学。 1924 年开始在哥伦比亚大学学习,历时三年。 1929 年在哥伦比亚大学任中文系讲师,1958 年升为教授。 在 20 世纪 20—40 年代,曾将中国古典与现代文学作品陆续译成英文向外传播。 其中 1929 年节译本《红楼梦》因文笔流畅,在英美广为流行。 此后曾英译多部现代文学作品。
② 任玲逊,1924 年入燕京大学,曾任国民党政府中央通讯社首任英文部主任,1942 年任中央社香港分社主任,1944 年任中央社伦敦分社主任,后任中华民国驻美大使馆新闻参事。 1939 年曾主编英文刊物《中国》半月刊。 其所英译的巴金的《星》、萧红的《手》分别由香港齿轮编译社于 1941 年、远方书店于 1943 年出版单行本、英汉对照本。

马耳①等人。《天下月刊》所选译的作家不仅包含鲁迅、萧红、鲁彦等带有左翼文学创作倾向的作家，还囊括了沈从文、杨振声、凌叔华等京派作家。从译者角度考察，该刊中国现代文学英文译者除了刊物自身编辑之外，大部分是刊物外译者，如王际真、任玲逊、马耳等。此外，从作品的内容及主题来看，所选译的作品不再集中于某一类型题材的作品。作为能够保持一定文化交流自由性与独立性的刊物，《天下月刊》在创刊初期能够秉持多元化的原则，将各种不同题材与风格的现代文学作品进行英译。其中有揭露和抨击旧式思想的作品，如叶圣陶的《遗腹子》通过叙写一对青年夫妇想要生男孩而未如愿的故事，批判封建旧式思想对青年精神的束缚。《天下月刊》的译作中也有反映女性生活与精神境遇的作品，如冰心的《第一次宴会》描写女主人新婚后宴客的情形，融合女性对小家庭生活的追求与对母亲的思念心理挣扎过程，这篇小说仍然未脱离冰心文学中母爱的主题表现，但揭示出女性在追求个体生活过程中的心理境遇。萧红的《手》是其力作之一，在其文学生涯中占有重要地位。《手》讲述了一个乡下染匠的女儿满怀读书的理想来到城里念中学的故事：一双因劳动而染黑的手，使得她受尽歧视，难以融入学校生活，最后被赶出校门。这篇小说不仅题材独特、表现深刻，而且艺术上显现出成熟的品质，历来被看作萧红的代表作。此外，还有反映农村生活题材的作品，如

---

① 马耳，叶君健笔名。叶君健1936年毕业于武汉大学外文系。1938年在武汉国民政府军事委员政治部第三厅从事国际宣传工作，同年参加发起成立中华全国文艺界抗敌协会，在香港主编英文刊物《中国作家》。1949年归国，历任辅仁大学教授、文化部外联局编译处处长、外文版《中国文学》副主编、中国作家协会书记处书记、中外文学交流委员会主任等职务。

《偏枯》是王思玷的代表作,以细腻的笔触描写了一个农民贫病交加、妻离子散的凄惨故事,艺术上也带有独特的风格。王思玷往往不为文学史家注意,其实他早在1922年发表《偏枯》时就表现出了较高的文学才情,译者毛如升独具慧眼将其译出,目的在于展现旧中国农民的深重苦难。因此可以说,《天下月刊》所选择的现代文学作品,大多带有中国知识分子个性主义的色彩。作为能够保持一定文化交流自由性与独立性的刊物,《天下月刊》编辑作者更多从自身的文艺思想倾向与对作品的喜好角度,来选择不同的译本,维护了译者的自主性与译作选择的多元性,体现出中国现代知识分子的自我文化认同。

聚集在《中国评论周报》与《天下月刊》周围的中国现代知识分子大多留学欧美,受西方文化影响较大,奉行个性化艺术的主张,追求个性主义思想,形成了独特的文化观念。因此他们选译的现代文学作品主要以反映知识分子的生活与思想为主,如《孤独者》、《伤逝》、《第一次宴会》、《无聊》等作品表现出个体生存境遇与心灵挣扎;此外,如《复仇》、《写信》等作品则通过描写普通民众的生活来表现人性的觉醒。"五四"新文学是"人的文学",表现人的主体意识的觉醒。欧洲自文艺复兴以来兴起的人文主义精神与思想,成为"五四"新文学重要的文化参照。中国现代作家以文学创作的方式来表现现代中国人精神觉醒的历程,从对自我的写照到对大众生活的描绘,从诗歌戏剧的写意性表现到小说散文的现实性书写,文本中充盈着人的主体性精神光芒,而这种主体精神构成了中国现代知识分子文化身份的重要特征。如果说作家通过文学的表意实践来寻求对一种崭新的自我文化身份的建构,那么中国现代知识分子对这些作品的译介,则在一定意义上实现了对这种现代性文化身份的自我认同。"知识分子这种对'人'的现代身份诉求无疑已构成中国文学走向现代的重要契机。在此基础上，这种诉求不但直接地建构起知识分子作为现代中国'文化精英'、'社会良心'的重要角色，而且较为明显地掀起了一场文化文学的现代变革。在某种意义上可以说，知识分子的身份认同过程和现代中国文化文学的发生有着同构性关系。"①

但到了后期，这种个体发声很快被国家民族的抗战诉求所取代，汇入抗战救亡的时代主流中。1937年之后，《天下月刊》"翻译"专栏选译的作品大部分都是以抗战为主题。除了巴金的《星》、老舍的《人同此心》等老一代作家反映抗战时期知识分子思想转变的作品之外，其他如姚雪垠的《差半车麦秸》、田涛的《山窝里》等作品大多都是青年作家以描绘民众抗战生活。此种趋向反映出中国知识分子抗战爱国的热忱，他们试图借文学来揭示如火如荼的中国民众抗战精神，同时这也与二战后世界范围内左翼文艺运动相呼应，这些抗战题材的作品也为西方进步人士了解中国抗战进程提供了有效的载体。"20世纪30年代，世界性的左翼文艺运动和民族危亡的时代意识进一步加强了现实主义文学的价值取向，并影响了以后的文学翻译择取，从而决定了中国现代翻译文学的基本走向和特征。文学翻译的选择与时代的主体紧密地联系在一起。"②因此，《天下月刊》对抗战题材作品的英译，表现了中国现代知识分子对民族文化的强烈认同，力图以对外文学翻译来实现民族认同，凝聚抗战精神，化解民族危机。

综合上述几个刊物对中国现代文学作品的英译情况，可发

---

① 潘艳慧：《〈新青年〉翻译与现代中国知识分子身份认同》，济南：齐鲁书社，2008年，第1页。
② 谢天振、查明建主编：《中国现代文学翻译史》，上海：上海外语教育出版社，2004年，第8页。

现其中存在某些共同的倾向。首先，小说作品成为文学翻译的主要文本，新文学发展过程中重要作家的小说作品都在上述几个刊物上得到了译介。这一倾向，与中国现代文学翻译史上注重对外国小说翻译的趋向一致。"在文学翻译中，小说翻译无疑是主流，无论是译作的数量、读者的反响，还是对译入语文化的影响，都是文学翻译中最引人注目的。"①中国近现代翻译家力图通过译介外国小说，吸收西方文艺思想，来实现推动社会启蒙、促进文学革新的政治与文化目标。而与外国小说的"译入"不同的是，中国现代小说的"译出"则体现出译者独特的翻译目标。中国现代小说是新文学发展过程中，迅速完善成熟起来的文学样式；小说名家辈出、名作涌现，体现出新文学的发展实绩。中国现代文学英译者大量译介小说作品，意图是向外展示中国新文学发展成就，打破西方学界大多关注中国古典小说的格局，推动中国现代小说向外传播。此外，小说作为叙事性文体，更易于反映社会现实生活。中国现代小说作品是中国历史进程的文学表征，以现实主义的表现方式展示出现代中国社会政治、经济、文化等各个方面的现实生活。中国现代小说丰富的文化与思想内蕴，满足了西方读者渴望了解中国的阅读期待视野。进入20世纪以后，中国成为西方世界关注的东亚焦点，各国政府及知识分子急切想要了解中国社会情况。因此，从文学翻译的接受者角度来考察，中国现代小说英译拥有庞大的潜在读者群体。西方读者正是通过各种不同形式的中国现代小说英语译本获取了有关中国社会生活各个层面的丰富信息。

此外，意识形态是影响译者对文学翻译文本选择的主要因

---

① 谢天振：《翻译研究新视野》，青岛：青岛出版社，2003年，第154页。

素之一。进入20世纪下半叶,翻译理论研究发生了重要转向①,研究者越来越重视对文学翻译的外部研究。文学翻译所处的文化情境与意识形态、译者主体思想以及读者阅读期待视野等成为文学翻译理论新的研究领域。在翻译理论的文化学转向中,美国著名翻译理论家安德烈·勒菲弗尔提出了"操控论"思想,认为意识形态②、诗学和赞助人(Ideology, Poetics, Patronage)是影响文学翻译的三个基本因素。以此种理论观照20世纪中国文学翻译发展史,不论是"译入"还是"译出",政治意识形态始终是影响文学翻译发展倾向的重要因素。"20世纪中国的文学翻译存在两种价值取向,一种是满足政治的诉求,另一种是满足文学发展的需要。这两种取向在大多数情况下并不能协调,因为能满足时代政治诉求的作品并不一定具有很高的文学价值;而能为文学创作提供借鉴的作品,其思想性又不一定符合时代主题的要求和意识形态的规范。文学翻译常常就处于这种两难选择中。但从总体上看,20世纪中国的文学翻译基本

---

① 谢天振在其著作中指出,当代西方的翻译研究开始发生重要变化,其中一个最引人注目的变化就是:不再局限在以往单纯的语言文字的转换或是文学文本的风格、翻译的标准等问题上,研究者从各个领域切入翻译研究,除了语言学、文学、外语教学外,还有哲学、社会学、心理学甚至电脑软件开发,以及各种各样的当代文化理论。其实,即使是所谓的语言学派的翻译研究,到后来也不可能局限在纯粹的语言转换层面而不进入文化研究层面。如奈达,他从功能对等到动态对等,就已经涉及不同文化语境对翻译等值的影响。所以,越来越多的学者开始从文化层面上审视、考察翻译,就某种意义而言,翻译研究正在演变为一种文化研究,成为当代西方翻译研究中的一个趋势。参见谢天振:《翻译研究新视野》,青岛:青岛出版社,2003年,第16页。
② 文学翻译的意识形态是指翻译行为的时代背景与解释系统,包含文化意识形态与政治意识形态。

上都是以满足时代政治的诉求为翻译价值取向。"①这里的文学翻译是指"译入"的过程要受到意识形态的影响,同样,在"译出"的过程也即对中国现代文学的对外翻译过程中,政治意识形态也具有较大的"操纵"作用。虽然在一定程度上,中国现代知识分子能够从自我现代性文化认同出发,以展现中国现代文学成就为诉求,可以较为自由地选择不同风格的现代文学作品进行英译;但在特定的历史时代情境中,国内外的政治意识形态影响了译本的选择,对现代文学的英译往往体现出对政治认同甚至是民族认同的建构。

作为处于不同历史时代情境中的三个刊物,《中国论坛》、《天下月刊》、《中国文学》都先后对中国现代文学作品进行英译,力图将现代文学介绍给西方读者。每个刊物译者在选择作家作品进行英译的过程中,大都无法脱离其所处的意识形态系统,尤其是政治意识形态。《中国论坛》的创办及存续,左翼政治思想意识形态是操纵其文学翻译的主要因素,即通过翻译介绍左翼作家(重点是青年作家)的文学作品,来表达对国民党政府白色恐怖活动的控诉与批判,有效获取国际社会对左翼作家的理解与支持。此时政治意识形态不仅操纵文学翻译的文本选择,而且进一步强化了它的政治认同倾向与功能。《中国文学》是新中国成立后发行的第一本向西方国家译介中国文学的英文刊物,作为那个"共名"时代中的文化传媒,它不可避免地烙印上了主流政治意识形态的痕迹。1949年后,政府十分注重对外宣传工作,自1950年起,英文版《人民中国》、《人民画报》、《中国文学》、《中国建设》、《北京周报》等相继创刊,向西方国家展示中国崭新的社会生活;并通过译介中国文学作

---

① 查明建:《文化操纵与利用:意识形态与翻译文学经典的建构——以20世纪五六十年代中国的翻译文学为研究中心》,《中国比较文学》,2004年第2期,第88页。

家作品,展现中国古代文学的优秀文化传统及新文学发展成就,由此构建对政治及国家的认同。因此,《中国文学》所译介的"五四"以来的现代文学作品,要承载对外政治宣传的功用,必然要符合当时政治意识形态操纵下的主流文学标准,即"政治标准第一,艺术标准第二"。作为国家行为意义上、而非完全译者个人行为意义上的文学翻译,在政治意识形态的掌控下,实现了对现代文学英译作品的潜在选择,以此构建出西方读者视野下中国现代文学的"经典"文本。同样,《天下月刊》中的文学翻译不可能完全超越于其所处的政治意识形态的操纵。作为中山文化教育馆所支持创办的刊物,《天下月刊》努力践行着孙中山的文化思想,即倡导中西文化交流;因而其早期的文学翻译能够保持相对的独立性与多元性。但随着抗日战争的爆发,文学成为重要的政治宣传载体。承载着对外政治宣传功能的现代文学英译,此时通过译介反映抗战题材的文学作品,向外展示出战时中国民众的生存境况以及军民奋勇抗战的可贵精神。从1937年8月第5卷第1期开始,《天下月刊》翻译了14部现代文学作品,其中7部与抗战题材有关,展现了抗战进程中广大民众的生活状况与精神面貌。这一时期文学翻译中的"译出",不仅使得中国现代文学汇入了世界范围内的反法西斯文学潮流中,实现了中国抗战文学与国际文学的对话与交流;同时,这些译作还以文学的形式真实表达出中国反抗法西斯的政治主张,有力促进了中国抗战的政治宣传,推动了世界反法西斯文学阵营的形成[1]。因此,中国现代知识分子在《天下月刊》上对现代文学作品的英译体现了现代性自我文化认同与政治认同、民族认同的多元化倾向。

文学翻译作为一种跨文化交流的活动,在不同国家、不同

---

[1] 严慧:《超越与建构——〈天下〉与中西文学交流(1935—1941)》,北京:光明日报出版社,第172页。

民族之间构筑起文学及文化交流之桥。"本来,不同民族的文学因为语言文字不同,根本无法互相欣赏、互相借鉴、互相影响。在彼此隔绝、交流受阻的情况下,每个民族文学只能在本民族的文学系统内,进行封闭性的循环创造。"①文学翻译出现之后,则完全打破了这种封闭状况。一个国家或一个民族的文学作品被译成他国的语言和文字,使得两个国家与民族之间的文学及文化交流得以实现,并对译入语国家与民族的文学创作与文学发展产生深远影响。然而,不同国家与民族的文化发展往往处于不均衡的状态,彼此之间的文化交流总是不对等的。处于强势文化国家的文学作品被大量翻译成各种其他弱势文化国家的文字向外传播,从而对后者产生巨大的文化影响力。如英美两国在19世纪以来一直处于世界文化格局中的主导地位;这使得英美两国的文学作品在很长一段历史时间内得到广泛翻译,扩大了英语文学在世界的传播,也促进了译入国文学思想的革新与文化观念的转变。中国现代翻译家对英美文学作品的大量"译入",即体现了这一文化趋向。文化交流是一个双向性过程,决定了交流双方之间文化的相互作用与影响。因此文学翻译不仅需要"译入",吸收别国文学及文化思想推动本国文学的发展,同时还需要源源不断地"译出",促进本国与本民族文化走向世界的进程,丰富世界文学及文化的内容。文学翻译不仅拓展了民族文学的视域,"同时还具有使民族文学得以站在全人类文学基础上进行创造的功能"②。德国大文豪歌德曾提出过"世界文学"的概念,他预言世界文学的时代将会到来,"一切民族的生活,无不处于世界性的交流之中;一切民族文学

---

① 邵培仁:《文学翻译:跨文化沟通的桥梁》,《淮阴师专学报》,1992年,第14卷第1期,第76页。
② 邵培仁:《文学翻译:跨文化沟通的桥梁》,《淮阴师专学报》,1992年,第14卷第1期,第76页。

的生存和发展,无不系于世界性的交流之中"①,而文学翻译则是实现这一图景的重要推动力。因此,从文学交流的角度来看,中国文学作品的"译出",对中国文学及文化的向外传播有着十分重要的意义。"回顾人类的文明历史,世界上各个民族的许多优秀文学作品正是通过翻译才得以世代相传,也正是通过翻译才得以走向世界,为各国人民所接受。"②那么中国文学翻译活动,在广泛译介外国文学作品的同时还须注重将中国文学"译出","我们现在应不失时机倡导文化研究的翻译转向,充分发挥翻译的文化功能和影响,把翻译的重点从外译中转变成中译外,要把古代的、现当代的中国文化文学精品翻译成世界上的主要语言——英文,使它们在世界上有更多读者,好让英语读者对中华文化文学'知之、好之、乐之'"③。文学是文化的重要表征,中国文学在被译介传播到国外的过程中,必将推动中国文化走出国门、走向世界。19世纪以来,世界各国与各民族之间的文化交流越来越频繁,文化碰撞与融合不断加剧。在这一历史进程中,唯有将中国文学译介入世界文学的集合体中,在丰富世界文化多样性的同时,有力展示中国文学的民族文化特性。"如果说,19世纪末20世纪初以来的百余年间,中国的知识精英通过译介西方文化思想和社会经济科学信息来促进中国的现代化;那么,当我们在新世纪迎接全球化的挑战时,作为国家对外交往的重要组成部分,则应更加注重向世界介绍中国和中国文化。西学仍在东渐,中学也应西传。中国

---

① 曾小逸主编:《走向世界文学》,长沙:湖南人民出版社,1985年,第24页。
② 谢天振:《翻译研究新视野》,青岛:青岛出版社,2003年,第131页。
③ 杨自俭主编:《英汉语比较与翻译》,上海:上海外语教育出版社,2002年,第435页。

五千年悠久而璀璨的历史文化不仅属于中国,也属于世界,中国理应对新世纪世界文化格局的形成和发展做出自己的贡献。"①因此,对外文学翻译作为构建民族文化认同的主要途径,理应受到高度重视,即倡导对中国文学进行广泛的向外翻译,其中包括年轻的现代文学作品,以文学翻译的形式构建民族文化认同。

---

① 蔡武在2007年4月北京中译外高层论坛上的讲话,转引自潘文国:《中籍外译,此其时也——关于中译外问题的宏观思考》,《杭州师范学院学报》,2007年11月。

第四章
"自我"认同与民族想象(二)

本章分析、解读《中国评论周报》、《天下月刊》上有关中国现代文学的评论。两刊编辑作者以新闻报道、人物随笔、文化专论及书评等形式，对鲁迅、徐志摩、丁玲、谢冰莹、凌叔华等中国现代作家的生平经历及文学创作进行介绍与评论，向英语世界读者展现了中国现代文学的发展成就；在对中国现代文学的多样化评论中，中国现代知识分子表现出了寻求自我文化身份建构与民族文化认同的选择倾向。

20世纪20年代之后,国外研究者对中国现代文学及文化的研究逐渐脱离传统汉学研究范畴,成为一个日益独立的门类。中国现代文学作为社会生活的形象反映,被国外研究者看作解读中国问题的重要文本。温源宁在1937年5月《天下月刊》的编辑评论中揭示出了西方报刊对中国现代文学的关注:"最近几期 Life And Letter Today 杂志显示出英国对中国当代文化的极大兴趣,刊登了相当一部分相关文章与译文: Nym Wales 的《中国现代文学》,斯诺翻译了巴金的《狗》和张天翼的《变化》,还有一组现代诗。英文刊物一般刊发中国经济政治方面的内容,文化方面几乎没有,编辑们似乎遗忘了中国当代文化艺术。Life And Letter Today 所登的中国文学方面的内容,不仅表示英国开始关注中国文化,也为其他欧洲杂志起到一个榜样作用。"[1]然而国外研究者因带着"东方主义"的有色眼镜,对中国现代文学及文化的了解不免带有隔膜与偏见。"需要看到的是,国外学者毕竟很难有中国人那样的切身体验,他们限于对中国文化、文学趣味、社会背景等方面的了解,有时是难以对中国文学现象做出准确的评判的。特别是在论及作品产生的社会或传统的原因时,难免常常出现隔靴搔痒的印象式批评或

---

[1] Wen Yuan-ning(温源宁):"Editorial Commentary", *T'ien Hsia Monthly*, Vol. Ⅳ, No. 5, May 1937, p.459,译文转引自严慧:《超越与建构:〈天下〉与中西文学交流(1935—1941)》,北京:光明日报出版社,2011年。

主观的臆断。"①为了更为全面而客观地译介中国现代文学作品,早在20世纪二三十年代,中国知识分子便开始在《中国评论周报》与《天下月刊》上发表有关中国现代文学的研究专论,以新闻报道、人物随笔、文化专论及书评等形式,对鲁迅、丁玲、徐志摩、老舍、谢冰莹、凌叔华等人生平及创作进行介绍与评论。这些文学评论向英语世界读者展现中国现代文学的发展成就,揭示现代作家文学创作的文学思想与艺术特色。与外国知识分子相比较,中国知识分子对现代文学的研究显示出强烈的文化主体性。中国现代知识分子作为历史进程的"在场者",他们对于现代文学的发展有着更为直接而深切的感知与认识。如果说中国现代知识分子对现代文学的英译表现出对原作所蕴含的文化思想的肯定与认同,那么他们对中国现代文学的评论,则以总体阐发的方式对中国现代作家的思想与精神进行了更深入的观照与阐释;如对鲁迅进步思想的阐发,对徐志摩个性主义思想的解读,以及对庐隐、丁玲等作家女性主义思想的揭示,这些思想作为中国现代文化的丰富内涵,成为中国现代知识分子构建现代文化认同的重要载体。此外,两刊还发表了大量有关抗战文艺的评论,不仅展现了战争状态下中国文学的发展历程,还揭示了中国民众的抗战热情与精神。这些抗战文学评论与当时反映抗战的文学作品共同构成了中国民众的"民族想象",表现出中国现代知识分子力图通过文学评论建构民族认同、凝聚民族精神抗击外敌的文化诉求。

---

① 温儒敏:《国外中国现代文学研究述略》,《辽宁师大学报(社会科学版)》,1984年第1期。

第一节 展现鲁迅、徐志摩的文学成就与思想

一、有关鲁迅的评介

作为中国新文学的先驱,鲁迅的文学作品及文化思想较早被译介"走出"国门,传播入英语世界国家;现代英文报刊上刊载了大量有关鲁迅的研究资料,成为推动鲁迅向外传播的重要媒介。商务印书馆于1926年出版了美籍华人梁社乾(George Kin Leung)翻译的《阿Q正传》英译本,并在1926年10月31日《大陆报》上发布图书宣传广告"THE TRUE STORY OF AH Q"(梁社乾译《阿Q正传》),这是较早宣传鲁迅小说英译本的图书广告。1927年10月,时任北京大学教授的美国学者巴特莱特撰写了《新中国的思想界领袖鲁迅——关于鲁迅与我》,发表在美国出版的《当代历史》当年第10期上,算得上现代英文报刊上较早介绍鲁迅的文章。此后,在英、美等国及北京、上海等地的英文报刊上出现了大量鲁迅及其作品的新闻报道及译介文章。从出版国家及地域来看,这些英文报刊包括在英国出版的《今日生活与文学》,在美国出版的《当代历史》、《小说杂志》、《亚洲》、《今日中国》等众多报刊。《亚洲》杂志曾经在现代国人自办英文刊物《天下月刊》上长期刊登广告以吸引中国读者,与中国知识界建立了密切往来与互动:斯诺于1935年1月在该刊发表评论文章《鲁迅——白话大师》,此后姚克在该刊发表《药》、与斯诺合译的《风筝》等鲁迅小说的英译文。同时,中国境内出版的《字林西报》、《密勒氏评论报》、《大陆报》、《中国论坛》、《中国评论周报》、《天下月刊》、《中国文摘》等众多英文报刊都刊载过有关鲁迅的研究资料。《密勒氏评论报》、《大陆报》作为当时享有盛名的英文大报,刊登过鲁迅的版权声明、小说英译译文及有关鲁迅逝

世的新闻报道；其中《大陆报》在 1935—1936 年间先后刊登过由林疑今、林玉霖等人翻译的《孔乙己》、《离婚》、《狂人日记》等鲁迅小说译文。① 而《中国评论周报》、《天下月刊》作为中国自主出版的英文报刊，则较为全面地译介了鲁迅的文学作品及文化思想。《中国评论周报》刊载了林语堂的文章 Lusin（《鲁迅》）、新闻报道 The Death of Lu Hsun（《鲁迅逝世》）以及姚克的文章 Lu Hsun：As I Know Him（《我所知道的鲁迅》）。《天下月刊》刊载了姚克的文章 Lu Hsun：His Life and Works（《鲁迅：他的生平和作品》）以及王际真英译鲁迅小说《怀旧》、《孤独者》、《伤逝》的译文；该刊还发表了哈罗德·阿克顿所著文化专论 The Creative Spirit in Modern Chinese Literature（《中国文学的创造精神》）、任玲逊所著书评 Book Review of Living China：Chinese Short Stories（《活的中国——中国现代短篇小说选》）等文章，全面介绍了鲁迅的生平经历及文学创作。此外，中国共产党于 1946 年创办的英文刊物《中国文摘》也刊载了鲁迅小说《明天》的英译文以及茅盾《论鲁迅小说》的英文版。现代英文报刊所刊载的有关鲁迅的译介文字连同其小说英语译文一起，共同推动了鲁迅及其思想的向外传播。

从资料形式来看，现代英文报刊上有关鲁迅的研究资料包含新闻报道、纪念文章、英文译文、图书广告、研究专论等多种形式。1926 年商务印书馆出版了梁社乾翻译的《阿Q正传》后，先后在《大陆报》和《字林西报》上刊登图书广告和书评进行宣传与推广。《大陆报》分别在 1926 年 10 月 31 日、11 月 7 日刊登广告："这是一部关于中国乡民的人物素描，来自于中国新文学运动中最著名的学者及作家鲁迅形象生动的笔触，

---

① 杨坚定、孙鸿仁：《鲁迅小说英译版本综述》，《鲁迅研究月刊》，2010 年第 4 期，第 50 页。

'阿Q'是新文学最初的显著实绩,勾勒了一个社会中的谦卑的人物,这类人物在旧式学者的作品未曾触及。该译文是诚实的直译,形象地呈现着原文和情感特色。这种辛辣、生动的农村生活的描绘集合了乡民人物特征,他们以离奇古怪的精神念头和语言方式打动读者。"①而发表在《字林西报》上的书评首先高度肯定了梁社乾的翻译较好地保持了原作的风格,取得很大的成果,并已经出版第三版;进而肯定了鲁迅小说表现方法的独特艺术,并指出读者一旦拿起小说便不愿再放下,直至最后读完。"这是一本适合所有人读的书,外国人能够从中洞察中国人的生活和情况,中国学生亦能找到极好的文字范本。"②这些图书广告及书评在进行图书宣传推广的同时,也为研究鲁迅提供了新的史料,尤其是鲁迅小说的英语译文以文学阅读的形式建构着西方读者对中国社会的想象与认知。此外,有一则鲁迅的英文版权声明显得尤为珍贵且未被学界重视。1936年4月18日的《密勒氏评论报》刊载了一则署名"LU HSUN(鲁迅)"的再版版权声明,指出在上海出版的由汤良礼主编的 *The People's Tribune*(《民众论坛》)未经鲁迅允许和授权,就刊登了鲁迅的小说英文译文。鲁迅由此声明:"因此未经授权的出版都侵犯了小说作者的署名权,合法的权益理应受到保护,任何未经授权的出版必定追究责任。"③鲁迅小说的英译者大多与其有过书信往来,并得到他的允许与指导;而《民众论坛》未获得授权便翻译鲁迅小说,使鲁迅非常愤怒,在著名英文大报

---

① "THE TRUE STORY OF AH Q"(梁社乾英译本图书广告),*The China Press*, October 31, 1926, p.B9.
② W H C. "A CHINESE ROMANCE". *The North-China Herald and Supreme Court & Consular Gazette*, December 4, 1926, p.478.
③ LU HSUN(鲁迅), "Republication Rights for Lu Hsun's Short Stories", *The China Weekly Review*, April 18, 1936, p.251.

上刊登署名声明予以谴责,由此看来鲁迅对小说英译版权的保护意识也非常强烈。

作为中国现代文学及文化史上的重要作家,鲁迅是《中国评论周报》与《天下月刊》作者及译者重点向外译介的作家之一。除了以译文的形式向英语世界读者介绍鲁迅的文学作品之外,林语堂、姚克还撰写过多篇英文文章对鲁迅文学创作及文化思想进行深入介绍与述评。这些文章和鲁迅作品《怀旧》、《孤独者》、《伤逝》等小说的译文一起,共同建筑起立体多样的鲁迅文学及思想向外传播与接受的文本体系。早在1928年,林玉堂(林语堂笔名)便发表了"Lusin"①一文,介绍鲁迅当时的生活。该文后由光落翻译成《鲁迅》,发表于1929年1月1日《北新》第3卷第1期。学界或许熟知此文为林语堂所撰写的最早有关鲁迅的文字,但其实此文系林语堂用英文写成。该文并没有过多评述鲁迅的文学创作,只在文章开头对鲁迅在中国文学史上的地位给予极高评价。林语堂认为新文学运动之初的作家"大都只是方法上和技术上的进步","是一些摸索着而且未成熟的龟勉的初学者,一些羽毛未丰而渐渐伸足于新文学界的青年"。而鲁迅因为"充分的成熟性和独到处","充分的气魄"以及"巍然的力量",成为"文学的渊海"里的"天才","必须另眼相看","赢得一种独特的地位","因为这个理由,我们对于鲁迅的成熟的艺术必得另眼相看,以别于那班'萌芽'的作者。如果鲁迅,这位叛逆的思想家,是戴上了'青年叛徒们的领袖'的头衔,那就是因为实际上那班青年叛徒们还不曾在他们同辈中见到什么充分的成熟性和'独到处',充分的气魄和足以给他们仰望的巍然的力量。力量是产生于真

---

① 林玉堂:"Lusin"(《鲁迅》),*The China Critic*, December 6, 1928.

确的见解,而真确的见解则是由于知识和艰苦的世故中之'磨炼'"①。林语堂表明写作此文的目的"不是来论述鲁迅的思想,亦不是来说明他的闪烁的文笔,放浪的诙谐,和极精明的辩证",而是"只想说一说这位深湛的年老的中国学者(学者这个字我用的是它真切的古义)在过去两年中如何度过了他的生活,以及他所遭遇的一些事情。那是出于极复杂的环境中(用心理学上的说法)的生活,在那时,如他对我所说的,要'作人'实在不容易。他如何从那极艰难的境况中爬出来的办法,即足以佐证我所说的关于他深知中国人的生活及其生活法的那些话。那'深知'是由于年老,但还是由于透彻地明了中国的历史,因为,他的话,在中国古时候,学者'作人'从来就不容易"②。林语堂在文章中叙写了鲁迅如何在社会政治的挤压下寻找精神自由的几次人生经历。从埋头整理古文物,到隐退于厦门大学,到定居上海的三次重要的人生转折,一方面揭示出"学者'作人'从来不容易",表达他对当时社会政治的批评,如北京政府对进步人士的压制及国民党"清党运动"对进步人士的迫害等;另外一方面也表达出对鲁迅斗争精神的赞许,鲁迅对当局曲折而巧妙的讽刺批评精神深得林语堂的赞许,"但是鲁迅总算达到了他的目的。他表示了他不过是一个将心思用于古代的一些玩意的问题上的学者罢了。这使得当时那班权势者满意了。耶稣也曾显示过正相同的应世的智慧哩。他们的注意是放松了,而在放松的时候,鲁迅便乘机来到上海,在他到这里的晚上我看见他,一个受了满身疮痍的灵魂,但是一个光

---

① 林玉堂:《鲁迅》,光落译,《北新》,1929年1月1日,第3卷第1期,第86页。
② 林玉堂:《鲁迅》,光落译,《北新》,1929年1月1日,第3卷第1期,第87页。

荣地胜利的'武夫作家'(soldier-writer)——他现在还是如此"①。 正如在林语堂在《悼鲁迅》②一文中所言:"鲁迅与其称为文人,无如号为战士。"该文提到的鲁迅到厦门大学的遭遇一事可称林语堂一生的心结,林语堂在多篇文章中提及此事。此后林语堂还写过《忆鲁迅》③、《记周氏兄弟》④等多篇回忆鲁迅的文章。 在《悼鲁迅》中,林语堂叙述了鲁迅在厦门大学的经历:"我请鲁迅至厦门大学,遭同事摆布迫逐,至三易其厨,吾尝见鲁迅开罐头在水酒炉上以火腿煮水度日。 是吾失地主之谊,而鲁迅对我绝无怨言,是鲁迅之知我。"在《忆鲁迅》中,也谈到鲁迅"受刘树杞的气、吃他的亏","刘那时大概是兼总务,三易鲁迅的住房","这样鲁迅自然是在厦门大学呆不下去了。 要到广州大学去","鲁迅这个人,我始终没有跟他闹翻","厦门大学之事,我们只是同病相怜吧"。 鲁迅、林语堂当年都在北京的大学任教,曾做过同事,后来又同为《语丝》撰稿,当时两人立场较为相近,交往频繁。 因此这篇写于1928年的文章,不仅是在向英语世界读者介绍鲁迅的经历及思想,更多的是表达出林语堂对鲁迅所遭遇的政治压制的一种声援。从中也可以看出林语堂的个人思想倾向,试图借助忆述与鲁迅交往、阐发鲁迅的精神来表达对当局政治的批判,表现了林语堂对中国现代个性主义思想的认同与呼唤。

① 林玉堂:《鲁迅》,光落译,《北新》,1929年1月1日,第3卷第1期,第92页。
② 林语堂:《悼鲁迅》,《宇宙风》,1937年1月1日,第32期。
③ 林语堂:《忆鲁迅》,《无所不谈合集·林语堂自传附记》,《鲁迅回忆录:散著》(下),鲁迅博物馆、鲁迅研究室、《鲁迅研究月刊》选编,北京:北京出版社,1999年,第563页。
④ 林语堂:《记周氏兄弟》,《无所不谈合集·林语堂自传附记》,《永在的温情 文化名人忆鲁迅》,石家庄:河北教育出版社,2000年,第17页。

第四章 "自我"认同与民族想象(二)

鲁迅病逝后,中国报刊以"文坛巨星陨落"为标题来表达对鲁迅的哀悼与纪念,许多外文报纸也刊发了纪念文章。1936年10月29日的《中国评论周报》以"The Death of Lu Hsun"(《鲁迅逝世》)为题刊发简短的新闻评论,全文翻译如下:

> 鲁迅的逝世将带给中国文坛重大损失。鲁迅,原名周树人,56年前出生于浙江绍兴,曾在日本学医,1917年回国后成为化学与生物教员。后担任家乡绍兴省立中学的校长。有段时间他也在国立北京大学和厦门大学教国文。他的第一篇作品《狂人日记》,发表在陈独秀编辑的、现已停刊的杂志《新青年》上,随后他写了大量的短篇小说和散文。在其早期的文学作品中,他被视为讽刺作家,近年来他突然变成一名左翼作家和革命者。他的作品中最为有名的或许是《阿Q正传》,已被翻译成多种外国文字,并获得了西方著名文学家罗曼·罗兰、马克西姆·高尔基的高度赞扬。对于后者,鲁迅经常被中国的拥护者拿来与之做比较。但这种比较并不恰当,因为像俄国作家一样,鲁迅不仅是劳苦大众的同情者,并且公开地把自己视作其中的一分子,努力为其寻找自由的解放。有人不赞同他的政治观点,也有人禁不住钦羡他的勇气和热忱,以及青春的活力与精神。他是中国最受欢迎的作家,这再次被证明——将近十万人来参加他的葬礼。他虽已逝世并离去,但他将永远活在那些将其视为"导师"的人心中。①

这则短评极为简练地介绍了鲁迅的生平及文学创作,其中对鲁迅作品在国外的传播与影响进行了揭示,并较为深刻地指

---

① "The Death of Lu Hsun", *The China Critic*, Vol. 15, No. 5, October 29, 1936.

出了鲁迅精神对中国民众的重大影响力,将一个作为"文学家"、"思想家"、"革命家"的鲁迅形象介绍给英语世界的读者。 这则短文当出自姚克之手,当时姚克为《天下月刊》的主要编辑,并经常为《中国评论周报》撰稿。 在发表上则评论短文的当期《中国评论周报》及之后的《天下月刊》上,姚克发表了全面介绍鲁迅的英文文章,加之姚克与鲁迅的密切关系,姚克当是这篇新闻评论的不二人选。

此后,姚克以姚莘农为笔名分别在1936年10月29日的《中国评论周报》发表了"Lu Hsun: As I Know Him"[①](《我所知道的鲁迅》),1936年11月《天下月刊》第3卷第4期上发表"Lu Hsun: His Life and Works"(《鲁迅:他的生平和作品》)。 这两篇文章从不同侧面对鲁迅的生平创作及文学文化思想进行了详细的解读。 姚克在协助斯诺翻译中国现代短篇小说的过程中,得以结识鲁迅并与之进行了四年的通信往来。"一九三二年的冬天,我和一个美国青年作家计划着翻译鲁迅的作品,同时我就写信给鲁迅先生,请求他给我们'翻译的特权',这种情况是必要的,否则就侵害版权……也因此认识了鲁迅先生。"[②]姚克是最受鲁迅信赖的一个青年作家,从现存33封鲁迅致姚克的信中可看出鲁迅对姚克的信任、鼓励与关切,"论世处人,从工作到生活无所不谈。 有对政治上、生活上的关心,有对写作上、翻译上的指导"[③]。 鲁迅十分赏识姚克的翻译才能,鼓励他进行翻译工作,对姚克协助斯诺翻译小说的过程中遇到的问题总是细致回复。 而姚克翻译萧伯纳的《魔鬼的门徒》一书也是在鲁迅的敦促下完成的:"我翻译《魔鬼的门

---

① 姚莘农(姚克),"Lu Hsun: As I Know Him", *The China Critic*, Vol.15, No.5, October 29, 1936.
② 姚克:《鲁迅先生遗像的故事》,《电影戏剧》,1936年第1卷第2期。
③ 马蹄疾:《鲁迅和姚克》,《福建论坛》(文史哲版),1984年第1期。

徒》，原是听了鲁迅先生的一席话而起意的；交给文化生活社出版，也是由他老人家介绍的；虽然动笔翻译的是我，但自这本书的孕育到出版，可以说完全由鲁迅先生所促成。"①此外，鲁迅还支持并鼓励姚克的英文写作，主张由中国人来向英语世界读者介绍中国的文艺思想。"先生能发表英文，极好，发表之处，是不必选择的。"（1934年2月20日鲁迅致姚克信）"先生要作小说，我极赞成，中国的事情，总是中国人做来，才可以见真相。"（1933年11月15日鲁迅致姚克信）"关于中国文艺情形，先生能陆续作文发表，最好。我看外国人对于这些事，非常模糊，而所谓'大师''学者'之流，则一味自吹自捧，绝不可靠，青年又少有精通外国义者，有话难开口，弄得漆黑一团。"（1934年3月6日鲁迅致姚克信）②

姚克写作英文文章介绍鲁迅，可算是对鲁迅教诲的真切实践。再加之姚克在长达四年多的往来中，对鲁迅的日常生活及文学文化思想当有真切的感知与体验，因而能够向英语世界读者更为真实而全面地介绍鲁迅。在《我所知道的鲁迅》一文中，姚克以自己真实的感触为基础写出了对鲁迅的印象。鲁迅貌不惊人，"甚至如果你注意到他，你也很难相信他是中国当今最伟大的作家，他的作品被译成多种外国文字，广为流传，读者称之为'中国的高尔基'"③。但如果与鲁迅面对面交流，他的精神即刻就会展现出来，对人产生深刻的影响，正如姚克在《最初和最后的一面——悼念鲁迅先生》一文中所写的："这样一个人，假使你在大街上的稠人中瞧见他，你决不会注意——渺小平凡得很。你一旦和他对面坐着，你就绝对不觉得他渺小和

---

① 马蹄疾：《鲁迅和姚克》，《福建论坛》（文史哲版），1984年第1期。
② 陈漱谕、刘天华编选：《鲁迅书信选集》，北京：民主与建设出版社，1996年，第161页。
③ 姚莘农（姚克）："Lu Hsun: As I Know Him", *The China Critic*, Vol.15, No.5, October 29, 1936, p.105.

平凡,你只觉得他气宇的宏大和你自己的渺小和猥琐。"①此外,在论及鲁迅的思想时,姚克认为鲁迅并非是一个"危险的激进者"和"彻底的共产主义者","他确实是中国左翼作家的领导者,并且他同情广大劳苦大众。但他绝不是危险的激进者。他有坚定的信仰,为劳工阶级事业无畏斗争,没有丝毫的犹豫和退缩。然而他从来不是批判破坏一切的革命主义者"。姚克在文中援引鲁迅的谈话来印证其革命思想的内涵在于,"真正的民族与阶级革命不是摧毁千百万的富豪和破坏他们美丽的住宅,而是给每个人提供启蒙和信仰"②。对鲁迅给予自己的精神指引,姚克认为全然不是强迫式的,而是带有受教者主体性的选择。文章最后姚克引用鲁迅在《死》中所拟写的遗嘱作为结尾,进一步形象呈现出鲁迅的精神原状:"一、不得因为丧事,收受任何人的一文钱。——但老朋友的,不在此例。二、赶快收敛,埋掉,拉倒。三、不要做任何关于纪念的事情。四、忘记我,管自己生活。——倘不,那就真是胡涂虫。五、孩子长大,倘无才能,可寻点小事情过活,万不可去做空头文学家或美术家。六、别人应许给你的事情,不可当真。七、损着别人的牙眼,却反对报复,主张宽容的人,万勿和他接近。"③《我所知道的鲁迅》一文从外貌落笔,描摹出鲁迅并不惊人的外表之下所蕴含着的坚毅而伟大的精神,及其对他人所产生的巨大感召力。在大多数人看来,鲁迅是个坚定的革命者,而姚克在与鲁迅更为切近的日常交往与思想交流过程中,更深入体验并揭示出鲁迅思想的真正内涵在于对民众精神的启蒙。

在《鲁迅:他的生平和作品》一文中,姚克则摒弃了感性的

---

① 姚克:《最初与最后的一面——悼念鲁迅先生》,《中流》,1936年11月第1卷第5期。
② 姚莘农(姚克):"Lu Hsun: As I Know Him", *The China Critic*, Vol. 15, No. 5, October 29, 1936, p.105.
③ 鲁迅:《死》,《中流》,1936年9月20日第1卷第2期。

体验，而以客观与理性的笔触，对鲁迅的人生经历、文学创作及文化思想进行了全面而深入的分析。在分析鲁迅的人生经历时，姚克认为鲁迅幼年生活的遭际为其文学创作提供了"丰富的材料"，"幼时的不幸及艰辛对他年轻的心灵产生如此深刻的影响，都充分反映在他那最光辉的讽刺作品里，反映在他的小说及其他作品中那些精辟深刻的描写里"。姚克进一步梳理鲁迅走向文学道路的曲折过程，从弃医从文，到翻译外国小说，到教育部任职等，"直到一九一八年，鲁迅才以杰出的作家崭露头角"。在鲁迅的丰富文学创作中，姚克最为注重的是其小说创作的成就，认为其巨大意义在于"对当代中国小说发展所起的无与伦比的作用"，对中国新文学做出了三项宝贵的贡献："第一，他奠定了一种用白话写短篇小说的范例，为当时正在摸索中的青年作家创造了一种新形式，新风格，新技巧"；"第二，鲁迅证明了白话文作为文学手段的灵活性及可能性"；"第三，他是克里斯多夫·哥伦布，他发现了新文学的'新大陆'。鲁迅是现代中国第一位人民作家。他的小说中主要人物基本上都是农民及普通人民"。姚克高度评价了鲁迅在文学技巧、语言形式及人物形象等方面所发挥的开拓性作用，当时也关注鲁迅的杂文创作，"作为思想家，作为战士，鲁迅所起的突出作用，在他大量的短评中或在他自称的'杂感'中得到反映"。1925年后鲁迅的文学创作发生了重大转变，小说创作逐渐走向沉寂，姚克将这种变化的原因归结为"饱受持续不断的惊扰，致使他毫无心绪写小说"①。最终鲁迅的兴趣转向了翻译、短评及木刻艺术。

---

① 姚莘农（姚克）："Lu Hsun, His Life and Works", *T'ien Hsia Monthly*, Vol.3, No.4, November 1936, p.354-355. 中文译文见《鲁迅：他的生平与作品》，许佩云译，《鲁迅研究资料》第10辑，北京鲁迅博物馆鲁迅研究室编，北京：中国文联出版公司，1982年，第163页。

在分析鲁迅的思想时,姚克揭示出改良思想、达尔文进化论、尼采个人主义思想及马克思主义思想在鲁迅人生中的演变过程,"从达尔文主义到马克思主义,从争取进步的个性解放到寻求革命集体主义的世界改革,鲁迅经历了许多历程,做了许多斗争"。在将鲁迅的人生选择与"《新青年》杂志旗帜下开创文学运动的人们"进行对照时,姚克指出"只有他(鲁迅)只身坚持在前线继续战斗","鲁迅是个天生的叛逆者、斗士及领袖。他反抗、战斗、领导斗争直至生命最后一息"①。该文在丰富而详细的细节分析基础上,解读鲁迅的生平与创作,并进一步强调了鲁迅在中国现代文学史上的重要地位,以及他作为思想者在中国现代历史进程中的重要影响力,较为客观全面地将鲁迅的文学成就及文化思想介绍给了英语世界的读者。

鲁迅逝世之后,姚克还曾用中文写作多篇文章表达悼念之情,如《最初和最后的一面》②、《痛悼鲁迅先生》③、《鲁迅先生遗像的故事》④等。而《中国评论周报》和《天下月刊》发表的3篇文章则为学界所忽视,其中"Lu Hsun: His Life and Works"已由许佩云译成《鲁迅:他的生平与作品》,刊载于《鲁迅研究资料》第10辑中。剩余的两则资料则未被注意。比较姚克为纪念鲁迅所作的中英文文章,可发现他在中文文章中更强调自己在与鲁迅交往过程中的细节展示,以亲身经历来展现鲁迅的真实生活与精神,揭示出鲁迅对青年作家的爱护与鼓励的思想。而在英文文章中,姚克更注重鲁迅整体人生的梳

---

① 姚莘农(姚克):"Lu Hsun: His Life and Works", *T'ien Hsia Monthly*, Vol.3, No.4, November 1936, p.356-357.
② 姚克:《最初与最后的一面——悼念鲁迅先生》,《中流》,1936年11月第1卷第5期。
③ 《逸经》,1936年18期。
④ 《电影戏剧月刊》,1936年第2期。

理，以便让英语世界的读者对于鲁迅有更为完整的了解和认知。在此基础上，姚克突出强调了鲁迅的斗争精神以及这种精神对中国现代青年与民众的巨大影响力。对于鲁迅的文学成就，中国读者都较为了解和熟悉，因而其中文文章几乎没有涉及；但在英文文章中姚克全面总结了鲁迅的文学道路、创作全貌及他在中国文学史的重要地位。因此《鲁迅：他的生平与创作》可看作鲁迅文学及文化思想在英语世界传播的重要文献。

在中国现代文学史上，鲁迅较早被译介"走出"国门，进入英语世界的读者视野。早在1925年4月美籍华人梁社乾（George Kin Leung）就把《阿Q正传》翻译成了英文，1926年由商务印书馆出版对外发行。此后，《活的中国》、《草鞋脚》等中国现代文学作品英文选译本书籍，也大量编选了鲁迅作品的英语译文，促进了鲁迅的文学及文化思想的向外传播。此后，《天下月刊》的重要外籍作者哈罗德·阿克顿在该刊1935年11月第1卷4期发表了《中国现代文学的创新精神》一文，突出强调了鲁迅在文学创作上的成就，尤其是小说创作的独特性，并将其与契科夫小说进行比较分析，还揭示出鲁迅小说在外国的传播。作者认为鲁迅小说意义在于："鲁迅是嘲讽的、怀疑的，对不公平和伪善、微小的卑鄙及迷信都抱有愤怒。他刻画了中国旧式农民的形象，阿Q代表了革命来临时中国农民的精神，未庄是中国社会的缩影。阿Q们仍然存在着，他们稀里糊涂地生老病死。鲁迅期待新的生活，在《呐喊》中写到了年轻的一代。"其表现技巧既有创新也有继承："即便是鲁迅的敌人也要赞许他的技巧艺术。在许多方面，他与契科夫相似。但这种相似很明显而不真实。他的小说本质上是中国式的。"其作品在国外应该会有相应的读者群体，"不知鲁迅的作品是否能吸引大量的欧洲读者，但可以确定可以吸引欣赏契科夫等人的读者"①。任玲逊在1936年12月《天下月刊》第3卷第5期为《活的中国》撰写书评,该文从文学艺术表现手法的角度,突出强调了鲁迅小说所具有的较高艺术水平及独特文学价值。斯诺、哈罗德·阿克顿、任玲逊等人的文章从不同的侧面阐发了鲁迅文学创作的特质与价值。相较而言,林语堂、姚克在《中国评论周报》《天下月刊》上发表的关于鲁迅的英文评介文章,以更切近的视角,或展示鲁迅的生活遭际,或阐述其精神与思想,或全面评述其生平与创作发展进程,揭示出了鲁迅作为中国现代文学大师所具有的伟大的文学与思想成就。如果说斯诺及阿克顿等西方知识分子更看重鲁迅的文学创作对中国社会现实的反映,对其文学艺术风格未给予充分的肯定,未能真实揭露出鲁迅文学创作对中国现代文学的贡献与意义;那么林语堂、姚克、任玲逊等人则积极赞扬鲁迅在文学创作上的新突破新贡献,同时还对其文化思想进行了深入阐发。

鲁迅思想的向外传播历经90余年的历史,从"译介启蒙(1926—1952)"到"译研并重渐进期(1953—1990)",再到"以研究为主的多元发展期(1991年至今)"②。学界现有研究成果较多关注鲁迅文学作品的译本选择与译入国家,主要阐述译者的翻译策略与文化思想,对鲁迅思想的传播媒介关注不够;同时,学界对1950年以后有关鲁迅作品的单篇译文及选集译著关注较多,而对此前各个英文报刊上的文献史料关注不够。因此,本节着力从现代传媒的视角,挖掘被学界遗忘的一些文献史料,来揭示英文报刊在促进鲁迅文学作品及其思想向外传播过程中所发挥的巨大推动作用,丰富并拓展鲁迅研究的

---

① Harold Acton, "The Creative Spirit in Modern Chinese Literature", *T'ien Hsia Monthly*, Vol.1, No.4, November 1935, p.378-380.
② 杨一铎:《鲁迅作品英译:历经83年打开主流市场》,《中国社会科学报》,2014年12月15日,第A06版。

空间和视域。这些刊载在英文报刊上形式多样、内容丰富的译介文字,不仅展现了鲁迅的生平经历、文学创作及个人思想,同时也揭示出了鲁迅及其思想在中国及海外所产生的重大影响。

二、有关徐志摩的评介

1931年11月19日徐志摩因飞机失事而不幸去世,许多报刊发表了悼念文章。最早刊登志摩失事消息的是《上海新闻报》在1931年11月21日刊发的《徐志摩之死新闻报道》。之后1931年11月,赵家璧的《写给飞去了的徐志摩》、叶公超的《志摩的风趣》等纪念文章陆续发表,直至1932年第1期《新月》杂志开辟专号将纪念活动引向高潮,登载陆小曼《哭摩》、胡适之《追悼徐志摩》、郁达夫《志摩在回忆里》等文章,表达出对逝去的诗人的深切怀念。在此纪念活动中,《中国评论周报》早在1931年12月17日的第6卷51期,便已刊载新闻评论《诗人之死》("The Death of a Poet"),算得上较早的有关徐志摩的纪念文字,全文如下:

> 近日徐志摩先生死于一场偶然事故,当时搭载他一人作为乘客的飞机,正从南京飞往北京,与济南附近山峰相撞酿成惨剧,事故原因还在进一步调查之中。和济慈一样,徐先生英年早逝,他今年刚过36岁。(如若没记错,拜伦也是死于36岁。)作为所处时代最杰出的诗人,徐志摩将被永远铭记以其诗作《翡冷翠的一夜》、《志摩的诗》以及最后的诗集《猛虎集》,《猛虎集》因其翻译布莱克的著名诗句而得名。除去这些诗歌作品之外,徐志摩还留下了两卷散文,与夫人合作的一部戏剧,还包括翻译伏尔泰的《老实人》、曼殊斐尔的《园会》等译作。朋友们将长久怀念他,因之拥有最为吸引人的个性魅力,他的心中涌动

着纯真、似火、热情的气息，活泼与非凡的才情，活脱脱雪莱式气质。其实，他的生命如同英国诗人一样带有"浪漫"色彩。如果有人忍痛为他写传记，其传记将是对广泛的人类兴趣与价值的真实记载。它不仅仅是一个人生命的历程纪录，也是刚过去不久时代的中国文学史记载。

该评论在慨叹徐的英年早逝（死于36岁）之余，对其个性与文学创作进行了评述，认为徐的人格魅力在于充满活力、似火一般热情、具有生动而非凡的才情。其文学创作受英国文学影响较深，内容极为丰富，在现代文学史上占有重要地位。简短的评论及时地为读者介绍了有关徐志摩的消息，并对其文学创作进行了相应的评述，属及时而迅速的徐志摩评论。

在紧随《诗人之死》评论之后的第6卷52期上，费鉴照①发表了《诗人：徐志摩》（"Tzu Mo Hsu, Poet"）一文表达对徐的悼念：作者在概述徐志摩生平简介之后，将他与闻一多并置评论，认为徐志摩的诗歌较闻一多更少学究气，而更具抒情性：

> 徐志摩和闻一多代表了当今中国诗歌的两个方向——浪漫的与古典的。在此类用法不够严密、意义相对照的词语中，仍能显示两位诗人间的差异。徐志摩的诗歌较闻一多的诗歌更少学究气而更具抒情性。我认为，或许抒情一词比其他词语更能确切描述徐诗的内容。如同春天林子间的

---

① 费鉴照，江苏人，曾留学英国，1931年起任国立武汉大学外国文学系教授，著有《现代英国诗人》（1933年新月书店出版），该书主要介绍英国诗人作品，闻一多为该书写了序言表达对英国诗歌的评论。此外，费鉴照还编著过介绍18世纪中叶到19世纪初叶法、英、德三国浪漫运动的文化思想小册子《浪漫运动》，1933年由商务印书馆出版。此外，他还写作了多篇评论中国现代文学作家的文章。

鸟儿,我们的诗人赞美快乐、悲伤和他所生活的世界的美丽。他的诗如《她是睡着了》、《石虎胡同七号》、《盖上几张油纸》等,最能证明我之所言。

在与外国诗人的对比中,因着敏感与内心的忧伤,作者认为徐志摩的诗歌在某些方面与济慈类似:

> 这几句诗呈现出济慈式的感官感觉,让人想起他的《夜莺颂》,因着敏感与内心的忧伤,徐志摩的诗歌与济慈的诗歌很相像。《盖上几张油纸》描绘了忧郁的妇人内心的折磨与深刻持久的煎熬,她的幼子新死于饥饿与寒冷。全诗充满了凄惨与极度的忧伤。面对此种凄惨,诗人的心几乎在泣血,如济慈在其著名的诗歌中一样,但其情感强度远不及济慈。徐志摩不同于济慈的是愉悦的语调,一种百灵鸟的音调,如同我们常在伊丽莎白一世时代的抒情诗中所听到的一般。

此外作者还将徐志摩爱情诗写作的源泉与动力归结于爱:

> 任何熟悉徐志摩生活的人都知道他是个伟大的爱人,不仅仅是爱女人,也爱世间万物。确实,诗如其人,且徐志摩大部分诗歌表明其中主要意蕴便是爱。《再休怪我的脸沉》、《这是一个懦怯的世界》、《白须的海老儿》等诗歌是其中最好的例证。
>
> 为徐志摩与女人的关系所误导,有人会错误地推断诗人只是爱女人,并且很多人甚至否定他的一些爱情诗歌的哲理意蕴。在此我冒昧提出一种不同的观点,在我个人认为,徐志摩爱慕"上帝的馈赠"这一事实不该被感置疑,这对他诗歌天才的成就贡献良多。他将爱的气息散布于世间

万物，且他对于世间万物之爱，就我而言，是源自于他对女人的爱。

文章最后对徐诗形式上逐渐变得匀整的特点归结为受闻一多的影响而成：

关于技巧，徐志摩在早期诗作中更注重语言的乐律而非韵律规则。读其早期作品，读者通常会惊讶于其语言乐律，一种他超越于其他诗人被得到广泛认同的艺术。正是受闻一多的影响，徐志摩将其诗句音尺调整得更规范，并且这在诗人第三卷诗集《猛虎集》的序言得到完全印证。诸如《猛虎集》中的《秋虫》、《山中》、《两个月亮》，及大部分他死后发现的诗作如《云游》是其例证，这表明徐志摩诗歌技巧受到闻一多的决定性影响。①

该文结合具体的诗歌作品分析，对徐志摩诗歌创作在形式及内蕴上的某些特征进行了评述，并将其与国内外的诗人进行对比分析，揭示出其诗歌创作的特点及影响因素。

另外两则资料分别是：1934 年第 7 卷 11 期 "Unedited Biographies"（"知交剪影"）专栏中温源宁所写的英文小品 "Hsu Tse-Mo: A Child"（《徐志摩：一个孩子》），与第 7 卷 18 期 "小评论"（"The Little Critic"）专栏上所刊载的吴经熊所写的英文小品 "Hsu Tse Mou and Myself"（《平生珍怪录·予与志摩》）。这是两篇独特而又深刻的徐志摩人物评论。作为徐志摩的知交好友，温源宁与吴经熊能够从更为具体而细微的生活体验中，描摹出诗人真实而独特的人性特征与文学才情。

---

① 费鉴照："Tzu Mo Hsu, Poet", *The China Critic*, Vol. 6, No. 52, December 28, 1933.

温源宁早年留学英国剑桥，期间与徐志摩交往甚密，回国后他们都曾在北大、光华等京沪大学任教，互为同事，多有接触，因而温源宁得以对徐志摩为人为文有更细致而直接的了解与体会。《徐志摩：一个孩子》与费鉴照文章内容相似，温源宁开篇以雪莱为参照，揭示出中外诗人对映照出理想之美的女性的歌咏：

> "（雪莱）他不是爱这个女人、那个女人，凡是以手、脸或语声把理想的美反映出来的女人，他都爱。""唔，志摩和女人的关系也完全是这样。哪个女人也不要以为志摩爱过她而得意；他仅仅是爱过自己内心里的理想美的幻象罢了。"①

作者认为徐志摩的现实为人相较诗中所表现出来的个性更为丰富，这在其散文中得到了更好的展示：

> 因此，他的散文比他的诗好得多，读其文，更可想见其为人。读其文，我们立刻感到他的个性的魅力和非凡的爽朗明快：他的表情，谈话的腔调，语言的节奏多么生气勃勃，一会儿，弯弯曲曲，滑到有趣的不相干的东西上去，一会儿，又胜利地回到话题的主流上来，那么急切，那么热情，似乎什么也不顾了，专为闲谈而闲谈②。

---

① 温源宁："Hsu Tse-Mo: A Child", *The China Critic*, Vol. 7, No. 15. 中文译文见南星译：《一知半解及其他》，沈阳：辽宁教育出版社，2001年，第11页。
② 温源宁："Hsu Tse-Mo: A Child", *The China Critic*, Vol. 7, No. 15. 中文译文见南星译：《一知半解及其他》，沈阳：辽宁教育出版社，2001年，第13页。

温源宁并未展现徐志摩的全部形象,而只抓住其个性与文学中几个侧面,以简洁又深透的笔触,揭示出诗人孩童般天真的个性特质与心灵世界最为潜在的奥秘:

> 不错,他的动人之处在于别的方面。我认为,在于他的气质,他的头脑。从气质和头脑上看,他是个聪明伶俐的孩子,永远不会长成大人,对周围的事物充满了好奇心,觉得清醒的世界与梦寐的世界并无差别,绝不会对任何人怀恨,也绝不会想到任何人真不喜欢他。经验从他身旁闪过,不能让他转变。他跟种种事物做游戏,像孩子跟玩具戏耍一样。①

温源宁将诗人的个性与特征以生花妙笔点染而出,让人"见过一次,永远忘不了"(钱锺书《不够知己》书评)。吴经熊与徐志摩皆为浙东人,早年在沪江大学读书时便已相识,此后一直保持长久的友谊。徐志摩与张幼仪在德国柏林离婚时,吴经熊与金岳霖在场做证人;徐志摩与陆小曼结婚后曾在上海的吴家大宅住过。吴经熊可算是诗人的一个知己,他在《平生珍怪录·予与志摩》②一文中把两人之间的友谊看作深刻而丰富的,并将两人的个性特征及才华并置评判。吴经熊与徐志摩性格差异很大,性格的迥异使得他们对于艺术的感悟态度及表达方式也不尽相同,徐志摩在自然生灵中体验艺术的诗意与灵感,吴经熊在音乐、诗歌、经济甚至法律中感受艺术的灵性存

---

① 温源宁:"Hsu Tse-Mo: A Child", *The China Critic*, Vol. 7, No. 15. 中文译文见南星译:《一知半解及其他》,沈阳:辽宁教育出版社,2001年,第14页。

② 吴经熊:"Hsu Tse Mou and Myself", *The China Critic*, Vol. 7, No. 15. 后经周诚译为中文,刊载在《重大校刊》1937年第11期。

在。与徐志摩情感宣泄式艺术表达方式不同,吴经熊则是对世间万物充满哲性思辨。然而在这大多数可能的差别之中有着一种内在的相似性本质,即腹内有火的热力,虽然这火的能量不同,徐志摩的热度很猛烈,"有点时有时无",却成了天才的诗人,以他的人性热度和诗性才华照亮了现代文学史的天空。而吴经熊拥有经久不竭的小火,以哲学家的洞见、法学家的思辨与文学家的敏锐直觉持久地审视着世间万物,成为跨越东西文化的文化大家。此文描述了分属不同领域的两个人独特的人性表征——一个是文学家,一个是法学及哲学家,他们伟大的才情与成就在现代历史上成为他人难以逾越的文化高点,并给后世学者留下了无限的文化启迪。

综上所述,《中国评论周报》上温源宁、吴经熊等人所作的几则英文评论[①]阐发了徐志摩在现代文学史上的贡献,同时也揭示出这位文学天才的独特个性主义思想。徐志摩受英国文学的滋养而形成的雪莱式气质与浪漫主义思想体现出了他独特的个性色彩。徐志摩将自我个性与才情融入生活与创作之中,"徐志摩的生活和艺术便可以视为新个性和新的人生哲学的展现和说明,这是用来取替他所理解的中国文化传统所造成的思想和

---

① 在徐志摩100周年诞辰之际,海宁地方政府举办了国际研讨会,出版了徐志摩研究论文集。其中收录有徐志摩研究资料索引,分为追悼纪念、综合研究、诗歌研究等八个类别,内容可谓丰富。但该书未收录相关英文资料,不无遗憾。上述几则英文史料中,温源宁所著《徐志摩:一个孩子》先后多次被译成中文,收入其英文人物随笔《一知半解》、《一知半解及其他》、《不够知己》等书中,为学界所熟悉。吴经熊的《徐志摩与我》则再次被译成中文收录在新近出版的、田默迪所著《东西方之间的法律哲学——吴经熊早期法律哲学思想之比较研究》第二编第五章中。费鉴照的《诗人徐志摩》及《中国评论周报》的新闻短评未引起关注。

行为习惯"。①"'个人主义'便成为'五四'知识分子破除迷信及反抗传统的辩护理由之一","'五四'的个人主义或许应该被看作当时知识分子肯定自我,并与传统社会束缚决绝的一种普遍的精神状态。"②作为评论家的中国现代知识分子对徐志摩充满个性主义色彩的文学思想与艺术风格的肯定,体现了他们对现代文化思想与精神的认同。

第二节　品评中国现代女性作家文学创作

《中国评论周报》、《天下月刊》有多篇文章介绍中国现代女性作家的创作与成就,分别是《中国评论周报》上林语堂在1930年2月27日发表的"Miss Hsia Ping-ing: A Study in Contemporary Idealism"(《谢冰莹:当今中国理想主义者》)、温源宁在1934年6月14日第7卷24期上发表的"Miss Huang-lu Ying"(《黄庐隐》)、费鉴照于此后第7卷26期上发表的"Lin Shu-Hwa: Women Novelist"《女小说家:凌叔华》以及1936年10月第5卷第3期《天下月刊》登载的Earl H. Leaf所撰写的"Ting Ling, Herald of A New China"(《丁玲——新中国的女战士》)。此外,林语堂还将姚颖小品文《在南京度暑假》译成英文登在《中国评论周报》第7卷第38期上,并在译者前言中指出:"此处所译的文章展示了幽默杂志上优秀小品文的品质,也展示了中国文学在运用个人笔调时的进展。"小品文女作家的

---

① 李欧梵:《徐志摩:伊卡洛斯的欢愉》,季进编:《中国现代文学与现代性十讲》,上海:复旦大学出版社,2002年,第197页。
② 李欧梵:《现代中国文学中的浪漫个人主义》,季进编:《中国现代文学与现代性十讲》,上海:复旦大学出版社,2002年,第20页。

文学风貌由此被介绍给了英语世界读者。

一、有关庐隐、凌叔华的评介

《中国评论周报》第7卷开辟了"亲切写真"专栏,刊载大量的人物小品,对当时社会各界的人物进行简短评述,其中包含有对现代文学家的品评,如对胡适、吴宓、周作人等。尤其可贵的是介绍了两位女性作家庐隐与凌叔华的思想及文学成就。《黄庐隐女士》一文出自温源宁之手,他运用极其简洁的笔墨揭示出庐隐作品中的人性特征。如同温氏的其他英文人物小品一般,刻画人物往往不在于整体与全貌,而重品性与特质。该文在性别差异的基础上,突出强调了庐隐的超性别特质,"就其气质而论,她每一英寸都是男性,尽管事实上从外表来看,她又是最为女性的女人之一"①。庐隐勇敢追求自己的人生,她以"宗教分子的那种固执","敢于为所欲为",并在小说创作中也展现自我的人生追求。文章作者认为庐隐不顾一切的坚定信念来源于"爱,不是一种天真的娱乐,不是对于生理本性的满足,而是一种宗教,是生活本身"②。文章对于庐隐的文学创作没有展开详细论述,而着重介绍了庐隐独特而深刻的人性内质,为英语世界读者展示了女作家庐隐的思想与精神。庐隐英年早逝之后,刘大杰的《黄庐隐》③、苏雪林的《关于庐隐的回忆》④、冯沅君的《忆庐隐》⑤等文章都对庐隐的逝世表达

---

① 温源宁:《不够知己》,江枫译,长沙:岳麓书社,2004年,第117页。
② 温源宁:《不够知己》,江枫译,长沙:岳麓书社,2004年,第119页。
③ 《人间世》,1934年第5期。
④ 《文学》,1934年第2卷第3期。
⑤ 《人间世》,1934年第12期。

哀悼之情，或忆述其生平遭际，或阐述文学思想，往往笔调细致而真切，充满伤感之情。温源宁的文章则以理性审视的笔触，更深入揭示出庐隐的人生思想和精神，可算得上独到而深入的人物评论。

凌叔华曾独译或与朱利安·贝尔合译过自己的小说《疯了的诗人》、《无聊》、《写信》，发表在1936—1938年间的《天下月刊》上，推动凌叔华的文学作品在英语世界读者中传播。其实早在1934年《中国评论周报》第7卷26期上，费鉴照便已发表"Lin Shu-Hwa: Women Novelist"（《女小说家：凌叔华》）①一文，深入评介凌叔华的创作。费鉴照1931年起在武汉大学外文系任教，对凌叔华的创作有较为深入的了解。《女小说家：凌叔华》首先对新文化运动之后的女性文学发展进行概述，并揭示其所具有的独特性："或许在中国文学史上，没有哪个时期像现在这样，女性作家在文坛占据重要地位。1919年新文化运动后，女作家为中国当今文学做出了贡献。至今人们不能忘记凌叔华、冰心、丁玲、庐隐等的短篇小说，林徽因、方令孺的诗歌以及袁昌英的戏剧。她们熟悉身边的生活，揭示出社会的一角，这是男性作家所不能体会的。"该文对凌的文学创作进行了整体观照，并在现代女性文学发展进程中揭示其自身的艺术成就及价值，"我以为她较其他女作家更为优美地写出了女性生活"。凌叔华小说中人物多以女性为主，"最打动读者的是她从女性视角选择素材"，"通过她的短篇小说，我们看到了女性的不同侧面"，如《李先生》中忧郁的女学监，《绣枕》与《茶会以后》向往爱情婚姻的未婚女子，以及《花之寺》里俏皮的"妻子"，《有福气的人》中的老妇人等。凌叔华小说中所塑造的这些女性人物形象，展现出了社会各个层面女性的生活境

---

① 费鉴照："Lin Shu-Hwa: Women Novelist", *The China Critic*, Vol. 7, No. 26. 中文为笔者所译。

遇,体现了作家对女性生命的思考尤其是精神世界的探析。凌叔华不同于同时代的其他女性作家之处,在于其笔下的女性人物"二十个人物中有十八个是好女人",这种创作倾向在现代历史背景下难免遭受质疑,却显示出凌叔华所具有的独特文学审美追求,即"描绘女性精神之美"。费鉴照能够打破当时评论界的主流思想,对凌叔华小说创作中的审美追求予以肯定和赞赏:"这种美给我们新鲜与动力,有了这种新鲜我们能够摒弃旅途的倦意;有了这种动力,我们能够在短暂的停留之后恢复西行的旅程。"

二、"新中国的女战士"——丁玲

1936年10月第5卷第3期《天下月刊》登载了 Earl H. Leaf 所撰写的"Ting Ling, Herald of A New China"(《丁玲——新中国的女战士》)。该文的作者里夫是当时天津联合通讯社社长。他的文章不仅分析了丁玲思想及文学创作的发展过程,同时对到达延安初期的丁玲生活亦有关注,尤其突出阐发了丁玲的女性主义思想。该文较为及时地向国内外读者报道了丁玲的消息,介绍了丁玲的生活。叶舟在1937年将此文译成中文《丁玲:新中国的女战士》,并以此为题将沈起予的《忆丁玲》、茅盾的《丁玲》及报刊上反映丁玲到延安初期生活的文字等汇集成书,由光明书局于1938年2月出版。在《〈丁玲:新中国的女战士〉序》[①]中,叶舟阐述了里夫一文的写作背景。"丁玲在多年以前,就突然消失'在黑暗中'",许多文艺界人士对失踪之后的丁玲充满了犹疑和忧虑,甚至鲁迅逝世前亦"对丁玲不无贬词",因此澄清相关误传,揭示丁玲现状,是一件紧要的事情。里夫的文章便是在此时刊发,较早反映了丁玲

---

① Earl H. Leaf(里夫):《丁玲:新中国的女战士》,叶舟译,上海:光明书局,1938年,第1页。

成为"新中国的女战士"的重大变化，也为文艺界了解"消失"后的丁玲经历提供了可靠的讯息。该文"记丁玲的近事极明确、极有意思"，"从这文章里，我们已仿佛看到了我们的战士，正穿着一身素朴而英武的军装，在万千群众面前展开了战斗的大旗，朝着自己的队伍向前迈进"。

里夫的英文原文是一篇没有分节的长文，叶舟在中文译文中将其分成14小节："1.一条红线，2.跨过六作家的尸体而前进，3.统一战线运动，4.另一条红线，5.上海大学时代，6.北京大学时代，7.文艺的展开，8.三人行，9.高压之下，10.失踪，11.在南京狱中，12.到西安府，13.中国女性的英雄主义，14.国防文学运动。"从这些小节的标题即可看出，该文详细而深入地介绍了丁玲离开家乡以后的生平经历，其中便包括文艺界所关注的延安时期的生活现状，而其重点是对丁玲思想的揭示与阐发，进而表达作者对中国现代社会政治的关注。

里夫认为丁玲前后思想的变化都与中国现代历史发展密切相关。他将丁玲及其同时代青年作家的进步活动驱动力归结于国民党统治的高压政策，即贯穿中国青年运动的"一条红线"："他们是由于他们的亲友受到了监禁和死刑，才使他们从青苍牧场般的激进思想的涉猎中，走向了社会主义革命的火线。如果说一九一九年青年运动爆发以来的中国革命史有过什么教训的话，那么，这种对于'危险思想'或急进活动的残酷而异乎寻常的毒刑，结果反而是在这种高压手段之下的残剩者的心灵中灌溉了社会主义的种子。"此种趋向在丁玲的思想转变中体现得尤为明显，里夫援引茅盾的文章揭示出这种转变，认为丁玲最初和革命作家群体站得很开，只是"左翼运动中的一个旁观者"，"只是在从侧路上，悄然地观望着革命作家们从她的身边进行着"。最终，胡也频等六位左翼作家惨遭杀害，促使着丁玲从"一个局外人"、"一个同情者"而转变成了"左翼作家之群的一个战士了"。对于丁玲达到延安之后的思想状况，里夫也进行了深刻的揭示。此时的丁玲"一次也不曾因为她过去曾对于国民党有过冲突而表示任何狠毒的感情",在同一战线之下,"因为旧精神已经注入了旧中国,我们彼此都只有一个共同的目标——反对我们共同的敌人日本"。这一时期丁玲的创作也不再反映阶级斗争的内容,而是"使她的写作力量集中宣传,唤起大众,立即动员一切人力和物力,打倒'日本侵略者',争求中华民族的解放"。

在对丁玲的文学创作进行介绍与分析时,里夫凸显出丁玲作为女性作家的特点,及其在中国现代文学史上的地位。"她铸造了大批的材料。她的第二篇小说《莎菲女士的日记》被人们用巨大的热情接受了,批评家开始:丁玲甚至足以取代冰心女士的地位,而成为中国最伟大的女作家。在此后继续不断的短篇小说中,她的表现更深刻,而且在作风上以及在觉醒中的中国精神的解剖上,也更有了显著的发展。""中国的文艺历史家,也许会对于她在中国新文化运动中的重要地位发生争论,但他们决不能错把她的名字从文艺的光荣史册上抹去。"[①]此外,丁玲的女性主义思想也在此文中得到了深入揭示与阐发。里夫以实录的形式,记录了她采访丁玲过程中的谈话。

> "苦难中的中国女性之英雄主义,甚至比男同志还要坚定得多。"她这样说:"党的记录,指出了许多男同志在监禁和受刑之下自首,然而,女同志们之中,无论她们受着怎样的苦难和羞辱,却从来没有一个人实行自首的。许多的女性是死在刑房里,还有更多的女性是受戮于刀枪底下的。"
>
> "中国女性的革命思想,由于上海、天津、北平和其他

---

① Earl H. Leaf(里夫):《丁玲:新中国的女战士》,叶舟译,上海:光明书局,1938年,第30页。

中心城市的妇女工作的成功,是大大地广泛而且深刻了,"她解释着说,"那种直接行动的才能和人力的动员,是不再反对国民党,而是反对日本侵略者了。今日的中国妇女,不仅是警觉到了国内的危险,而且更迫切地要参加这种运动:打倒日本,抢救中国。"

她又说:"延安的中国人民抗日军政大学里面的六十个女学生,值得我们的敬慕,是因为她们能在这样困难的环境之下,还有到这里来读书的勇气和宗旨的忠实性。她们差不多都是中学校毕业生,年龄都在二十岁左右,她们又都抛撇了父母和家庭,或许还牺牲着惰性的奢华的前途,来到这里,每天吃三餐栗子,读八小时的书,并准备着牺牲她们许多生命的一个斗争。"①

作者通过直接记录丁玲的谈话片段,来如实地呈现丁玲的女性主义思想。丁玲不仅关注中国现代历史进程中的女性命运与生存境况,也积极肯定了中国女性在民族抗战中的奉献与牺牲,对她们的革命思想与英雄主义精神给予了高度赞扬。该文较早反映了丁玲到延安之后的生活与思想,为解读丁玲20世纪40年代的文学创作与思想提供了生动的文本。丁玲将满腔的热情投入民族抗战的事业,通过文学创作来揭示异族侵略之下中国女性艰难的生存境遇,表现出她对女性命运一如既往的关注,同时也表达了她鲜明而深刻的女性主义思想。

三、"当今中国理想主义者"——谢冰莹

对于英语世界的读者来说,谢冰莹并不是一个陌生的名字。早在1927年的《中央日报》英文副刊上就刊载过她的作

---

① Earl H. Leaf(里夫):《丁玲:新中国的女战士》,叶舟译,上海:光明书局,1938年,第43页。

品译文。时任英文编辑的林语堂已将其部分作品译成英文发表①，在读者中引起了不小的反响。在1930年2月27日的《中国评论周报》上，林语堂发表的《谢冰莹：当今中国理想主义者》则更为全面而深入地介绍了谢冰莹的创作及其理想主义思想在中国现代历史上的重要意义。文章介绍了谢冰莹的生平经历与生活现状，指出她就是《女兵日记》的作者。谢冰莹曾在武昌政治军事学院接受训练，此后参加多场战斗，她发表在《中央日报》的文章是译自她来自前线的信件。国民革命结束后，谢冰莹回到家乡小镇，但与当地的生活难以融合，并与父母及家庭产生冲突，遭到监禁，一度失去与外界的联系，最终她逃离家庭寻找新生活。在对《女兵日记》的内容进行引述与评论时，林语堂着重介绍了谢冰莹所经历的艰苦军旅生活，以及在艰难困苦中可贵的理想与精神：

> 阅览《女兵日记》，人们不难发现谢冰莹集中体现了当今中国千百万革命青年的理想主义精神。在1927年革命运动中，这种精神以英雄式的、自我牺牲的行动得到呈现。正是这种精神推动了不可阻挡的国民革命的进程遍及大半个中国。许多青年为新中国的到来献出了生命，许多人忍受艰险困苦。并且也正是这种理想主义，成了年轻中国的情感驱动力。正因如此，我们不能漠视这种思想，而

---

① 谢冰莹在《记林语堂先生》一文中对此事有相关记录："在新堤的前线，一群同学在围着看《中央日报》副刊，太巧了，我的'寄自嘉鱼'的前线通信，本来是寄给孙伏园先生私人的，不料却发表在副刊上；更令我不敢相信的是这些通信，林语堂先生居然把它一篇篇译成英文发表了！"该文载《百年国土 自述·回忆·专访》（第三册），王大鹏选编，北京：中国文联出版公司，1999年，第28页。

需加以研究。

如果有政治家的话,年轻的中国没有被他们所理解。青年运动通常受到来自当前国民党行政院命令的压制与迫害。但他们没有意识到压制这种巨大的情感动力,总有一天,青年们会以更多样的方式来回击。①

林语堂曾将谢冰莹的作品称为"革命文学",属于"实地穿丘八之服,着丘八之鞋,食丘八之粮,手拿炸弹,向反革命残垒抛掷,夜间于猪尿牛粪的空气中,睡不成寐,爬起来写述征途的感想"②。林语堂并没有过多分析谢冰莹作品的文学技巧与成绩,而是在现代历史的广阔背景下,从青年运动的角度出发,揭示谢冰莹的人生追求与其文学作品中所体现出的理想主义精神,以及这种精神在中国现代历史发展所起到的巨大作用力与所具有的重要的社会意义。谢冰莹在忆述《从军日记》出版过程时,曾谈到林语堂对其的鼓励与肯定:"你不要太菲薄自己了,你的《从军日记》,尽管没有起承转合的技巧,但这是北伐时期最珍贵的史料,它有时代意义和社会意义,不出版,太可惜了。"③林语堂不仅支持并鼓励谢冰莹的文学创作,将其作品译成英文向外传播,还多次撰写英文文章予以评介。林语堂的鼓励促成了谢冰莹文学创作的坚持与延续,并将一个具有独特创作才情的现代女作家引入了英语读者的视野。

综上所述,虽然《丁玲——新中国的女战士》一文的作者为

---

① Lin Yutang(林语堂):"Miss Hsieh Ping-ing: A Study in Contemporary Idealism", *The China Critic*, February 27, 1930.
② 林语堂:《冰莹〈从军日记〉序》,《林语堂名著全集》第13卷,长春:东北师范大学出版社,1994年,第243页。
③ 谢冰莹:《记林语堂先生》,《百年国土 自述·回忆·专访》(第三册),王大鹏选编,北京:中国文联出版公司,1999年,第29页。

外国知识分子，但《天下月刊》及时编发此文，表现出该刊编辑对丁玲现实生活与文学创作的强烈关注。中国现代知识分子通过对丁玲、庐隐、凌叔华等女性作家的评论，来展现中国现代女性文学创作实绩与女性思想的发展：庐隐以至情至性的笔触呈现了追求个性解放的人生之旅，凌叔华以精致的笔调描摹了女性情思，谢冰莹以亲身体验诠释了时代洪流中的青年理想主义精神，丁玲在民族抗战的洪流中坚守女性主义思想。从文坛旧将到新秀，由文学创作介绍至思想述评，《中国评论周报》与《天下月刊》的作者揭示出中国现代女性作家丰富多样的文学实绩与思想成就。女性文学是中国现代文学的重要收获，中国现代女性思想的发展体现了中国现代文化的新突破，因此，对中国现代女性思想的述评体现了中国现代知识分子对现代文学及文化的认同倾向。

第三节　战争状态下的文学时评

抗战爆发后，战争给作家的生活与创作带来重大影响，罗荪在《抗战文艺运动鸟瞰》中揭示了这一趋向："抗战的烽火，迫使着作家在这一新的形势底下，接近了现实：突进了崭新的战斗生活，望见了比过去一切更为广阔的，真切的远景。作家不再拘束于自己的狭小的天地里，不再从窗子里窥望蓝天和白云，而是从他们的书房、亭子间、沙龙、咖啡店中解放出来，走向了战斗的原野，走向了人们所在的场所；而是从他们生活习惯的都市，走向了农村城镇；而是从租界，走向了内地……这是一个不小的改变，也是一个不小的开拓，使文学活动真正地放到了战斗的生活原野里去。"[①]胡风在《民族革命战

---

① 罗荪：《抗战文艺运动鸟瞰》，《文学理论史料选》，成都：四川教育出版社，1988年，第48页。

争与文艺》①中,对战争形势下的中国文学发展进行了整体观照。他指出这一时期文学"在创作上的表现"是报告文学与诗歌发展迅速,小说创作"有了前进一步的萌芽",戏剧方面则是"演剧运动有了广大的发达"以及大众文艺的空前发达。《天下月刊》在1936年之后刊载的有关诗歌、戏剧及电影的数篇时评②,也充分揭示了抗战爆发前后中国文学的发展状况。这些文章的作者都是当时文艺发展过程的亲历者,有的兼作家与评论家于一身,作为"在场者"他们对于当时的文艺发展有更为真切的体验和认知,能够较为全面地描述各个领域的发展进程,并能揭示其发展方向及规律。

一、文学发展整体趋向

陈大仁在1938年3月《文学时评》③中揭示了战争对中国作家生活及创作的影响:"由于动荡的环境,许多战前创作十分丰富的中国作家,现在几乎都停止了创作。还有一些作家忙于其他事务,而没有时间写作。或许文字比刀剑更有力量,但事实上许多作家都投笔从戎。因为他们深知在民族危机时刻,应该尽其所能抗击日本侵略者。"文章以作家的现实生活处境来进一步说明他们生活及创作的变化。如郭沫若从日本回国后在

---

① 胡风:《胡风评论集》(中),北京:人民文学出版社,1984年,第71页。
② 分别是邵洵美"新诗时评"(前后两篇分别刊于第3卷第3期,第5卷第4期),姚莘农"电影时评"(第4卷第4期)与"戏剧时评"(第3卷第1期),宋以忠"出版时评"(第5卷第2期),陈大仁"文学时评"(第6卷第3期),郁宸民"新闻时评"(第7卷第1期),等等。
③ "Literature Chronicle", *T'ien Hsia Monthly*, Vol. VI, No. III, March 1938.

军中任职、丁玲到达陕西开始新的生活、谢冰莹在上海与湖南女学生一起参加红十字救护工作以及舒芜、夏衍加入八路军,他们纷纷创作出反映现实生活的作品。对于文学创作中的变化,陈大仁认为戏剧、报告文学及传记文学、小说都有了新的发展。以反映战争为主题的戏剧创作十分活跃,许多剧作都得到公演,发挥出巨大的宣传作用。报告文学迅速兴起,范长江的《西线风云》描述了浙江、江苏两省的抗战情形,即将出版的《西行漫记》也将引发世界对红军长征进程的关注。这一时期,在中国并不流行的文学样式——传记文学也开始兴起。尤其是在冯玉祥创作自传的影响下,更多人加入写自传的潮流中。而小说方面,田军的《第三代》、端木蕻良的《大地的海》、左兵的《天下太平》都是反映现实生活的杰作。无论是作家创作的转向,还是文学主题的转变,都显示出中国现代文学对中华民族抗战斗争的呼应与表现。

二、诗歌发展的政治化转变

邵洵美在《天下月刊》发表了两篇新诗时评,对战争状态下的现代诗歌发展历程进行了述评。在1936年10月第3卷第3期《新诗历程》中揭示出战前新诗的发展状况,他认为1931年后的新诗出版由于徐志摩的逝世及《诗刊》停刊而陷入沉寂:"1931年以后的四年确实是沉闷的日子。偶尔在各种不一定带有文学性质杂志那些不明显的角落里出现过的一些无足轻重的小诗,但这些小诗却都被人们看成只不过是些补白的东西而已。"[①]形成这种境况的原因在于诗歌出版在当时遭遇了出版业界的冷遇:"那些出版家当时正热衷于出版一些幽默杂志,并

---

① 邵洵美:"Poetry Chronicle", *T'ien Hsia Monthly*, Vol. 3, No. 3, October 1936. 译文转引自《新诗历程》,邵绡红译,《文教资料》,1985年第2期,第47页。

用那些声名狼藉的廉价版本重新刊印流行的名著。 这样做的后果是：诗人必须充当他们自己作品的出版者。"①邵洵美在文中不仅流露出对当时诗坛的忧虑，也表达出对出版界过于追求商业利益的批评。 尽管诗歌出版现状不够理想，但陈梦家、戴望舒、卞之琳等人还是通过自费印行或书局出版等形式出版诗集。 待到时代图书公司《新诗库》的出版则"标志着出版界的一个新起点"。"诗歌是一种变幻莫测的行当，没有别的出版家敢于染指"②，邵洵美在自己创办的出版公司力主出版中国现代新诗集。 他摒弃对商业利益的过度追求，力图推动新诗的发展，体现出了他作为出版家的独特出版理念，也昭示出他作为现代诗人对诗歌理想的坚守与追求。 抗战爆发前后，动荡的时局扰乱了诗人的创作，同时也带来了新的创作感受与体验。 邵洵美在1937年11月第5卷第4期的《新诗历程》中写道，"战争压垮了我们，然而诗歌的艺术之花再度开放"，"1936—1937年间，证明了诗歌发展的可能。 虽然作为一种艺术，诗歌进展不大，却取得了重大收获，10种诗歌杂志出版，不少于20种诗集得以发行"③。 其中，戴望舒出版的《新诗》月刊意义重大，该刊主要致力于诗歌及评论，发行量不大，但它的成功之处在于刊发了一些诗歌评论文章，如柯可的《新诗的新方向》被誉为关于中国新诗最好的评论文章之一。 随着战争进程的逐步扩大，诗歌创作及出版受到重创。 此前的一些主要的诗刊及

---

① 邵洵美："Poetry Chronicle"，*T'ien Hsia Monthly*，Vol. 3，No. 3，October 1936. 译文转引自《新诗历程》，邵绡红译，《文教资料》，1985年第2期，第47页。

② 邵洵美："Poetry Chronicle"，*T'ien Hsia Monthly*，Vol. 3，No. 3，October 1936. 译文转引自《新诗历程》，邵绡红译，《文教资料》，1985年第2期。

③ 邵洵美："Poetry Chronicle"，*T'ien Hsia Monthly*，Vol. 5，No. 4，November 1937.

发表诗歌的杂志都停刊或缩版，取而代之的是如《烽火》及《解放日报》文艺版继续刊发诗歌作品。凌岱发表于1938年12月第7卷第5期的《新诗历程》，认为1937年以后战争虽然扰乱了诗人的生活，摧毁了诗人所要歌咏的美好事物，但诗歌创作仍然在顽强进行。新的诗歌刊物及诗人开始涌现，诗歌创作地域也开始转向内地并逐渐分散。该文对战时各地的诗歌刊物有详细介绍，如汉口的《诗时代》发表了鹿地亘、罗烽、力扬、李雷等人的作品，昆明的《战歌》发表了穆木天、徐嘉瑞、彰慧等人的作品，此外长沙的《中国诗艺》、广东的《东方诗报》等刊物上都发表过大量诗歌作品。战时涌现出的大批青年诗人及作品，汇入当时的战争文学主潮，诗歌创作成为政治宣传的重要文艺载体。

三、戏剧发展走向大众

1936年至1940年，《天下月刊》连续发表5篇"戏剧时评"①，全面而深入地阐述了战时戏剧的发展状况。作为现代戏剧发展的亲历者，姚莘农对其发展趋向及存在的问题有清晰而深入的观察与体认，于1936年8月与1937年8月连续发表两篇《戏剧历程》（分别载第3卷第1期和第5卷第1期），对1935年至1937年间的戏剧发展进行整体概观，揭示出在抗战时代情境中戏剧的发展方向。姚莘农认为从20世纪30年代中期开始，中国戏剧为适应抗战形势，主题从表现传统思想及反映社会现实问题为主，转变为反映中国军民与日本侵略者斗争的内容为主。戏剧主题的变化改变着其文化功能，并影响了其

---

① 分别为1936年8月第3卷第1期姚莘农作，1937年8月第5卷第1期姚莘农作，1938年5月第6卷第5期 Frank B. Wells 作，1939年3月第8卷第2期梁琰作，1940年3月第10卷第3期凌皑梅作。

创作及受众群体。这一时期的戏剧承担起抗战宣传的作用,文学审美功能被削弱。戏剧创作不再限于知识分子创作,一些大城市的工人通过夜校学习戏剧知识,也创作了大量贴近现实生活的剧作。戏剧观众群体也由原来的学生与知识分子群体扩展到工人群体。到1936年,中国戏剧发展有了新的显著变化——业余剧团走向专业化,成立于1933年的中国旅行剧团在全国各地进行频繁演出。1936年抵沪演出《雷雨》,获得巨大成功,为新剧发展注入新鲜血液,也促进了业余剧团的专业化发展。受此影响,各种专业剧团在南京、上海等地相继成立;剧作家也在各地开展文化交流活动,推动了1937年新戏剧运动的发展。虽然在此期间,戏剧剧团纷纷建立,演出活动十分活跃,中国戏剧进入新的发展阶段,但作者以专业剧作家的视角仍然揭示出其中存在的诸多问题,即缺乏演艺天才与优秀剧本,严格的审查制度遏制了戏剧的进一步繁荣。在两篇《戏剧历程》中,姚莘农结合戏剧发展的历史现状及剧作家的具体创作,清晰展现了1935年至1937年戏剧发展历程,为后世学者提供了鲜活的戏剧研究资料,其中所蕴含的丰富而独特的现代戏剧理论也为研究者提供了有益的启示。从中国戏剧向外传播的角度来看,姚莘农的英文剧评在展示"活现状"的戏剧发展进程的同时,也将蕴藏在戏剧作品中的中国民众的抗战精神译介到了西方,展现出了中国民族精神。

在其他三篇戏剧时评中,文章作者从不同角度对战时中国戏剧历程进行了独特考察,揭示这一时期戏剧在各个方面所进行的探索及所获得的发展。Frank B. Well以外国评论家的身份指出,与其他艺术形式相比,戏剧随着中国社会的急速变化也有较大的发展。尤其是剧作家对中国古典戏曲进行改编来反映抗战主题,如西方人所了解的代表中国戏曲最高形式的京剧由欧阳予倩进行了现代改编,以彰显民族意识及激情来表达伟大的爱国精神。此外,他也注意到了戏剧业余化的趋向。戏剧从现实斗争中获得素材,以反映现实生活为主,由简单对话构成,演员也来自社会各个阶层,演出活动走向大众。梁琰的文章则将视角落在戏剧人才的培养层面,考察了战时戏剧教育的发展。由熊佛西主持的四川省戏剧学院在成都建立,其宗旨是通过现代戏剧培养人才,来促进社会教育的进展,为国家的恢复和重建做准备。熊佛西将现代戏剧当作重建民族精神的教育方式,注重培养学生艺术家式的激情和军事化的纪律,并积极带领学生参加实际演出活动,如当时他指导成都数万儿童表演大型生活实景剧《儿童世界》,曾经轰动一时。此外,山东省戏剧艺术学会训练学生表演古代戏剧,并在各地巡演,获得巨大成功。梁琰在文中还对香港及延安等地的戏剧活动进行了素描:"延安的戏剧活动也很活跃,在延安窑洞里,在鲁迅艺术学院都有有关戏剧艺术的演讲及抗战戏剧的演出。大量剧团去往前线慰问将士,或到农村进行大众宣传及教育。"[1]此外,凌皑梅的文章对中国现代戏剧的发展进行了回顾,并揭示出战时戏剧发展的走向,即转向抗战主题,爱国戏剧演出活跃,剧场遍布街头、田间甚至寺庙。该文还分析了"全国戏剧界抗敌协会"对戏剧的引导作用。该剧协在昆明成立,总部设在重庆,各地建有分支机构;剧协统一领导全国戏剧活动,最大限度地发挥戏剧作为民族抗战文化武器的宣传功能。

四、电影发展逐渐分散化

关于这一时期的电影发展,姚克在 1937 年第 4 卷第 4 期、杜恒在 1938 年第 7 卷第 3 期的"电影时评"中有具体阐述。尤其是姚克以深入的专业视角揭示出了战时电影发展中存在的问题及取得的成绩。姚克在文章中首先指出了当时电影发展过程

---

[1] 梁琰:"Drama Chronicle", *T'ien Hsia Monthly*, Vol. 8, No. 2, February 1939, p.180.

中存在的问题。虽然当时出产的电影在声效、故事、摄影等方面都达到了一个较高的水平，但中国电影只有短短二十几年的发展历史，缺乏资本投入而难有较快发展。因缺乏资金，中国电影所需的先进设备难以引进，再加上在发展初期为中国电影发挥了重要作用的技术人才也十分短缺，中国电影所处的环境十分艰难。此外，真正阻碍电影发展的是审查制度，严厉的审查使得中国电影无力发展，最终转向低级趣味影片的生产。尽管困难重重，但在剧作家、导演等人的努力下，中国电影有了进一步的发展。首先是文学家逐步参与到电影生产过程中，许多著名的剧作家及小说家为电影提供了优秀的剧本，提升了电影的故事及思想水平。这使得电影题材有了极大的丰富，除了反映抗战、激发民众爱国热情的"国防电影"之外，还出现了大量反映社会现实问题的电影，如《奴隶的儿子》展示了中国现代个人的阶级意识，《女权》探讨了女性职业问题，《十字街头》则关注社会现状。随着欣赏趣味的变化，观众对演员的要求越来越高，他们需要有智慧与才能的演员，受过良好教育，精于表演艺术。此外，当时32位著名电影评论家联合签名致信艺华影片公司，抵制其出产低级影片，并为广大观众推荐抗战爱国影片《勇敢猎手》，电影评论界有效地引导战时的中国电影朝着良性方向发展。文章最后对战时中国电影发展进行整体述评："总而言之，除资金短缺外，近年来中国电影在各个方面都获得了相当大进展。较之于五年前，中国电影各方面都有完善，不久的将来会达到更高水平。此外，不难发现，越来越多的著名剧作家、评论家、表演家开始加入电影行业中，他们不只是关注左翼电影。如若给予更多的时间、更多的资金用以改进技术，中国电影人就能生产出堪与好莱坞媲美的电影佳作。"①

---

① 姚克："Cinema Chronicle", *T'ien Hsia Monthly*, Vol. 4, No. 4, April 1937, p.400.

与姚克全景式的论述不同,杜恒从影业公司的发展变化入手,揭示了战争给中国电影公司带来的重大影响,并对其发展前途表达出深切忧虑。他认为戏剧运动中涌现出来的演员投入电影行业组建公司,促进了影业公司的发展。在上海出现了明星、联华、新华及艺华中国四大著名影业公司,南京的中央摄影场战后迁往重庆、四川,并重新整合组建了中国制片公司,成为中国电影的主要生产者,拍摄了许多爱国影片。抗战爆发后,电影从业人员从上海流散至各地:中国制片公司的人员聚集在汉口,沈西苓、蔡楚生等去往香港组建史泰电影公司,还有一部分人到达陕西,由于缺乏电影设备,陈波儿等人转向了戏剧表演。"一流的中国电影从业人员迁往内地,给上海电影生产者带来巨大困难。他们期待恢复生产,有更多经验丰富的演员为其工作。这种情形也将进一步影响中国电影生产。……中国电影公司的发展前景将非常暗淡。"①

综观《天下月刊》所刊载的 1936—1940 年文学时评,评论家们以翔实的文学史实深刻揭示了抗战爆发前后,中国文学界的变化与发展。对于战争与文学的关系,彼此间却产生了重大分歧。一种意见是,战争文学不应该沦为宣传工具。邵洵美作为现代诗歌的创作者,主张诗歌创作应遵循独立的发展路向,保持审美化的艺术追求。他不认同反映单纯战争主题的诗歌,正如他在 1937 年的《诗歌时评》中所言:"难道散文不比诗歌更适合表现战争题材吗?每天在报纸上读到这些诗歌,就仿佛是在看老人在跨栏跑,动作标准,却缺乏一种年轻人所该有的孩子气。我不懂得战争诗歌是发展过快还是不足。但我能确定的是:它们并不真实,这难道就是作为宣传媒介的报纸

---

① 杜恒:"Cinema Chronicle", *T'ien Hsia Monthly*, Vol. 7, No. 3, October 1938, p.294.

所该有的情形吗?"①邵洵美认为战争文学不能过于倾向于政治宣传,而应该具有文学的本体性特征,"它们虽然在战争中产生,但是它们并不是想要在短时间发生效果的宣传工具。" 战争文学主观上展现将士精神与民众苦难,客观上描述现实经验、富有文学本体特征,"他们有详细的描画,但是没有炫耀的辞句;因为作者的目的本不在于宣传,他们竟也许只是在满足他们当时个人的要求。 而这种战争文学却能在文学上占有永久的位置"②。 与邵洵美的观点较为切近的 Frank B. Well,在其《戏剧时评》中,肯定了中国战争文学的价值和意义:"在伟大的自我牺牲精神下,戏剧作家、演员和艺术家将个人的理想和事业服从于更大的民族利益,以便促使这个国家能够获得最后的和平与安宁。"③但同时他也指出戏剧审美艺术上存在局限,不能由剧作及演出中民众的忠诚与热情来弥补,戏剧过多进行政治宣传的状况应该有所改变。 而在另一方面,凌岱、梁琰及凌皑梅等人则表达出支持并赞同战争文学的观点,认为应该发挥诗歌、戏剧的宣传作用,为民族抗战服务。 凌岱在 1938 年的《诗歌时评》中从中国诗歌发展的历史中寻找源头,指出战争诗歌古已有之,并以唐诗作为范例,认为唐代的动荡时期出现了唐诗的高峰和顶点。 他进而指出,抗战爆发后,中国诗歌的优雅艺术性应该让位于战争的现实残酷性,古代诗歌所惯于表现的田园牧歌情调及个人生命体验,应该被战争中以枪炮声所取代。 诗歌应该作为政治宣传工具,因为它能深入大众内

---

① Zau Sinmay(邵洵美):"Poetry Chronicle", *T'ien Hsia Monthly*, Vol. V, No.4, November, 1938, p.403.
② 邵洵美:《战争文学》,邵洵美著,邵绡红编:《一个人的谈话》,上海:上海书店出版社,2008 年,第 158 页。
③ Frank B. Well:"Drama Chronicle", *T'ien Hsia Monthly*, Vol. 6, No.5, May 1938, p.479.

心,凌岱对当时出现的朗诵诗运动给予了极高评价。梁琰在其文章中也有相似论断:"对于一些人的思想而言,将戏剧与战争联系在一起是不恰当的。但是回首近一年来的戏剧运动,很明显,两者密不可分。""戏剧已被证明是最好的战争宣传工具。无论你走到哪里,你都将发现剧团到处在进行爱国剧作演出来唤起民众的抗战热情。"①此外,凌皑梅在1940年的《戏剧时评》中突出强调了戏剧的宣传功能:"在文化领域,戏剧比其他艺术样式更有效地充当了政治宣传工具,并且这一功能逐渐强化。因为戏剧能达到更广泛的观众。城市和农村的文化人与文盲都能欣赏一部好戏。"②从各位评论家对于战争与文学关系的认识与观点,可以看出他们各自的文艺主张与思想。在民族抗战的形势下,文艺评论也为时代情境所驱使,成为政治宣传的脚本,反映出当时主流话语对文艺的影响,也体现了《天下月刊》作为英文媒介在中国抗战进程中的意义和作用。《天下月刊》在抗战爆发后所刊载的文学译文及评论,成为中国向外宣传的有效载体,为争取国际舆论与文化的支持,发挥出重要作用,这也印证了邵洵美对于战争文学所具有的国际宣传作用的观点。战争文学状态下,中国知识分子用外国文字来著译的宣传文字,"目的在提醒国际的注意与引起他们的同情"③。

"文学批评既要考察所评作品的生活内容、情感内容,又要考察所评作品的艺术形式;它可能由许多不同的角度切入。但是,归结起来,就是社会的历史的考察与审美的考察,这是文

---

① 梁琰:"Drama Chronicle", *T'ien Hsia Monthly*, Vol. 8, No. 2, February 1939, p.177.
② 凌皑梅:"Drama Chronicle", *T'ien Hsia Monthly*, Vol. 10, No. 3, March 1940, p.256.
③ 邵洵美:《战争文学》,邵洵美著,邵绡红编,《一个人的谈话》,上海:上海书店出版社,2008年,第157页。

学批评的两个最基本的最主要的侧面。"①出于不同的批评标准,《中国评论周报》与《天下月刊》的文学评论家对于现代文学评论视角呈现出多样性。有的从纯文艺批评的角度,探讨中国现代作家作品的审美价值与文学创新,如邵洵美对中国现代诗歌的评论;费鉴照对凌叔华小说的品评以及姚克对中国戏剧发展进程的阐述,这些建筑在批评本体意义基础上的文学评论,丰富了中国现代文学理论,体现了邵洵美、姚克等人自我文化认同的倾向。而两刊上的其他中国现代文学评论,则更多从社会学角度阐发中国现代文学作家作品在历史进程中的政治与文化思想意义,如林语堂的《谢冰莹:当今中国之理想主义者》及温源宁的《黄庐隐》等文章突出强调了中国现代作家在青年运动与女性思想发展过程中的贡献。《天下月刊》在抗战爆发后所刊载的战争状态下的文学述评,摒弃了对文学创作的审美评价,而注重阐发其具有的政治宣传的特性。这些着重于阐发文学的社会思想与民族精神的评论,在一定的意义上,体现了中国现代知识分子整体上民族文化认同的倾向,力图以文化认同实现民族认同,凝聚民众抗战精神,挽救民族危亡。

---

① 王先霈主编:《文学批评原理》,武汉:华中师范大学出版社,1999年,第4页。

第五章 /
对"过去"的认同与"重建"

本章分析、解读《中国评论周报》、《天下月刊》对中国古代文学及文化的译介。两刊的编辑与作者对传统文化（本书主要涉及的内容是古代文学）进行了文本翻译与文化阐发：既对古代文学经典如《诗经》、唐诗、宋词进行了译介，也对元杂剧、昆曲及话本小说进行了文化阐发，表现了中国现代知识分子对传统文化的认同倾向；在此基础之上，他们还以现代文化及思想对传统文化进行"再解读"，促进中国传统文化的现代性转型与建构。

萨义德在《东方学》一书中指出："在东方的知识这一总标题下，在18世纪晚期开始形成的欧洲对东方的霸权这把大伞的荫庇下，一个复杂的东方被呈现出来：它在学院中被研究，在博物馆中供展览，被殖民当局重建，在有关人类学和宇宙的人类学、生物学、语言学、种族、历史的论题中得到理论表述，被用作与发展、进化、文化个性、民族或宗教特征等有关的经济、社会理论的例证。"①西方国家对东方文化的重视与研究是伴随着资本主义国家殖民扩张过程而逐渐展开的，"东方学在研究体制和内容上获得巨大进展的时期正好与欧洲殖民主义的急剧扩张时期相吻合"②。在西方"凝视"和"想象"东方的过程中，西方殖民者将猎奇的目光投向与自身存在巨大差异的东方传统文化中，通过对他者文化想象来完成对自我文化的优越性定位。"东方主义者的学术对于传统有一种特别的姿态。首先，其对古典的强调超过对现存传统的强调。它发现了东方的'过去'，对于这个过去，其比本地人有更大的权威、更大的支配权。"③也就是说，在东方主义者的视域中，东方的历史是贫瘠的，科技的成就被"故意忽视或隐瞒"了，东方文化的魅力

---

① 爱德华·W.萨义德：《东方学》，王宇根译，北京：生活·读书·新知三联书店，1999年，第10页。
② 爱德华·W.萨义德：《东方学》，王宇根译，北京：生活·读书·新知三联书店，1999年，第51页。
③ 齐亚乌丁·萨达尔：《东方主义》，马雪峰、苏敏译，长春：吉林人民出版社，2005年，第10页。

被"化约成仅仅是一种异国情调"①。东方文化被想象成存在于脱离现代历史进程的落后状态,西方以此凸显自我文化的先进性,为其殖民侵略寻找开脱的借口。由此可见,西方汉学界长久以来对中国传统文化的研究,体现出了强势文化对弱势文化的霸权君临,昭示出文化殖民的倾向。不仅如此,在中国现代知识分子追求现代文化认同中,传统文化曾作为蒙昧、落后的文化想象,不断遭受到来自文化革新者的批判。而在文化保守主义者的思想中,传统文化又以故步自封的方式,拒绝来自西方文化的补充与校正。不论是西方殖民者的"东方化"想象,还是中国现代知识分子的极端批判与固守,中国传统文化遭遇到多方面的挤压与断裂。到20世纪20年代以后,后"五四"一代知识分子,以更为开放的文化视角,将传统文化放置在世界文化范围中进行考察检视。他们以文学翻译及评论的方式,在对传统文学及文化的重现与重建中寻求着民族文化认同。《中国评论周报》与《天下月刊》作为中国知识分子创办的英文期刊,与同时期其他中文期刊一样,体现出了中国知识分子在中西文化交流过程中,由前期的文化论争走向文化建设的重要转变。两刊的编辑作者在跨语际文学实践中,着力将中国传统文学及文化译介传播到英语世界,寻找中国传统文化现代性建构,带有了更强烈的民族文化主体意识与文化认同倾向。

第一节 传统文化认同的动因

中华民族文化历经几千年的历史发展,逐渐形成了以儒、道、佛为主体的思想文化体系,以及由各个历史时期的文学及

---

① 齐亚乌丁·萨达尔:《东方主义》,马雪峰、苏敏译,长春:吉林人民出版社,2005年,第97页。

艺术成果积累而成的艺术审美体系。这些文化传统成为中华民族文化共同体，融合渗入人的思想意识里。《中国评论周报》与《天下月刊》的编辑作者大多数在幼年时期接受传统文化熏陶，中国传统文化是他们最为本质和基础的文化底蕴。吴经熊认为幼年的教育能够影响人一生的文化思想，他从6岁开始就在私塾先生的带领下学习儒家典籍，如《诗经》、《论语》等，"那时仍在盛行的老一套教学方法，是让我们逐字逐句逐章地记诵整本书，意思半懂不懂，但我们像牛反刍一样，常反复咀嚼着经典之神髓。古圣哲言就这样潜移默化地成了我们心智结构的活组织"①。幼年时期的传统文化教育不仅构建了吴经熊最初的文化基质，也培养了他对于中国古代文化典籍及诗歌的喜爱，此后在他创办《天下月刊》期间曾将老子的《道德经》及中国古代诗歌译成英文向外传播，并用英文创作《唐诗四季》，表现出他对古代诗歌独特而深刻的理解。同样，邵洵美在现代文学史上表现出独特的诗歌创作才情，这与他幼年时期对中国古代诗歌的喜爱密切相关，"第一次读诗时他才七岁。先生教他读《诗经》，他就喜欢上《关雎》那一章，成天咿咿哑哑，一遍又一遍像唱歌那样不住嘴地哼。十一岁时他对《唐诗三百首》，每一首只须读上几遍就背得出。先生又开始教他写诗，那时他就想着，将来能有一部三百零一首的诗选出版"②。可以说幼年时期中国古代诗歌的艺术熏陶点燃了邵洵美对诗歌的热情，此后他曾进行过长达15年的诗歌创作历程，为中国现代文坛贡献了带有独特风格的诗集《诗二十五首》，同时他对于中国现代新诗发展有独到而深刻见解，《诗二十五首·自序》及发

---

① 吴经熊：《超越东西方》，周伟驰译，雷立柏注，北京：社会科学文献出版社，第43页。
② 邵绡红：《我的爸爸邵洵美》，上海：上海书店出版社，2005年，第10页。

表在《天下月刊》上的两篇《新诗时评》等诗歌评论,都体现了他对中国现代新诗的独特品鉴。此外,钱锺书、全增嘏、姚克等人,在幼年时期或承继家学渊源,或经由私塾教育,对中国传统文化有全面的接触与学习。林语堂幼年受家庭生活的影响,较早接触基督教的文化熏陶,而对中国文化缺乏全面了解和认识,表现出了与上述几位知识分子不同的教育背景。林语堂对于中国传统文化的全面接触开始于他大学毕业之后到清华任教之时,当时他深感于自己传统文化基础的薄弱,开始搜寻并阅读中国古代文化典籍。"为了洗雪耻辱。我开始认真在中文上下功夫。首先,我看《红楼梦》,藉此学北京话,因为《红楼梦》上的北京话还是无可比拟的杰作。袭人和晴雯说的语言之美,使多少想写白话的中国人感到脸上无光。""我找到了卖旧书出名的琉璃厂,那条街上,一排一排的都是旧书铺。由于和书商闲谈,我发现了我国学知识的漏洞,中国学者所熟知的,我都不知道。与书商的随便攀谈,我觉得非常有趣,甚至惊异可喜。"[①]1936年赴美时他随身携带了大量中国文化典籍,为其在美国撰写介绍中国文化的英文作品提供了重要依据。中国传统文化经历了几千年历史发展过程,形成了繁复而又深广的文化体系,对现代社会产生了巨大的文化惯性作用力。中国人从思想精神信仰到日常生活情趣,都受到传统文化内涵的深刻影响。身处现代社会的中国知识分子,他们对于中国传统文化具有天然的文化亲缘关系,因此中国传统文化是中国现代知识分子最为基础的文化内质,也是构成他们民族文化认同的核心和主体内容。

如果说后"五四"一代知识分子的民族文化认同的基础来源于他们早年的传统文化熏陶,那么另一个历史动因则在于民

[①] 林语堂:《林语堂自传》,南京:江苏文艺出版社,1995年,第71页。

族危机中的文化想象。为化解近代以来的民族危机,中国现代知识分子努力寻求现代性的文化认同,不断吸取西方科技、政治及文化思想来促进中国现代化的进程。与此同时,中国传统文化曾作为僵死腐朽的文化遭到决然的抨击批判,中国传统文化在现代社会的断裂必然带来现代知识分子的认同危机。在面对西方文化霸权的强势冲击之下,在传统文化认同危机之中,在20世纪30年代民族危机深刻加剧的历史情境之下,中国传统文化以其内在的凝聚力与整合力发挥出巨大的号召力,唤起中国现代知识分子的文化主体意识,以文化认同实现民族认同,凝聚民众抗战精神,挽救民族危亡。在这一历史进程中,注重民族文化建设,以民族文化思想来凝聚民族意识,振奋民族精神,成为一种重要的文化潮流和趋向。20世纪30年代以后,无论是国民党的"民族主义文艺运动",还是共产党倡导的"大众化文艺运动",以及出版界的古籍出版热、学术界的国学研究热潮,这些都表明中国传统文化认同达到一个集中的高度。国民党政权在发扬孙中山民族主义思想的基础上,大力加强民族文化建设,为其政治统治寻求思想与精神支持。国民政府曾制定并颁发"关于文化建设原则与推进方针以复兴民族"的训令①,确定"三民主义"为中国文化建设运动之最高原则,还"应针对时代需要,务期中国革命文化之建设与国民新生活之创造,相为辅车,并以发扬光大中国固有文化与吸收外来文化,为文化建设之中心工作"。在这一文化方针的推动下,当时国民党政府在全国范围内掀起了一股尊孔读经的热潮,如举行祭孔大典、要求学校添习经学、设立国学院及孔学研究会以供中外人士研究中国文化等。1935年2月邵元冲发表《如何建设中国文化》一文,再次重申并倡导建设民族文化的重要性,

---

① 中国第二历史档案馆编:《中华民国档案历史资料汇编第五辑第一编文化(一)》,南京:江苏古籍出版社,第26页。

"同时我们所要建设的文化,是中国民族的文化,就是不仅要认清哪一种文化为我们中国所需要,而且是拿中国整个民族为对象。要用这种文化为中国国家民族从困苦艰难的环境中打开一条生路。从这种文化的发展,能够使中国民族增强民族的力量,充实浓厚的民族意识,表现奋斗的民族精神,这种文化,就是我们所需要的中国民族文化"①。

第二节 对中国古代文学及文化的英译

作为20世纪上半叶中国知识分子创办的英文期刊,《中国评论周报》与《天下月刊》体现出了这一时期对传统文化的认同趋向。《中国评论周报》作为时政文化综合周刊,以英语向外介绍中国时政国情,打破西方国家对中国的不实报道与歪曲宣传,其本身体现了强烈的民族文化认同与主体意识。此外该刊发表了大量研究中国传统文化的专论文章与文化随笔,推动中国传统文化的向外传播。《天下月刊》作为纯文化期刊,译介大量中国文学及文化经典,其中古典文学占据了相当的篇幅,此外还刊发大量的中国古代文化专论,以自主的姿态向外传播中国文化。两刊主要是面向西方读者,对中国传统文化的译介与阐发,表现出后"五四"一代中国知识分子更为强烈的传统文化认同感。考察《中国评论周报》与《天下月刊》所译介的中国传统文化典籍,从文本类型上看,既包含中国古代文学作品的英译,还包括大量介绍中国文化的专论文章,另外还有大量有关研究中国文化论著的书评。从译者及作者来看,既有中国古文化研究专家,如印刷史专家吴光清、建筑学家童寯,又有

---

① 中国第二历史档案馆编:《中华民国档案历史资料汇编第五辑第一编文化(一)》,南京:江苏古籍出版社,第37页。

唐诗专家吴经熊等。从历史时间来看,先秦、魏晋及隋唐、元明清等各个历史时期的文化都有不同程度的介绍。具体在对中国古代文学的译介中,则涉及先秦诸子思想经典,诗歌、文赋及戏曲、小说等各种样式。

表5-1 《天下月刊》英译的中国古代文学及文化作品篇目

作品	译者	刊期
《道德经》(老子著)	吴经熊	《天下月刊》第9卷4期至10卷1期
《五蠹》(韩非子著)	廖文魁	《天下月刊》第10卷1期
《诗经》及唐宋诗词、清代诗词等140余首	李德兰（吴经熊笔名）	《天下月刊》第6卷1期、6卷3期、8卷1期、9卷3期
《苏东坡诗九首》	胡先骕 哈罗德·阿克顿	《天下月刊》第8卷2期
《贩马记》(京剧)	姚克	《天下月刊》第1卷5期
《庆顶珠》(京剧)	姚克	《天下月刊》第2卷5期
《春香闹学》、《狮吼记》、《林冲夜奔》(昆曲)	哈罗德·阿克顿	《天下月刊》第8卷4期、第9卷1期、第9卷2期
《浮生六记》(清代散文)	林语堂	《天下月刊》第1卷1—4期
《错斩崔宁》(宋话本)	李继唐	《天下月刊》第10卷4期
《蒋孝廉西征述异记》(清小说)	毛如升	《天下月刊》第5卷1期
《儒林外史》之结尾《四位奇人》	徐诚斌	《天下月刊》第11卷2期

如本书第三、四章所述，中国现代知识分子在对中国现代文学进行译介的过程中，表达出了他们对于个人文化认同与民族文化认同之间的双重选择。那么在对中国传统文化的译介过程中，他们亦表现出了同样的倾向。一方面受当时历史时代情境的影响，他们选择了一些反映家国忧患思想、表达反抗与追求和平主题的古代文学作品进行译介，如吴经熊在其古诗翻译与《唐诗四季》中选择了杜甫、苏拯、李煜及陆游等人的诗词进行译介，在古诗中寻找家国忧患情绪的映现，并以古代诗人的爱国思想激励现代中国人的抗战热情。《天下月刊》的读者在阅读了吴经熊的译诗之后产生了强烈的情感共鸣："当我们的国家在抵抗外国入侵的生死战斗之际，我们需要的是充满强烈感情的激昂文字。五十六首译诗在题材与文字特点上都符合这一要求。苏拯的《世迷》是诗人对生命哲学的思考和对永恒和平的强烈渴望，陆游的《示儿》在百年前就表达了对当今人们的爱国情。诗人在临终之时仍念念不忘一个强大统一的中国。虽然古代人的爱国文学作品不如现在的那样充满激情，但古代文学家在精致的艺术形式与技巧中表达他们的深沉的情感。"① 此外，姚克翻译了京剧《庆顶珠》，以古代戏曲中的反抗主题来鼓舞民众的抗战精神。《庆顶珠》原名《讨鱼税》、《打渔杀家》，取材于《水浒后传》中萧恩父女为反抗鱼税，杀死恶人全家的故事。姚克在译本前言中高度肯定了萧恩父女的反抗精神，他认为《庆顶珠》摆脱了京剧中"才子佳人的老套主题"，"插科打诨"的表演形式，而以"让人热血沸腾"的反抗主题感染观众，"最后一幕萧恩父女杀死恶人全家的剧情，西方观众可

---

① 原文见 K'ung Ling-Kai: To the Editor-in-Chief of T'ien Hsia, T'ien Hsia Monthly, Vol. Ⅷ. No. 3, March 1939, p.272. 译文转引自严慧：《超越与建构——〈天下〉与中西文学交流（1935—1941）》，北京：光明日报出版社，2011年，第91页。

能会觉得太过血腥暴力。看起来似乎也不符合中国传统道德中的涵养和中庸之道。但萧恩的行为完全符合中国人的社会心理。……在旧中国一人犯罪全家获罪。因此萧恩杀恶人全家是合情合理的"①。在20世纪30年代以后，随着民族危机的进一步加剧，中国知识分子翻译了大量反映弱小民族抗争主题的西方文学作品来鼓舞民众的抗日热情，以文学翻译中的"译入"激发民众的抗战精神；同时以"译出"的方式，将中国古代民众的反抗斗争精神展示出来，不仅对内鼓舞民众抗战热情，对外也表达出不屈的斗志。因此可以说，吴经熊及姚克等人的古代文学作品的英译也表现出中国现代知识分子通过传统文化认同来呼应民族抗战的倾向。

除了通过对传统文化的译介来实现对民族国家的认同之外，中国现代知识分子还表达出个人文化认同的需要。如林语堂翻译清代散文《浮生六记》、姚克翻译《贩马记》、胡先骕翻译苏轼诗。他们从各自的文艺思想倾向出发，选择不同体式、不同风格的古代文学作品进行英译，从传统文化中寻找自我文化的认同。如林语堂在20世纪30年代倡导幽默闲适的小品文创作，其文学思想的西方资源来自于欧美人文主义思想与英法小品文文体形式，那么中国古代文学的性灵文学主张及人生艺术化的生活追求则是其文学思想的中国资源，林语堂在"小评论"专栏选译了陶渊明等人的散文，在《天下月刊》创刊号上发表了《浮生六记》的译文，这些中国散文的成就为其提供了重要的传统文化支持。因此林语堂对传统文化的译介表现了他在丰富的文学实践中对传统文化的认同。而吴经熊翻译《道德

---

① 原文见 Yao Hsin-nung（姚莘农）: An Introduce of The Right to Kill, *T'ien Hsia Monthly*, Vol. Ⅱ, No. 5, May 1935, p.469. 译文转引自严慧:《超越与建构——〈天下〉与中西文学交流（1935—1941）》，第110页。

经》则体现了他在寻求超越东西方文化哲学过程中对中国传统文化的认同。 吴经熊在谈及翻译《道德经》的缘由时认为,翻译《道德经》只是偶然的事情,为回应项美丽称他为老子专家的一个评价,出于"朋友之道"开始翻译《道德经》①。 虽然吴经熊并没有刻意而为的翻译动机,但中国传统文化在吴经熊的思想中成了最为内在的基质,翻译《道德经》表现出他在沟通中西文化、追求超越东西的文化哲学过程中的传统文化认同行为。 老子《道德经》所蕴含的道家思想,在中国传统文化中带有深刻的哲学意味,带有超越性的思想倾向,这与西方的基督教具有某种内在的共同性,也成为吴经熊追求自我人生信仰过程中的思想支撑。"这样,道就是不可见的、不可听的、不可定义的、不可决定的、不可领会的。 它是没有形式的形式,没有形象的形象。 它同时既是超越的又是内在的。 它的超越的方面不是光明的,但它的内在的方面也不是黑暗的。 它既在一切地方,又哪儿都不在;它是贯穿所有世代中的同一个东西,因为它是永恒的。 它正是宇宙的缘起。"② "(中国的宗教)它们构成了我的道德的和宗教的背景,从而形成了我灵性生命发展的一个内在部分。 它们是上主为了让我与基督结婚而给予我的天然嫁妆中的一个重要部分。"③此外,姚克在翻译《贩马记》时,更多带有自身对中国传统戏曲强烈的文化认同。 此前姚克曾撰写《元杂剧之主题与结构》一文,从戏剧本体特性角度出发,解读了元杂剧的主题类型特征与结构演变过程。 作者

---

① John C. H. Wu(吴经熊):A Potpourri, *T'ien Hsia Monthly*, Vol. X, No.3, March 1940, p.231.
② 吴经熊:《超越东西方》,周伟驰译,雷立柏注,北京:社会科学文献出版社,2002年,第178页。
③ 吴经熊:《超越东西方》,周伟驰译,雷立柏注,北京:社会科学文献出版社,2002年,第168页。

认为元杂剧属于中国文学,虽然它曾吸收多种外来因素,但创作主体、戏剧主题及结构都是继承前代文学发展而形成,并对后来的文学发展产生了重大影响,为明清小说发展提供准备,也为元代以后的中国戏剧发展奠定了基础。该文结合具体作品分析了元杂剧的主题类型及成因,作者认为元杂剧主题较为简单,大致包含才子佳人、因果报应等类型,体现了创作主体的生命体察,但缺乏对国家社会的关注而消弭了其深层次的思想内蕴。形成这些主题类型的原因与元代独特的政治情境及知识分子所处的社会环境有关。知识分子在元代社会地位低下,只能通过元杂剧的创作与演出来书写自我的文化理想。相较于简单的戏剧主题,元杂剧的戏剧结构显得十分复杂。在继承宋金杂剧"一本四折"、"连套"结构形式的基础上,有了自身的创新与发展,减少了繁复的舞台摆设、角色装扮、对白衬字的使用,增强了元杂剧"象征性"与"角色类型"的艺术特性。作者较为细致地解读了元杂剧的主题与结构,为西方读者了解中国古代戏剧提供了翔实的知识,同时也丰富了传统戏剧理论研究。姚克翻译《贩马记》的目的是为了让读者在阅读《元杂剧之主题与结构》理论分析的基础上,更为直观地了解元杂剧的艺术形式特征。"《贩马记》不仅是当代中国京剧最受欢迎的杰出剧目之一,同时也是我那篇元杂剧结构形式一文的最佳佐证。《贩马记》典型地反映了在京剧中保留下来的元杂剧的基本结构特点,一本四折,联套的使用(可参看中文原本,译文已将唱曲改译成念白),该剧还体现了中国戏剧的其他一些普遍特征,如念白的介绍功能等。"[①]姚克曾师从著名戏剧家吴梅,对中国古典戏剧学养深厚,对于元杂剧从文本介绍到戏剧艺术

---

① 原文见 Yao Hsin-nung(姚莘农):An Introduce of Madame Cassia, *T'ien Hsia Monthly*, Vol. I, No. 5, December 1935, p.537. 译文转引自严慧:《超越与建构:〈天下〉与中西文学交流(1935—1941)》,北京:光明日报出版社,2011年。

分析，都表现出他独特的戏剧研究视角。他对中国古典戏剧的译介打破了西方学界因语言阅读障碍及文化背景缺失带来的误读，更好地促进了中国传统戏剧向外传播："中国的学者，其戏曲研究信度更高，作为当事者，自身具有更多的优势，从而能够做出更大、更有价值的成就的可能性更高。"①

综上所述，《中国评论周报》与《天下月刊》刊载的大量中国古代文化、文学典籍的英译，表现了中国现代知识分子对传统文化的认同。基于不同的个人文化认同倾向，他们选择了不同文体、不同风格的古代文学作品进行英译。但在整体上，他们对中国传统文化的译介表现出了强烈的民族文化认同倾向，一方面通过古代文学作品中的抗战主题与爱国思想来鼓舞中国人民的抗战热情，另外一方面他们对民族文化的认同从更深入的层面解构了西方汉学界的东方主义倾向，揭露出被东方主义研究思想所遮蔽的传统文化内容，有效破除了西方汉学界对中国传统文化碎片化的认知，有助于中国传统文化的整体性向外传播。

第三节 对中国古代文学及文化的再解读

中国现代知识分子对传统文化的认同还表现在对传统文化的全新阐发。在继承传统文化的基础上，他们以现代文化的视角进行审视与阐发，促进中国传统文化的现代性转换。余英时在论及中国文化重建问题时，认为传统文化是重建的基础，重建的路向在于"中国传统的基本价值与中心观念在现代化的要

---

① 曾广涛：《英语世界的中国传统戏剧研究与翻译》，广州：广东高等教育出版社，2009年，第37页。

求之下如何调整与转化"①。陈平原也主张在东西文化不断交流碰撞的过程中,传统文化应该进行现代性调整,"这种用现代眼光重新解释传统绝不能简单理解为托古改制的崇古心理,而是传统文化结构在西方文化冲击下本身的自我调整,这种调整促进了新的文化意识的诞生"②。在20世纪三四十年代,中国遭受异族侵略,中国知识分子饱经颠沛流离之苦,但他们仍然以艰苦的努力和卓绝的智慧,进行中国传统文化的重建。如冯友兰对中国哲学的研究、朱自清、钱锺书等人对中国古典文学的研究,都成为后世中国文化研究的新传统。聚集在《中国评论周报》、《天下月刊》周围的中国现代知识分子,也加入对传统文化的研究过程中。他们以中西文化比较的视角,对中国传统文化及文学经典进行了现代性阐释。由于他们以英语作为写作语言,其研究丰富了西方中国学研究成果,并在一定程度上打破了其中存在的欧洲文化中心主义的研究范式。如钱锺书在谈及西方学界应加强对中国古代文学进行研究时指出:"如果这些学者能够将比较研究视野扩大到古代中国文学,他们就会发现许多新的参考资料,而这些东西将会对由西方批评家所形成的教条原理做出重大修正。"③

《中国评论周报》、《天下月刊》的编辑作者以专论及书评的形式发表了大量有关中国传统文学及文化的评论文章;其中既有对文学经典的再解读,如吴经熊对《诗经》文化内涵的阐

---

① 余英时:《试论中国文化的重建问题》,《文史传统与文化重建》,北京:生活·读书·新知三联书店,2004年,第430页。
② 陈平原:《在东西方文化碰撞中》,杭州:浙江文艺出版社,1987年,第282页。
③ 钱锺书:《中国古典戏曲中的悲剧》,薛载斌、谭户森译。原文为英文,载《天下》1935年8月第1卷第1期,收入李达三、罗钢主编:《中外比较文学的里程碑》,北京:人民文学出版社,1997年,第367页。

释,突出强调了诗经的艺术性特质及对后世诗歌创作的影响。在《〈诗经〉琐谈》一文中,吴经熊援引孙科的话来强调文化交流在政治与经济交往中的重要性,"只有建立在文化交流的基础之上,经济与政治交流才能实现"①。 吴经熊认为诗歌是文化的内核,直接源自人的内心,被视作民族的财富,表达出人们最强烈的理想与信仰。 因此诗歌在文化交流中具有重要意义。诗歌作为人们情感最为直接的表达方式,能够体现民族的特质。 中国诗歌蕴含强烈的内在情感,并将宇宙万物涵盖于其中,能够达到现代科学与艺术难以企及的境界。 作为中国诗歌的源头,《诗经》为后世诗歌发展奠定了范式与准则。 尽管中国古代名家佳作辈出,但在诗歌简洁性与创造性上,无一能与《诗经》抗衡。 此外,因汉语形象性的表现力,《诗经》对人物的刻画极为生动,并使得诗歌独具意蕴,给读者留下丰富的想象空间,达到"言已尽,意无穷"的艺术效果。 文章最后,作者分析了《诗经》中情致多样的爱情诗。 针对孔子诗论中强调诗歌实用性的观点,吴经熊认为诗歌应以吟诵、鉴赏与评论为目的,而不应该做政治性与实用性解读。 对于较为有启示性的《诗经》评论,作者只例举三种,即崔东壁的《读风偶识》、姚际恒的《诗经通论》及方玉润的《诗经原始》,其他评论大多无法脱离政治性解读,而无须耗费太多的时间与精力去研读。

此外两刊编辑作者还对传统文学及文化进行全新阐发,如对儒家思想的解读,包括林语堂的《我所知道的孔子》、吴经熊的《孔子真面目》及邵洵美的《孔子论诗》等文章,对孔子思想进行现代性诠释,颠覆旧有的圣人的形象而凸现其人文主义思想。 林语堂1931年在《中国评论周报》发表"Confucius as I

---

① John C. H. Wu (吴经熊), Some Random Notes On *The Shih Ching* (《〈诗经〉琐谈》), *T'ien Hsia Monthly*, Vol. II, No. 1, January 1936, p.9.

Know Him"(《我所知道的孔子》①)一文,从人性的角度揭示孔子的个性特征。 林语堂指出,孔子在中国变成一种精神信仰,为历代帝王和平民大众所供奉崇敬,而很少有人从人性的角度去了解和认知孔子。 正如他在《思孔子》一文中所言:"当今世人只认孔子做圣人,不让孔子做人,不许有人之常情。"林语堂试图揭开包裹在圣人头上的面纱,以《史记》、《论语》中有关孔子言行的记录,从人性的角度来解读孔子的个性特质。 林语堂以《论语》第十七章中记载阳货归孔子豚一事,指出孔子具有幽默与智慧个性;在《论语》第十章中有关孔子对美食及服饰的挑剔,显示出孔子个人的爱好与习性,"因此孔子的个性集合了超绝的智慧、实践的精神、精良的品位与敏感强烈感情于一体"②。 林语堂在此强调了孔子所具有的人性的丰富性,"夫孔子一多情人也。 有笑、有怒、有喜、有憎、好乐、好歌,甚至好哭,皆是一位活灵活现之人的表记"③。 林语堂以现代人文主义思想阐发孔子的人性特质,颠覆了传统文化中孔子思想的教化色彩,赋予孔子普通人性的内涵。 与林语堂解构性文化阐释相类似,吴经熊1935年在《天下月刊》上发表的《孔子真面目》一文同样是从孔子的人性特质落笔,解析"去神化"之后孔子丰富的个性魅力。 作者认为,孔子与《论语》都是盲目崇拜的牺牲品,都已被"神化"与"圣化"了。吴经熊指出人们对孔子采取了崇拜与诋毁两种截然不同的文化

---

① 该文原为林语堂1930年12月25日发表的演讲稿,后经改写以"The Other Side of Confucius"为题收入商务印书馆1935年出版的英文小评论集第一集中,1935年林语堂在此文基础上再次改写成中文小品文《思孔子》发表于1935年2月1日第58期《论语》杂志上。
② Lin Yu Tang(林语堂): Confucius as I Know Him, *The China Critic*, January 1, 1931, p.8.
③ 林语堂:《思孔子》,1935年2月1日第58期《论语》。

态度,二者共同的本质就是盲目的心态,前者设立了崇拜的木头偶像,后者创建了将待焚烧的草俑。"膜拜孔子与诋毁孔子的两种人,有个共通的毛病,即是盲目。第一种人盲目地树立一个木偶来供奉;而同患盲目的第二种人,却造了个草俑来焚烧。他们都未曾认真发掘过孔子的真面目,也未曾就他的心态及所处的时代,来正视他的问题。"①于是吴经熊撰文试图"研究这一出色生活艺术家的才华与个性"②。在作者看来,孔子个性鲜明,生动可感,其强烈的个性魅力显示出他是一个天才的人生超级艺术家。由于孔子早年丧父,其一生都带有"寻父"情结,最终"天"成了其"精神之父"。"每当孔子忧烦或苦恼之时,都会呼唤天,在天之怀抱中,他找到了所需的安全感以便祛除那种摇撼无助的恐惧。"③由此看来,孔子追求理想之动力源自个体人生的情感追求。在论及孔子的人性特征时,吴经熊认为孔子是人生之伟大艺术家,将男人、女人气质融合为一体;实践中是男性的,精神上是女性的;"在雄勇方面,他进取、果敢、活跃似耶稣;然而他也和蔼、温煦、体贴、多情似女人。他个人坚贞的身心,兼备了睿敏的性灵与善感多愁的气质"④。此外,孔子还注重生命的愉悦与放松,"即使他的个性

---

① 吴经熊:《孔子真面目》,林显庭译,英文载 T'ien Hsia Monthly, Vol.1, No.1, August 1935, 中文载吴经熊:《内心快乐之源泉》,台北:三民书局,1992年,第74页。
② 吴经熊:《孔子真面目》,林显庭译,英文载 T'ien Hsia Monthly, Vol.1, No.1, August 1935, 中文载吴经熊:《内心快乐之源泉》,台北:三民书局,1992年,第75页。
③ 吴经熊:《孔子真面目》,林显庭译,英文载 T'ien Hsia Monthly, Vol.1, No.1, August 1935, 中文载吴经熊:《内心快乐之源泉》,台北:三民书局,1992年,第78页。
④ 吴经熊:《孔子真面目》,林显庭译,英文载 T'ien Hsia Monthly, Vol.1, No.1, August 1935, 中文载吴经熊:《内心快乐之源泉》,台北:三民书局,1992年,第81页。

认真，生活奋发、勤勉多通而自信满满，也决忘不了在忧时虑世之外，要有定时的松弛与舒缓之重要性"①。孔子借助对艺术的热爱而形成的审美感情来化解生命的困顿，超越现实，"孔子的确有柔细与敏锐的幽默感，像活泉般涌溢着，像光芒般闪烁着"②，但同时孔子也有着"复杂的人格"，在温和中庸的性格中还有着"粗狂与倔峻"，有时甚至"会粗疏失礼"③。此外，邵洵美通过对《论语》中有关诗歌理论思想的解读来阐发孔子的文艺思想。他在《孔子论诗》中指出，虽然许多学者都从哲学、宗教、政治等角度解读孔子的思想，并将其与柏拉图、亚里士多德相提并论，揭示出孔子思想的伟大及其对后世的影响。但学者大多忽略孔子的诗论思想。邵洵美认为，孔子在周朝瓦解的时代，从诗歌中寻找文学传统及自我认同，"柏拉图只是纯粹的哲学家，未将诗人引入他的理想国。与之相比，孔子将诗歌当作自我认知的主要方式，到达理想状态的途径。他的诗论作为古代文学评论的经典，已受到评论界的重视，并且正因为孔子，中国古代诗歌经典选集才得以流传"④。邵洵美以诗歌评论者的视角，对《论语》中涉及诗论的文本进行解读，揭示出孔子丰富的诗论思想。孔子将诗歌视作传统文化的载体以及诗人个性的文化表征，强调诗歌的教育功能，用

---

① 吴经熊:《孔子真面目》，林显庭译，英文载 *T'ien Hsia Monthly*, Vol.1, No.1, August 1935, 中文载吴经熊:《内心快乐之源泉》，台北：三民书局，1992年，第84页。
② 吴经熊:《孔子真面目》，林显庭译，英文载 *T'ien Hsia Monthly*, Vol.1, No.1, August 1935, 中文载吴经熊:《内心快乐之源泉》，台北：三民书局，1992年，第87页。
③ 吴经熊:《孔子真面目》，林显庭译，英文载 *T'ien Hsia Monthly*, Vol.1, No.1, August 1935, 中文载吴经熊:《内心快乐之源泉》，台北：三民书局，1992年，第88页。
④ Zau Sinmay（邵洵美），Confucius On Poetry, *T'ien Hsia Monthly*, Vol.10, No.4, p.137.

以推行他的文化思想。邵洵美对孔子诗歌思想的分析与阐述体现了他对儒家文艺观念的认识。孔子及儒家思想在新文化运动中曾经被视作封建文化的表征而遭受批判，其内在的文化价值被绝然摒弃。到了20世纪30年代之后，随着中国现代知识分子对传统文化态度的改变，孔子思想获得全新的阐发与解读，成为民族文化认同的重要内容。

除了林语堂等人集中对孔子思想进行解读之外，温源宁还发表了有关中国绘画的艺术评论表达出对传统文化的认同，如"Racial Traits in Chinese Painting"《中国绘画之民族特性》(《天下月刊》1卷1期)、"Art Chronicle"《艺术时评》(《天下月刊》3卷2期)、"Chinese Painting"《中国绘画》(《中国评论周报》9卷5期)等。《中国绘画之民族特性》一文通过对中国绘画的艺术思维与审美表现的分析，揭示出中国绘画中人的主体精神存在的重要性。温源宁认为中国艺术来源于人的直觉及主体精神的外化，而西方艺术则强调技巧。中国画注重表现花鸟主题，反映出艺术家的雅趣；西方花鸟画则缺乏生命的灵性。中国风景画具有整体感，而西方画则缺乏将人与自然相融合的审美特性。温源宁不仅在对中西绘画的比较分析中阐述中国绘画的文化内质，还将绘画与中国其他传统艺术形式进行比照，揭示出其中的内在关联。在《中国绘画》中，温源宁认为中国绘画与书法关系密切，二者并非是姊妹艺术，而是同一种艺术，风格多样，相互对应。其原因在于两者有着相同的艺术媒介，借助线条来表现审美内蕴，"书法之笔"即"绘画之笔"。中国绘画线条简洁，留有空白，具有丰富的审美想象空间；而西方绘画注重色彩的堆积，难以调整更改，影响其审美意境的构建。温源宁的绘画艺术评论将中国绘画置于中西艺术比照视野下，揭示中国绘画独特的文化内质与审美内蕴，体现了中国传统文化所特有的艺术精神。

中国现代知识分子不仅在对文化经典进行"再解读"的过程中寻求中国文化建构，还通过挖掘西方文化中的中国因子来实现文化的认同。如姚克在《卓别林的中国性》[①]一文中,将卓别林的电影表演与中国古代戏曲中的伶工表演相类比,从艺术表现的类型、方法及风格等方面出发,揭示出卓别林在中国受欢迎的原则在于其身上浓郁而深刻的"中国性","就伶工而论,他是中国式的。因为他在银幕上的艺术实在就是中国伶工在舞台上的艺术"。姚克认为,中国古代戏曲在舞台上将不同类型的人用"角色制度"来代表和区分,每一个角色都有其特定的派头、语言及动作等方面特定的表征。这种典型化的性格特征在卓别林身上亦有体现,他的礼帽、礼服、大皮鞋及走路神态也是模式化的,与中国舞台上的伶工的艺术类型有相同的表现方式。从艺术思想而论,姚克认为卓别林是个"道"家,卓别林的影片"既不是喜剧,也不是悲剧。他们只把'人生的梦'中的一个短促的,蚍蜉似的,不重要的片断显示给你看,接着就是悠然一结,而消逝于时间和空间的广漠的空空"。除了电影内容上呈现出中国道家思想中"虚无主义"的内涵外,卓别林所塑造的人物也带有"道家"的精神,"他是一个永久的,普天下的流浪者,一个大自然的儿子。他孑然一身——无家,无父母,无家眷,无钱——所有他全是他自己","他可以尽人家把他践踏,唾骂,或者给他一份天大的家财,拥戴他做君王。但人家却不能把他打败,也不能使他堕落。他是不可变易的,像'道'一样,因为他是个纯粹的'道家'"。此外,姚克还指出卓别林塑造人物的技法与中国古代小说也有相近之处,甚至与鲁迅塑造"阿Q"或"孔乙己"等人物形象所运用的方法相类似。姚克在阐明卓别林之所以具有中国性的原因在于,"我把卓别林和中国伶工相类比,无非是说他们在技巧上是相似的。他们都创造出风格化的角色来代表一种'性格型',

---

[①] 姚克:The Chinese in Chaplin(《卓别林的中国性》),周深译,英文载《中国评论周报》1936年3月26日第12卷第13期,中文载《中流》1936年5月第1卷第5期。

这就是风格的典型主义（stylistic patternism）"。由此看来，姚克从艺术风格的相似性来展开中西文化的比较研究，在此过程中，姚克的文化视点不再是以西方文化作为衡量的坐标，而是将中国文化做考察的依据来检视西方文化的特征。他的这种文化视点较之其他西方派与东方派的观念，有了极大的突破与创新，表现出高度的中国文化主体意识。

此外，吴经熊也表现了相近的文化思想倾向，一方面他通过译介中国古诗及撰写诗歌评论《唐诗四季》来揭示中国传统文化的独特内质与魅力，同时在《作为道家之莎士比亚》[①]一文中还对莎士比亚所具有的"道家"思想进行解读，揭示出中国文化在英国文学家身上的显现。为吴经熊带来广泛文化声誉的是《唐诗四季》[②]。在《唐诗四季》中，吴经熊以世界性文化视角，高度肯定了唐诗在世界文化史的重要地位。在欧洲诗歌"荒芜的冬眠时期"，中国唐代诗歌的繁荣显示出"在那时世界的一角是那样的丰饶"："愈读康熙年间选订的全唐（618—899A.D.）四万九千首诗，我们愈惊疑怎么在那时世界的一角是那样的丰饶，而欧洲会在荒芜的冬眠时期下。基督死后欧洲的诗，除了无足轻重的Juvenal，整整的死睡了十三世纪。这冬眠在但丁身上醒来，那时在我们脑中余音袅袅的诗声是基督前的浮其尔（Virgil），大自然好像故意催促欧洲入眠以期专心传

---

① 吴经熊：《作为道家之莎士比亚》，《天下月刊》，1936年9月第3卷第2期。
② 吴经熊是一位有着较高诗歌鉴赏能力的知识分子，他不仅对《诗经》进行了独特解读与阐发，还选择了一百多首古诗作品进行英译，发表在《天下月刊》上。20世纪40年代他还曾受邀以古诗体式将《圣经》翻译成中文而获得好评。《唐诗四季》自1938年1月《天下月刊》第6卷第4期起开始连载，到第9卷第2期刊完。1940年徐诚斌将其翻译成中文，在《宇宙风》上连载，后在台北结集，由洪范书店于1980年6月初版，2003年7月再版。1997年辽宁教育出版社出版大陆版，收入"新世纪万有文库"。

授亚洲歌吟之道。在老天看来,只要他每二十四小时有悦耳的音乐听,他的孩子在东方或西方歌唱有什么分别。"①吴经熊在对唐诗进行分类时,首先批驳了唐诗四个与两个分期的做法,主张以自然四季来划分唐诗发展段落,"我以为唐诗可以分作四个时期:春、夏、秋、冬"②,用不同的时节中的气候色彩来评析唐代诗歌的艺术内蕴,赋予唐诗生命的情怀与气质,使之具有与罗马法律与希腊哲学一样的人类文化的内涵:"大致说来,唐诗的春有泪而无愁,夏季诗人被社会之不平和生活之痛苦所激怒,无暇为自己流泪,秋天汪汪的眼泪减轻了哀愁的悲痛,冬季只有愁而无泪。唐诗之奇就在这整整一年,一季一季自然的接踵而至;像罗马法和希腊哲学一样,它的胸怀中生存着一段有生命的天演进化。这种现象,在人类文化中可以说是绝无仅有。"③此外,他还将中国诗人与西方诗人进行比较,如将白居易与英国诗人华兹华斯进行比较,认为他们表现出了秋季的气候特性"成熟、萧条、恬静","在望见五彩十色的虹的时候,他的心腑跳跃也没有丝毫春的欢乐,因为他心腑活动的地带只限于'自然的虔诚'的界限内"④。吴经熊在精妙的点评中凸现出唐代诗人的独特艺术魅力,他写作《唐诗四季》时所形成的趣味盎然的笔法,成为日后唐诗研究难以超越的创新之处。正如朱秉义在《吴德生先生的中国文学修养》⑤一文中所言:"德生先生的文学触觉,依个人微见,是相当灵敏的。凡读英文杰作《唐诗四季》的人,几无不知德生对诗之用力极深,可说全书布局奇特,立论精辟,文字雅训,征引繁富,更难

---

① 吴经熊:《唐诗四季·序》,沈阳:辽宁教育出版社,1997年,第9页。
② 吴经熊:《唐诗四季·序》,沈阳:辽宁教育出版社,1997年,第1页。
③ 吴经熊:《唐诗四季·序》,沈阳:辽宁教育出版社,1997年,第9页。
④ 吴经熊:《唐诗四季·序》,沈阳:辽宁教育出版社,1997年,第3页。
⑤ 朱秉义:《吴德生先生的中国文学修养》,《吴经熊博士百周年冥诞纪念》,台北:辅仁大学出版社,2003年。

得的是中西融通,字里行间满溢着诗情画意、美感与哲思。 读后令人颇有眼界一新、胸怀开阔的感觉。" 吴经熊的《唐诗四季》体现出吴经熊在诗歌鉴赏与批评方面独特的视角与情思,尤其是他将唐诗放置在世界文化的视野中,突出强调了中国文化在世界历史上的地位,具有了鲜明的文化主体意识。

综上所述,以钱锺书、邵洵美、姚克、吴经熊等人为代表的《中国评论周报》与《天下月刊》的编辑作者们,展开了对中国传统文化的现代性"再解读",不仅阐述了其内在的特质,还将其放置于世界文化的框架内,揭示出中国文化所具有的独特性与重要意义。 两刊的编辑作者力图挖掘西方文化中存在的"中国特色",体现出中国现代知识分子对传统文化的强烈认同。

20世纪30年代以后,中国的政治力量及知识分子群体为挽救民族危机都在进行各种探索,力图通过建构民族传统文化认同,寻求民族国家的认同,以实现民族复兴与国家富强。 在这一历史进程中,注重民族文化建设,以民族文化思想来凝聚民族意识,振奋民族精神,成为一种重要的文化潮流和趋向,呈现出文化民族主义[①]思想色彩。《中国评论周报》、《天下月刊》编辑作者的文化观念及思想也带有文化民族主义的倾向,他们力图通过对民族文化经典文本的解读与阐释及向外传播,实现

[①] 孟凡东、何爱国在《20世纪中国文化民族主义的三大核心诉求》一文中,认为文化民族主义是在19、20世纪之交"国粹"与"新民"两大思潮交互触动中产生的,在"新文化运动"中逐渐成形,到20世纪30年代成为一股重要的文化思潮。 该文还指出文化民族主义的基本主张是,"以民族文化复兴生成民族国家意识,凝聚民族国家认同,从而推动民族国家独立和民族国家复兴"。 其现代诉求包括:"要实现中国的现代化和中国民族的伟大复兴,必先有中华民族文化的复兴,以及建立在民族文化复兴基础上的民族意识复兴;而民族文化复兴必先得尊重理解和重新解释民族文化传统;主张在灌注时代精神和融会世界文化的基础上,推动民族文化民族国家现代化。"见《北方论丛》2007年第3期。

在民族危机中文化认同的建构。"文化民族主义诉求现代化,但反对全盘西化,注重传统,又反对文化复古主义,提倡对本国传统心存敬意,保有认同与信心,到它与世界其他文化的相异之处,又理解它是世界人类文化全体的一部分,需要在不断的接触中融合。 文化民族主义的文化现代化目标是:'求中西文化之交流与调和'。"[1]文化民族主义对中西文化更为开放的态势,是中国知识分子倾向于它的内在诉求。 与政治统治者的建立国家与政权的现实性政治诉求不同,中国现代知识分子的文化民族主义更多带有民族文化认同的需要。 文化认同是中西文化冲突中的一个重要的问题,张旭东在《全球化时代的文化认同》中指出:"一个国家,特别是它的精英阶层,必须有意愿和能力,在最高价值的层面上为自己文明的存在辩护,说明它的正当性,保持和增强它的理想色彩,在种种并存的、相互竞争的价值世界中,阐明自己的'存在的必然性'。 在关键时刻,有勇气肯定自己的价值体系,担当起捍卫自己文明的责任。"[2]民族文化认同不仅体现出了一个国家政治上的成熟度,还体现了其"精英阶层"的文化主体意识。 不论是在世界文化的竞争中,还是"在关键时刻",这种文化主体意识更多具有一种民族文化的使命感与责任意识。 在中国现代历史进程中,中国一直处于战争动荡中,没有建立政治上成熟的现代国家。 在中国所处的民族与政治危机的"关键时刻",一部分中国知识分子重视中国传统文化的研究,力图通过对传统的重新阐发与解读,寻求民族文化认同,表现出了高昂的文化主体意识与强烈的文化使命意识。

受 20 世纪初民族独立运动思想影响,殖民地作家的英语写

---

[1] 见《北方论丛》2007 年第 3 期。
[2] 张旭东:《全球化时代的文化认同》,北京:北京大学出版社,2005 年,第 244 页。

作带有强烈的民族主义文化色彩。与早期殖民者的英语写作不同,殖民地文化精英的英语写作者呈现出积极的文化心态。"英国作家写殖民地经验时谈的是撤退和幻灭,而面对这同一形势的殖民地的民族主义作家却是用英语,用英语的节律和英语的表达方式写出了自己的文化自豪感。"① 作为后殖民②时代早期的作家,"他们站在本民族的立场,努力收回自我阐释权,并从他们不同的历史、种族和隐喻方式中,重构被殖民主义破坏了的文学和文化属性"③。在借用欧洲语言写作的过程中,这些作家将禁锢在西方文化中的"他者"形象释放出来,并尝试挖掘本民族的文化传统,以此构建新的文化经典,带有双重的文化解构性与建构性。如林语堂、吴经熊等人对传统文学及文化的译介即体现出此种文化倾向,在对传统儒家经典进行文化解读时,他们将《论语》及儒家思想从传统的"圣化"与"神化"的禁锢中释放出来,而揭示其中所蕴含的更为切近现代社会的"生活智慧",由此来构成对传统文化的颠覆与新文化经典的重建。在这个意义上,对传统文化的认同又是颠覆西方文化霸权与重建现代文化的重要基础。

---

① 艾勒克·博埃默:《殖民与后殖民文学》,盛宁、韩敏中译,沈阳:辽宁教育出版社、牛津大学出版社,1998年,第121页。
② 艾勒克·博埃默认为,后殖民文学并非只是殖民时代之后才到来的文学,而是指"对于殖民关系做批判性的考察的文学。它是以这样或那样的方式抵制殖民主义视角的文字","尤其是在它的初级阶段,它也可以成为一种民族主义的文字"。见《殖民与后殖民文学》,第3页。
③ 田俊武、李雪:《从"国际题材"到"世界文学"——多元文化冲突与融合中现当代英语写作》,《四川外语学院学报》,2004年第1期。

余　论／
中国现代文学研究视域下的英文报刊

作为中国知识分子自办的英文报刊，《中国评论周报》、《天下月刊》在中国现代文学史、文化史及报刊出版史上具有重要的价值和意义。两刊所刊载的中国现代作家英文作品，有助于丰富对中国现代作家文学创作的解读；对中国古代及现代文学作品的译介，有助于拓展中国与世界文学关系的研究向度。此外，两刊还为中国近现代英文报刊出版研究提供了崭新的空间与视角，有待于更进一步的深入研究。

本书通过研究中国现代知识分子创办的英文报刊《中国评论周报》、《天下月刊》文本内容，揭示出中国现代知识分子对西方文化与民族文化的多元化认同倾向。作为跨语际文本，《中国评论周报》、《天下月刊》对中国现代文学研究具有重要的价值与意义。从现代作家的英语写作角度来考察，两刊刊载了钱锺书、林语堂、温源宁、邵洵美、姚克及许地山等众多现代文学家的英文作品，以英语作为文学写作语言，他们的英文写作不仅丰富了自身的文学创作内容，也以"跨语际"文学形式昭示着中国现代文学多样性的历史存在。从现代文学的向外传播及影响的角度来考察，两刊刊载了包括诗歌、小说、散文、戏剧在内的各种新文学作品的英语译文，并发表了有关鲁迅、巴金、老舍、冰心、徐志摩、曹禺、沈从文等众多新文学作家作品的英语译文及评论文章，及时迅速地将现代文学传播到国外。中国现代文学的对外翻译有力拓展了中国文学与世界文学关系的研究向度。以往强调的是世界文学对中国文学的影响与作用，那么随着中国文学对外翻译实践的展开，中国文学也必然会对世界其他国家文学产生一定的影响。此外，从英文报刊研究角度来考察，《中国评论周报》、《天下月刊》并非是孤立的个案，而是彼此有着密切关系的两个刊物。不论是两刊拥有部分共同的编辑群体，还是相近的中西文化交流思想以及重视对中国文学与文化向外介绍与传播的理念，都显示出《中国评论周报》、《天下月刊》与中国现代文学具有密切的关联。对两刊历史背景的梳理、对两刊文本的解读、对两刊编辑作者群体文化思想的阐发，都能够挖掘出其中所蕴藏着的中国现代文学史价值与意义。除了两刊之外,中国现代历史上还存在着大量的英文报刊。这些英文报刊,尤其是中国现代知识分子创办的英文报刊,为中国现代文学及文化研究提供了极为可贵和重要的文献史料。对中国现代英文报刊的研究也将在一定程度上拓展中国现代文学的研究空间与视域。

一、"大文学史观"视域下的"跨语种"文学

20世纪80年代"重写文学史"口号提出之后,中国现代文学研究进入了一个相对活跃和丰富的阶段。旧有的文学研究观念与思维在遭遇不断"解构",学界热切呼吁一种能够挣脱原有的政治、社会与文学二元论研究范式,而逐渐引入文化、语言、心理学等西方思想和理论来建构一种能够容纳更广阔文学史图景的"大文学史观";倡导以开放式、整体性、多元化的视角来建构中国现代文学史,使之能够更为真实地揭示现代文学发展的历史原状。"大文学史观"的研究思想虽没有成为一种完全通约性的口号,但其内在的多元化、多样性文学史研究观念体现在众多研究者的思想中。黄修己认同中国现代文学史应该重写的观点,并强调了重写过程中多样性与丰富性的原则,"现代文学史真该重写,而且要把这些多种多样的成分融会贯通起来,形成一个互斥互吸的大系统,还真要有理论上的大气魄,善于运筹调度的大手笔","要绝对尊重历史的本来面目,如实写出其复杂性、多成分和差异性","文化中心的动态是研究的重点;但也要研究非中心,才能看清中心掀起的风暴的实际影响和效应,两相照应,才能写出历史的真貌"①。黄修己的观点并非只是主观研究设想,而是有着真实的文学史对应。面对

---

① 黄修己:《拐弯道上的思考——20年来现代文学研究的一点感想》,《文学评论》,1999年第6期,第10—11页。

原有文学史著作中对旧体诗词①、少数民族文学以及市民文学的忽视甚至漠视,黄修己认为这些存在于中国现代历史发展过程中的文学现象都应写入文学史,"尚在流行中的旧形式,如果真有成绩,也有资格入史","同时,56个民族都对文学的发展做出了贡献,应该改变中国文学史只是汉文学史的旧貌","而要写好现代中国文学史的全貌,不能把市民文学漏掉了"②。将市民文学研究不断推向深入的吴福辉③先生同样强调了市民文学的重要性,并在此基础上提出了"合力型"文学史的构想。他一方面对以往文学史研究著作表示了应有的尊重,"一是我们后人尽管可以指点江山、激昂文字,批评各种已成的文学史,但都应对历史上的著作及前人表示起码的尊重",另一方面他对以往的文学史研究也发出质疑与批评,把在某一基点同构整合全部文学史的"进化的文学史"、"革命的文学史"或"现代性的文学史"称为"主流型"文学史,其重大的局限在于"必然要遮蔽许多不属于'主流'的,或误以为不是'主流'的东

---

① 旧体诗词在现代文学中的地位与作用日渐得到学界关注,王建平在《文学史不该缺漏的一章——论20世纪旧体诗词创作的历史地位》一文中,认为"忽略了旧体诗词创作的文学史,不可能真实而完整地反映20世纪文学发展的历史面貌","在20世纪里,旧体诗词的创作有一支可与新诗相抗衡的诗人队伍,产生了大量的优秀作品,是一股不可忽视的潮流","只有将20世纪旧体诗词这一创作流脉描述出来,并给予实事求是的历史评价,才会有真实而完整的20世纪文学史:新旧文学创作及其发展的历史"。《广西大学学报》(哲学社会科学版),1997年第3期。
② 黄修己:《中国新文学史编撰史》(第二版),北京:北京大学出版社,2007年,第332页。
③ 吴福辉的新著《中国现代文学发展史》(插图本)(北京大学出版社,2010年),无论体例还是内容,均打破主流文学研究范式,以丰富的文学史料彰显出中国现代文学的面貌,没有理念化的阐述,更多文学史细节的叙述,给人强烈的历史现场感。

西","常常无法避免一种欠完整的、非多元的视界"。吴福辉认为历史是由各种合力构成的,这种力量"在文学的时空漩流中如何千变万化,是历史的真实生态"。因此他提出"多元的、多视点、多潮流的'合力型'"文学史①。这种"合力型"文学史观念力图突破单一化的文学史思维,重视文学发展主流之下的多潮流力量,并充分认识到各种力量之间的作用力,也即不同文学思想及力量发展变化的关系,由此更为切近反映文学历史的"原生态"、"本真状"。此外,高玉在对重写文学史过程中的"新文学本位"思想的批判中,提出了更为开放的中国现代文学研究视野,"我们不应该把重写中国现代文学史局限在新文学本位性内部,而应该突破新文学本位观,应该以一种更为宽阔的视野来审视现代中国文学"②。对"大文学史观"进行集中梳理与定位的是王晓文的文章《文化生态与文学史的建构——中国现代文学大文学史观的几点想法》。该文不仅界定了"大文学史观"的内涵,"大文学史观就是力求将中国现代文学放置在大的历史平台上来审视,用客观的历史眼光和大文学的视野,兼顾文学和历史两个层面,将现代中国文学史的原生态样貌尽量还原在现代中国文学的建构中,站在文学艺术的立场上,回到文学本身将历史展现出来";同时还指出了建构大文学史的途径与方式,"建构大文学史就是开掘出以往没有的文学史实和现象,找到曾经被历史遮蔽或者因思想局限所导致的文学史空白点,纠正在主观臆断和时代困扰下造成的理

---

① 吴福辉:《"主流型"的文学史写作是否走到了尽头?——现代文学史质疑之三》,《文艺争鸣》,2008年第1期,第61—62页。
② 高玉:《中国现代文学史"新文学"本位观批判》,《文艺研究》,2003年第5期,第43页。

论和史实误区"①。

在"大文学史"观念的推动下,中国现代文学史研究空间及视野得到极大的扩展。现代文学史原有的时间跨度被打破,向前回溯至晚清,探寻现代文学发生的潜在历史源流;向后下行至世纪末,追寻现代文学继续前行的发展方向。由此产生了各种富有创见的文学史著作及研究成果,如以"二十世纪中国文学史"、"百年文学史"等命名的文学史论著。此外,地域观念也在文学史研究中有所突破,中国现当代文学史所涵盖的空间范围不再局限于大陆区域,而是扩展至台港地区,如丁帆等人编撰的《中国当代文学史新稿》②一书中便包含有"台港文学的发展与创作",将台港文学发展史纳入整个中国文学发展史系统内。另外,受文学研究的语言化转向影响,越来越多的研究者开始重视中国现代文学语言本体的研究。近年来黄万华主编的《中国和海外:20世纪汉语文学史论》、曹万生主编的《中国现代汉语文学史》相继出版,从语言形式上为中国现代文学史引入统一化的研究视角。其中《中国现代汉语文学史》以"汉语"作为中国现代文学存在的语言载体,从文学本体即语言形式的角度来描述中国文学史的发展进程,有效廓清了此前因"历史分期"、"空间地域"划分标准不同而带来的文学史界定的含混性。"回到语言艺术本体的中国现代汉语文学史,可以科学真实地把握中国现代汉语文学史的演变规律。"③ "现代

---

① 王晓文:《文化生态与文学史的建构——中国现代文学大文学史观的几点想法》,《河北工程大学学报》(社会科学版),2008年第3期,第50页。
② 董建、丁帆、王彬彬编著:《中国当代文学史新稿》,北京:人民文学出版社,2005年。
③ 曹万生:《体系·观念·语言——中国现代汉语文学史导论》,《四川大学学报》(社会科学版),2008年第2期,第68页。

汉语文学史"的理念,为研究现代文学史提供了统一的语言标准,将文言文作品、旧体诗词等内容排除在现代文学史范围之外,将世界范围内的现代汉语创作又吸纳在其中,使得中国现代文学具有世界性的广阔涵盖面。

虽然"现代汉语文学史"理念所确立的一元化的语言模式,廓清了现代文学史中的诸多含混边界,净化了中国现代文学史的语言纯度。但同时也遮蔽了中国现代文学发展过程中存在着的文化生态多样性与丰富性。因此突破语言形式的一元化主导模式,从多语种角度如日语、英语为语言形式来考察中国现代文学史,可以挖掘出现代文学史中独特的文学现象及其深刻的文化内涵。以中国现代历史上的日语创作为线索,考察东北沦陷区及台湾日据时期中国作家的日语创作活动,可以揭示出当时畸形的殖民化语境带给作家深重的文化压制,及由此产生的复杂创作心态,"台湾进行日文同化教育较早,因而在台湾用日文写作并有优秀作品的作家比较多,杨运、张文环、龙理宗、吕赫若等人是其中的代表,这四位作家进军日本文坛并且获奖,一方面可以看出其出色的日语能力,另一方面也要看到其背负巨大的心灵苦难"①。在中国现代文学史上,许多作家如胡适、钱锺书、林语堂、邵洵美、姚克、张爱玲、凌叔华等在用汉语进行文学创作的同时,还能以娴熟的英语进行创作,被称为双语作家。一部分作家如林语堂、邵洵美、姚克等还曾经

---

① 朱双一、张羽:《海峡两岸新文学思潮的渊源和比较》,厦门:厦门大学出版社,2006年,第253页。有关台湾日据时期中国作家的日语写作研究论文还有第一届中国现代文学亚洲学者国际学术会议上韩国东国大学金良守的论文《殖民地作家的写作战略———杨逵与金史良》,他将日据时期台湾作家杨逵与韩国作家金史良做比较,指出他们在殖民地现实下用日语写作以反抗日帝的特点。参见杨剑龙:《第一届中国现代文学亚洲学者国际学术会议纪要》,《文学评论》,2002年第4期。

将中国文学进行英译，推动中国文学尤其是现代文学向外传播。中国作家在进行跨语际的写作及翻译实践中如何吸收西方优秀文化因子来助推中国文学及文化的现代化进程？又如何保存和发扬中国传统文化？他们的英语写作在20世纪上半叶世界主义与民族主义的文化冲突中发挥了何种作用？20世纪上半叶的中国中英双语作家与后殖民时代身居英美等国的移民作家相比，他们的写作内容及文化心态有何不同？这些问题都将进一步深入拓展中国现代文学的研究空间及视野。因此从大文学史观[①]的研究视角出发，中国现代作家的英语写作应当成为作家个案研究的重要组成部分，也应该纳入中国现代文学研究的内容中。

将英语写作纳入中国文学史研究视域，必将带来学界对中国现代文学史的全新认识。"仅就文学史料的发掘和整理而言，由于种种原因曾被遮蔽的重要文学现象一旦浮出水面，就会打破文学史叙述与历史想象之间原有的平衡，对以往的文学史观念和文学史格局形成挑战。"[②]中国文学不再是单一语种汉语文学发展史，还包括有多民族语种及外国语种的文学创作，随之带来的对现代文学史的命名也应做相应改变，不再是以国别"中国"冠称，还应加上相应的语种定语，才能真实反映文学史研究的确切内涵，而不是先前以"汉语"文学历史遮蔽其他语种文学的历史存在。有学者提出跨语种文学的设想，来界定

[①] 杨剑龙在《第一届中国现代文学亚洲学者国际学术会议纪要》中，结合与会研究者的论文，揭示出国际学术视域下中国现代文学研究逐渐走向"越界与跨国"的多元化方向："立足于开拓中国现代文学研究的视野，不仅将中国现代文学的研究置于中国大陆，而且要'越界与跨国'，在全球化的背景中从更加广阔宏观的视角对中国现代文学作深入的研究，成为会议的特点之一。"

[②] 张泉：《中国现代文学史亟待整合的三个板块———从具有三重身份的小说家王度庐谈起》，《河北学刊》，2010年第1期。

中国现代作家在现代历史上进行的外国语种文学创作。钱念孙在《文学民族性理论面临挑战》中指出,不论从文学所表现的对象即社会生活,还是文学的创作主体即作家,以及文学的语言形式来说,中国文学都呈现出多样化的民族性特征。其中从语言形式上看,一部分中国现代文学作家曾经用异民族语言进行创作,如林语堂用英语、叶君健用世界语、萧三用俄语、盛成用法语等,他们用非母语的外族语言所创作的反映中国现代生活的文学作品,亦可纳入中国现代文学的版图。因此作者认为,"民族性对于文学来说,只具有可然或或然的意义,而不是其必然或定然的条件"①,中国现代文学发展过程中存在着"跨语际文学"或称作"跨语种文学"②创作实践。研究者应该打破原有的思维定式,将中国现代作家的英语及其他语种文学创作纳入文学研究的范畴,才能从更广阔的层面来解释中国现代文学的多样性历史存在;同时在对中国现代作家作品的收集与整理过程中,也应该重视对其英文作品的挖掘。胡适、钱锺书、林语堂、邵洵美、张爱玲等一大批中国现代作家都曾有过英语创作活动,但在对这些作家英文作品收集或者研究过程中,研究界对于他们的英语写作实践缺乏应有的关注。目前仅有胡适的英文作品及书信收集入《胡适全集》中,其中35—39卷为英文著述,数量达5卷之多。近年有热心的学者将钱锺书的英文作品收集在《钱锺书英文文集》中,由于编者对相关史料背景没有进行深入探究,书中较多误识误记,将刊载大量钱

---

① 钱念孙:《文学民族性理论面临挑战》,《文学评论》,1988年第5期。
② 钱念孙在《跨国度跨语种文学》中将其称作"跨语种文学","是指某国或某民族作家在表现本民族社会生活时,用异国和异民族语言来进行写作"。参见钱念孙:《文学横向发展论》,上海:上海文艺出版社,1989年,第125页。

锺书英文作品的刊物名称《中国评论周报》误认为《中国评论家》。杨绛在该书序言中道出英文文集出版对钱锺书研究的重要性:"钱锺书非常希望用英语写一本欧洲文学的书,因为通过早年的训练,他能同时擅长以中英文写作。"尽管钱锺书的愿望最终未能实现,但"他留下多种类型的英文文章,现编入这本文集中,目的是保存钱锺书英文写作的具体文本,以便于读者能感受一种直接源自他笔下的独特风格"①。而对于林语堂的英语写作,学界较为熟知的是《吾国吾民》与《生活的艺术》以及1936年其去美国之后创作的英文小说《京华烟云》等作品,而忽略了林语堂在担任《中国评论周报》及《天下月刊》编辑期间进行的英文小品文创作。这些英文小品文,从文化内蕴及文体风格等方面,奠定了林语堂整个英文写作的基础。因此林语堂早期的英文小品文创作对于研究林语堂的文学创作转变过程,具有重要的研究价值。目前国内学界开始重视林语堂英文文集整理出版工作②。具体到林语堂的英文小品文集,则出版不多,所见版本仍然是1935年商务印书馆出版的 *The Little Critic: Essays, Satires and Sketches on China* (First Series: 1930 -1932, Second Series: 1933 -1935)(《英文小品甲、乙集》), *Confucius Saw Nancy and Essays about Nothing* (《子见南子及英文小品文集》),其实还有大量的作品没有收入文集。因此有必要收集整理散见于当时各种英文报刊上的林语堂英文小品文作品;在收集原刊文献的基础上,可以最大程度地还原

---

① Yang Jiang (杨绛), "Preface", *A Collection of Qian Zhongshu's English Essays* (《钱锺书英文文集》), Foreign Language Teaching and Research Press, 2005.

② 外语教学与研究出版社近年推出《风声鹤唳》、《生活的艺术》、《京华烟云》、《武则天传》、《吾国与吾民》、《英译重编传奇小说》、《老子的智慧》、《印度的智慧》等林语堂英文作品集,共约20本。

林语堂的英语创作原貌,为研究者提供真实可信的文学史料。

二、中国文学与世界文学的关系

歌德与马克思、恩格斯①都曾有过关于"世界文学"的论断,那么进入 21 世纪,各国各民族间文化交往与融合日益频繁,网络信息化程度不断加深,"世界文学"的时代从理念设想正在逐步变为现实。"'世界文学'就再也不是一个确定的概念,因为它已经在各民族/国别文学的发展史上发生了演变。今天的文学编史学因此便呈现出多元的走向:不仅按照民族—国家的界限来编写,例如英国文学和美国文学,而且还按照语言来编写,例如(国际)英语文学和(国际)汉语文学等。"②在全球化时代的 21 世纪,中国文学研究界已不可能对此现象无动于衷。早在 1985 年,陈平原、黄子平、钱理群三人在一系

---

① 马克思、恩格斯在阐述资本的全球化扩展的基础上,揭示出世界文学产生的必然性:"过去那种地方的和民族的自给自足和闭关自守状态,被各民族的各方面的互相往来和各方面的互相依赖所代替了。物质的生产是如此,精神的生产也是如此。各民族的精神产品成了公共的财产。民族的片面性和局限性日益成为不可能,于是由许多种民族的和地方的文学形成了一种世界的文学。"参见《共产党宣言》,北京:中央编译出版社,2005 年,第 30 页。歌德也曾预言世界文学格局的形成:"人们到处听到和读到关于人类进步的、关于世界局势和人类状况的进一步的前景的内容。即使这种情况可能全部实现,对此进行研究并进一步加以确定不是我的职责,然而我要从我这方面使我的朋友们注意,我确信,共同的世界文学正在形成,只有我们德国人有能力在其中起着光荣的作用。"参见歌德:《世界文学 1827—1830》,陈宗显译,郑法清、谢大光主编:《歌德散文选》,天津:百花文艺出版社,2005 年,第 296 页。
② 王宁:《"世界文学"与翻译》,《文艺研究》,2009 年第 3 期,第 23 页。

列阐述"20世纪中国文学"的文章①中也特别强调了"世界性"因素的存在:"过去我们对中国文学如何受外国文学影响而产生新变研究得较多,很少研究'世界文学中的中国文学',即研究中国文学汇入世界文学总体系后产生的质变,以及本世纪中国文学对世界文学的贡献和影响。"他们还指出20世纪中国文学研究视野应该是"双向的开放",不仅要"对中国文学如何受外国文学影响而产生新变"进行研究,还要研究"世界文学中的中国文学"②。他们把林语堂、叶君健、萧乾等人的英语文学创作看作"国别文学"里难以讨论的文学现象,而应当纳入20世纪中国文学研究范围,以拓展中外文学关系研究的向度。此后陈思和提出"新文学整体观"的思想,也将新文学置于世界文学的体系中,强调"世界性"因素的存在。他指出新文学"在横向联系上则表现为时时呼吸着通向世界文学的气息,以不断撞击、对流以及互渗来丰富自身,推动本体趋向完善。它的整体性意义除了自身发展的传统力量以外,还在于它与世界文学共同建构起一个文学的整体框架,并在这样一个框架下,确定自身的位置"③。在陈思和看来,新文学不是封闭式的发展,而是存在于"世界文学"构成整体框架的关系场中,具有"自身的位置"。此后他又连续发表《20世纪中外文学关系研究中的"世界性因素"的几点思考》,对中国文学中的"世界性因素"进行进一步的确定,指出其内涵是"在20世纪

---

① 包括《论"20世纪中国文学"》,《文学评论》,1985年第5期;《"20世纪中国文学"三人谈·缘起》、《世界眼光——"20世纪中国文学"三人谈》、《"20世纪中国文学"三人谈——民族意识》,分别载《读书》,1985年第10、11、12期。
② 陈平原、黄子平、钱理群:《世界眼光——"20世纪中国文学"三人谈》,《读书》,1985年第11期,第79页。
③ 陈思和:《中国新文学整体观》,上海:上海文艺出版社,1987年,第15页。

中外文学关系中,以中国文学史上可供置于世界文学背景下考察、比较、分析的因素为对象的研究,其方法上必然是跨越语言、国别和民族的比较研究"①。"世界性因素"作为研究者思考20世纪中外文学关系的理论思考背景,存在两个依次递进的思维视角,首先是承认"世界/中国"("影响者/接受者")的文化结构与关系;其次是进一步揭示出在这样一个关系场中,中国不是被动的接受与"被影响",而是具有自身的主体性。"在其自身的运动(其中也包含了世界的影响)中形成某些特有的审美意识,不管与外来文化的影响是否有直接关系,都是以自身的独特面貌加入世界文学行列,并丰富了世界文学的内容。"②在此,陈思和试图校正有关中外文学关系研究中所存在的偏颇,即以实证主义的方式专注于研究西方文学对中国的影响,而忽视了接受者自身的主体性作用。

不仅是中国现代文学研究者突破旧有的研究范式,将中国现代文学纳入世界文学整体中进行研究;比较文学研究的学者也改变了以往注重研究中国文学外来影响的单向模式,开始逐渐关注中国文学在国外的传播及影响过程。不同民族与国家间的文学影响研究是比较文学研究的一个重要内容,学界往往较为关注外国文学作品及文学思想对中国现代文学产生的影响,而忽略了中国现代文学在国外的影响研究。著名学者乐黛云教授在《中国文学在国外》丛书总序中指出:"交流总是双向的。过去,我们对外国文化在中国的影响做过不少研究,但对于中国在外国的形象、中国对外国的影响,以及在世界文化总体对

---

① 陈思和:《20世纪中外文学关系研究中的"世界性因素"的几点思考》,《中国比较文学》,2001年第1期,第17页。
② 陈思和:《20世纪中外文学关系研究中的"世界性因素"的几点思考》,《中国比较文学》,2001年第1期,第16页。

话中的中国都研究得很不够。"①近年来中国学者开始注重研究中国文学向外传播的过程与影响,如由北京大学乐黛云和南京大学钱林森主编的《中国文学在国外丛书》便是此类研究成果,该丛书"将中国文学对外国文学所产生的影响,以及外国学术界对中国文学的评介和研究,都进行了比较系统的介绍,这一举措引起了国内外学术界的关注"②。 此外,马祖毅的《汉籍外译史》③以国别体的形式,按照时间发展顺序,梳理了中国文学典籍在世界主要国家外译的过程,其中相当的篇幅关注中国现当代文学外译概况以及对译入国文学思想的影响。 此外,马士奎在《中国当代文学翻译研究(1966—1976)》④一书中以双向的视角来研究"文革"时期的对内和对外翻译,书中第五章研究了毛泽东诗词及现当代文学作品对外翻译的情况。 相较于中国古代文学漫长的发展历史而言,中国现代文学发生发展的历史很短暂。 然而,作为中国现代社会的一种文学反映,中国现代文学较为形象地揭示了中国各个阶层的生活面貌,为西方世界了解现代中国社会及历史进程提供了有效参照。 此外,中国现代文学在吸收借鉴西方文学思想的同时,也继承和发扬了中国传统文化的内质,具有强烈的民族文化色彩;国外读者可以通过阅读中国现代文学作品,了解洞悉中华民族文化的内蕴与特色。 因此,在其发表之后不久,中国现代文学作品很快得到世界的关注,许多重要作家的经典作品被翻

---

① 乐黛云:《文化交流的双向反应》,《中国文学在国外丛书总序》,广州:花城出版社,1990年。
② 赵敏俐、杨树增:《20世纪中国古典文学研究史》,太原:山西人民教育出版社,1997年,第372页。
③ 马祖毅、任荣珍:《汉籍外译史》,武汉:湖北教育出版社,1997年。
④ 马士奎:《中国当代文学翻译研究(1966—1976)》,北京:中央民族大学出版社,2007年。

译成英语介绍给西方读者。学界研究中国现代文学在跨语际传播过程中的各种文化影响因素,对世界文学及文化发展的意义与作用,能够进一步拓展中国现代文学史的研究空间,丰富对中外文学关系中"民族性"因素的解读。

三、中国现代英语报刊的历史存在及其研究

在文化传媒思想及理论的推动下,中国现代报刊尤其是文学期刊成为中国现代文学研究的一个重要领域。文学期刊是现代报刊的重要组成部分,与新闻报刊、综合文化报刊、科学报刊等共同构成现代文化期刊的类型体系。文学期刊以"文学"启蒙的方式所进行的社会革命,是通过文学的审美活动作用于人的思想意识,推动现代历史的发展,同时也为现代文学史保存最为珍贵的原始资料。"现代文学史就是通过现代文学期刊,展现它最原始、最真实、最生动的面貌的。文学理论的斗争场面,文艺流派的形成过程,作家由默默无闻而名扬四海,作品由在期刊上初露头角逐渐成为传世名作,所有这些刻记在时间上的珍贵纪录,研究工作者所理应掌握的第一手丰富资料,都深深地埋藏在国内馆藏文学期刊最完备的上海徐家汇藏书楼的书库中。"[①]作为发表文学作品的载体,现代作家的作品最初发表在各类文学及文化期刊上;作为文学思想的传播媒介,文学期刊促进了文学观念的革新;作为作家聚合的阵地,文学期刊促进了文学社团的建立、文学流派的形成及文学风格的演变。文学期刊研究成了20世纪90年代以来文学研究的重要方向,拓展了现代文学研究的视野与方法,使得学界从文学期刊的文化立场、编辑作家的文学主张及现代传播学、出版学等角度重

---

① 赵家璧:《花城版〈现代文学期刊漫话〉序》,上海鲁迅纪念馆编:《赵家璧文集第2卷》,上海:上海文艺出版社,2008年,第118页。

新审视现代文学的发展与变革。近现代报刊研究热潮，为中国现代文学研究提供了新的文化理论视域，但同时存在诸多弊端。概而言之，重复性研究过多，对于某些著名报刊存在过度阐释的弊端；系统化整体性研究不足，对于不同历史时期的报刊发展过程缺乏整体性观照；深入性研究较少，学界对于中国现代报刊研究大多停留在浅层次的资料梳理及解读，未能引入新的研究理论进行深度分析。最后，中国现代报刊研究空间亟待拓展，即必须重视英文及其他外文报刊的整理与研究，揭示这些报刊在中西文化交流过程中的重要价值与作用。

在近现代历史上，外文报刊尤其是英文报刊曾经发挥过重要作用。外文报刊的发展经历几个阶段，20世纪之前的外文报刊多为外国在华知识分子创办，在主要的通商口岸发行。当时外文报刊的特点：一是作为来华商人和传教士的向导；二是主要供给外国侨民阅读，为其提供各类信息。据《上海新闻志》统计，19世纪末至20世纪初的50年时间里，曾经有相当数量的外文报刊发行，其中就有36份重要的英文报纸，内容涉及经济、政治、文化、法律、医学及教育等社会生活各个领域。[①]进入20世纪，随着英美两国在中国势力的增强，两国所办的英文报纸占据了重要地位。这些英文报刊对中国事务的态度表现出不同的立场，有一部分报刊对于中国时事尚能保持客观公正立场，支持中国革命事业及民族解放运动，为中国获得国际援助做出重要贡献；但相当一部分外文报刊做不到客观全面，为维护其所属各国政党及国家利益之便，常常曲解事实真相、美化侵略言论，成为西方列强侵略中国的舆论工具。

为了打破外报被外国人所垄断的传统，进入20世纪以后中国人开始自编自办英文报刊，对外宣传中国革命思想及民族解

---

① 参见《上海新闻志》，http://www.shtong.gov.cn/node2/node2245/node4522/node5501/node5514/node63722/userobject1ai8661.html.

放事业，同时进行广泛中西文化交流。 虽然在辛亥革命前已有国人自办的英文报《北京英文日报》(Peking Daily News)创刊，但到民国建立以后，才算有了第一份真正意义上自编自办的英文《民国西报》(The China Republican)。 该报1912年创刊，马素主编，由孙中山的英文秘书宋霭龄为联系人，主要用英文撰稿，第二年起也兼用法文。 该报在孙中山领导下创办，作为同盟会在上海对外宣传的阵地，宣传了资产阶级革命思想，产生了广泛的国际影响。 其后，民国七年（1918）又由陈友仁办了《英文沪报》；民国十三年（1924），《申报》的英文秘书又独资创办英文《福生英华周报》；民国十五年（1926），顾执中与闵刚侯、沈颂芳一同发起创办英文《中国日报》，同时谢福生又办了英文《公论西报》；但因影响较小，这些英文报刊鲜被提及。 直到1928年5月，清华毕业、留美回国的桂中枢等人在上海创办《中国评论周报》，1935年8月由吴经熊发起、中山文化教育馆支持创办《天下月刊》，它们成为创刊时间长、刊载内容广泛的英文期刊，在现代历史上占有重要地位。 国人自办的英文报刊，其宗旨、文化身份都与外人所办刊物有较大不同。 它们周围聚集了一批学贯中西的知识分子，构筑了一个水准较高的中西文化交流平台。 在现代历史上，中国共产党也十分重视英文报刊的对外宣传与文化交流功能。 早在1932年，中国共产党便支持创办《中国论坛》(China Forum)，用以向外宣传进步的文化运动，揭露国民党的白色恐怖活动；这些刊物上还刊载了现代作家如鲁迅、郁达夫、丁玲、叶绍钧、柔石等人的小说译文。 1938年叶君健被党中央派往香港，主编中华全国文艺界抗敌救国协会的对外机关刊物《中国作家》，进行抗战对外宣传，期间茅盾的"农村三部曲"以及一部分战时短篇小说被译成英文在该刊上发表。 1946年5月在周恩来领导下，英文刊物《新华周刊》(The New China Weekly)创刊，乔冠华任主编；该刊内容主要是向世界报道中国重大新闻时事,宣传中国共产党的政治思想与方针政策。 1946年,由龚澎等人主编的《中国文摘》在香港正式出版。 1948年萧乾曾协助编辑《中国文摘》,1949年他还被任命为英文刊物《人民中国》副总编辑进行新中国的对外宣传工作。 1951年英文期刊《中国文学》(Chinese Literature)创刊,该刊刊载了大量的现当代文学作品英文译文,成为世界了解中国文学的重要窗口。

与繁盛的中文报刊研究相比较,英文报刊未被充分重视,相关的研究专著及论文较少,有的研究只是在报刊史的部分章节中有涉及。 戈公振所著《中国报学史》第三章"外报创始时期"中作者将外国人在华所办报纸统称为外报,包括中文与外文报纸。 书中作者辑录了英、法、俄、葡、日等外文报纸名录及概述,成为后世学者之基础,当为英文报刊研究之肇始。 1932年出版的中国太平洋国际学会丛书之《外人在华新闻事业》,对外文报纸亦有介绍。 作者以新闻记者之身份,查询资料之便利,对英、法、美、日等国在各口岸城市之重要外文报纸进行了梳理,并对其于中国政治、文化与社会积极意义方面进行了阐述。[①] 进入当代以后,英文报刊研究只在方汉奇的《中国近代报刊史》出现。 其他如《中国近现代文化期刊史》、《中国期刊发展史》等书仅对近代早期传教士所办报刊有所涉及,未专门述及英文报刊。 此后,方汉奇在《中国近代报刊史》第二章第三节"为殖民主义摇旗呐喊的外文报纸"中,分析了鸦片战争以后各个通商口岸外国侨民人数不断增加,随即出现了大量的英、法、俄、日等外文报纸,而其中英文报纸比重最大,日报最多。 此外,对于外文报刊的整理见于一些"新闻志"中,如《上海新闻志》第二章"民国时期报纸(1912—1949)"中列举了英、法、日等外文报纸名录。 而真

[①] 赵敏恒:《外人在华之新闻事业》,中国太平洋国际学会,1932年。

正将英文报刊作为独立研究对象进行深入剖析的论著,目前所见的只有段怀清、周俐玲编著的《〈中国评论〉与晚清中英文学交流》①。该书所述对象为英文期刊《中国评论》(China Review),于1872年7月创刊,1901年6月停刊。作者从研究该刊所发表的大量中国文学作品译文与评论入手,阐述了《中国评论》对不同体式的中国文学作品的译介及评论,并对其编辑作者等英国汉学家的文化心态进行了论析,从而揭示出"无论是在维多利亚时代的英国汉学史上,还是在晚清中英文学与文化交流史上,《中国评论》都占据着无法替代和无法忽略的地位"。另外,还有一部分散见于各种报刊上的回忆类文章及研究论文述及现代英文报刊。如沈剑虹在《漫谈国人自办的英文报》②以时间为序较为完整地勾勒出国民政府创办的英文报刊;姚远的系列文章《〈清华学报〉的创刊及历史意义》③、《清华学报英文版的传播与首创》④,将研究对象定为1915年5月创刊、中英文各占一半内容的《清华月刊》(The Tsing Hua Monthly),后改为《清华学报》(The Tsing Hua Journal),分为英文和中文两种版本间隔出版。"该刊借助于早期清华留美预备办学的特色,整合了在校留美预备生、在美留学生、在校外国专家,以及具备英语修养的师生作为学报作者队伍的主体,构筑了一个水准较高的中西学术文化交流的平台。"

然而由于各类英文报刊资料查找困难以及在研究过程中存

---

① 段怀清、周俐玲:《〈中国评论〉与晚清中英文学交流》,广州:广东人民出版社,2006年。
② 沈剑虹:《漫谈国人自办的英文报》,《传记文学》,第46卷第5期。
③ 姚远等:《〈清华学报〉的创刊及历史意义》,《编辑学报》,2006年第4期。
④ 姚远等:《〈清华学报〉英文版的传播与首创》,《清华大学学报》(哲学社会科学版),2006年第3期。

在的语言障碍，英文报刊的研究与热闹喧哗的中文报刊研究相比显得过于冷清寂寥，但这并不能掩盖外文报刊所蕴含着的丰富的文化价值。现代英文报刊作为一种传播媒介，尤其是中国人自办的英文报刊，在现代中西文化交流过程中以及主流政权的对外宣传过程中占有重要地位。这些英文报刊发表了中国现代知识分子的英文作品，刊载中国文学英文译文，同时作为中外知识分子文化交流的"公共空间"，积极促动了中外文化交流。对现代英文报刊的研究，有利于拓展现代文学史、文化史、出版史的研究空间，揭示出更为丰富的研究史料；同时也有利于更为深入地研究现代知识分子的中西文化观念与思想。这是一片蕴含着无限丰富宝藏的沃土，亟待更多研究者的开掘与耕耘。

参考文献

1. 报纸期刊

The China Critic （《中国评论周报》）(1928—1946)
T'ien Hsia Monthly （《天下月刊》）(1935—1941)
China Forum （《中国论坛》）(1932—1934)
Chinese Literature （《中国文学》）(1951—2002)
《中山文化教育馆季刊》
《大公报》
《论语》
《人间世》
《宇宙风》
《逸经》
《中流》
《西洋文学》

2. 作家文集及译著

蔡元培:《蔡元培书信集》,杭州:浙江教育出版社,2000年

《生活的艺术》,林语堂、黄嘉德译,上海:上海西风社,1941年

林语堂:《爱与刺》,桂林:明日出版社,1942年

林语堂:《语堂文集》,台北:开明书店,1978年

林语堂:《林语堂名著全集》,长春:东北师范大学出版社,1995年

林语堂:《林语堂文集》,西安:陕西师范大学出版社,2004年

林语堂:《林语堂评说中国文化》,北京:中共中央党校出版社,2001年

《唐诗四季》,吴经熊、徐诚斌译,沈阳:辽宁教育出版社,1997年

胡适:《胡适学术文集》,上海:中华书局,2001年

梁漱溟:《中国文化要义》,上海:学林出版社,1987年

梁漱溟:《东西文化及其哲学》,北京:商务印书馆,1999年

吴宓:《吴宓日记》,吴学昭整理注释,北京:生活·读书·新知三联书店,1998年

梁实秋:《梁实秋文集》,厦门:鹭江出版社,2002年

温源宁:《一知半解及其他》,南星译,陈子善编,沈阳:辽宁教育出版社,2001年

温源宁:《不够知己》,江枫译,长沙:岳麓书社,2004年

张培基:《英译中国现代散文选》(一、二、三),上海:上海外语教育出版社,1999—2003年

邵洵美:《一个人的谈话》,上海:第一出版社,1935年

邵洵美:《论幽默》,上海:上海时代书局,1949年

邵洵美:《洵美文存》,陈子善编,沈阳:辽宁教育出版社,2006年

金岳霖:《金岳霖学术文化随笔》,杨书澜编,北京:中国青年出版社,2000年

《金岳霖学术论文选》,金岳霖学术基金会学术委员会编:北京:中国社会科学出版社,1990年

陈世骧:《陈世骧文存》,陈子善编选,沈阳:辽宁教育出版社,1998年

[美]埃德加·斯诺:《活的中国——现代中国短篇小说选》,长沙:湖南人民出版社,1983年

3. 作家传记

汤晏:《一代才子钱锺书》,上海:上海人民文学出版社,2005年

施建伟:《林语堂传》,北京:北京十月文艺出版社,1999年

王兆胜:《两脚踏中西文化》,北京:北京文津出版社,2005年

林语堂:《林语堂自传》,南京:江苏文艺出版社,1995年

施建伟:《林语堂在海外》天津:百花文艺出版社,1992年

林太乙:《林语堂传》,北京:中国戏剧出版社,1993年

吴经熊:《超越东西方》,周伟驰译,雷立柏注,北京:社会科学文献出版社,2002年

胡适:《胡适留学日记》,海口:海南国际新闻出版中心,1994年

胡适:《胡适自述》,上海:上海书店,1959年

罗志田:《再造文明的尝试:胡适传(1891—1929)》,上

海：中华书局，2006年

胡河清：《真精神旧途径：钱锺书的人文思想》，石家庄：河北教育出版社，2002年

张弘：《吴宓：理想的使者》，北京：文津出版社，2005年

宋益乔：《梁实秋传》，天津：百花文艺出版社，2005年

林淇：《海上才子：邵洵美传》，上海：上海人民出版社，2002年

韩石山：《徐志摩传》，北京：北京十月文艺出版社，2004年

邵绡红：《我的爸爸邵洵美》，上海：上海书店出版社，2005年

刘培育：《金岳霖回忆与回忆金岳霖》，成都：四川教育出版社，1986年

《吴经熊博士百周年冥诞纪念》，台北：辅仁大学出版社，2003年

吕文浩：《潘光旦图传》，武汉：湖北人民出版社，2006年

潘光旦：《潘光旦日记》，北京：群言出版社，2014年

林语堂：《林语堂双语文选》，钱锁桥编选，香港：香港中文大学出版社，2010年

4. 工具类图书

中国第二历史档案馆编：《中华民国史档案资料汇编》，南京：江苏古籍出版社，1999年

熊月之主编：《上海通史》，上海：上海人民出版社，1999年

上海图书馆编：《中国近代期刊篇目汇录》，上海：上海人民出版社，1979—1984年

史和、姚福申、叶翠娣：《中国近代报刊名录》，厦门：福建人民出版社，1991年

边春光:《出版词典》,上海:上海辞书出版社,1992年

《中国现代出版史料》甲、乙、丙、丁编、补编,张静庐辑注,上海:中华书局,1952—1959年

宋原放、孙颙主编:《上海出版志》,上海:上海社会科学院出版社,2001年

贾树枚主编:《上海新闻志》,上海:上海社会科学院出版社,2000年

叶再生:《中国近代现代出版通史》(4卷本),北京:华文出版社,2002年

本书编纂委员会编写:《上海百年文化史》,上海:上海科学技术文献出版社,2002年

美国不列颠百科全书公司编著,中国大百科全书出版社《不列颠百科全书》国际中文版编辑部编译:《不列颠百科全书》,中国大百科全书出版社,2007年

5. 研究专著

严慧:《超越与建构:〈天下〉与中西文学交流(1935—1941)》,北京:光明日报出版社,2011年

彭发胜:《向西方诠释中国〈天下月刊〉研究》,北京:清华大学出版社,2016年

[美]杰罗姆·B.格里德尔:《知识分子与现代中国》,单正平译,天津:南开大学出版社,2002年

[美]罗兹·墨菲:《上海,中国的钥匙》,章克生、徐肇庆、吴竟成等译,上海:上海人民出版,1986年

[法]皮埃尔·布尔迪厄:《自由交流》,桂裕芳译,北京:北京三联书店,1996年

[德]哈贝马斯:《公共领域的结构转型》,曹卫东等译,上海:学林出版社,1999年

[美]萨义德:《文化与帝国主义》,李琨译,北京:生

活·读书·新知三联书店,2003年

［美］萨义德:《知识分子论》,单德兴译,北京:生活·读书·新知三联书店,2002年

［美］萨义德,《东方学》,王宇根译,北京:生活·读书·新知三联书店,2007年

［英］艾勒克·博埃默:《殖民与后殖民文学》,盛宁、韩敏中译,沈阳:辽宁教育出版社、牛津大学出版社,1998年

［美］刘禾:《跨语际实践——文学,民族文化与被译介的现代性(中国,1900—1937)》,宋伟杰等译:北京:生活·读书·新知三联书店,2002年

［美］史书美:《现代的诱惑 书写半殖民地中国的现代主义1917—1937》,何恬译,南京:江苏人民出版社,2007年

［美］李欧梵:《上海摩登——一种新都市文化在中国1930—1945》,毛尖译,上海:上海三联出版社,2008年

［美］帕特丽卡·劳伦斯:《丽莉·布瑞斯珂的中国眼睛》,万江波、韦晓保、陈荣枝译,上海:上海书店出版社,2008年

［捷克］马立安·高利克:《中西文学关系的里程碑》,伍晓明、张文定等译,北京:北京大学出版社,1990年

［美］埃德加·斯诺:《活的中国》,文洁若译;陈琼芝辑录,长沙:湖南人民出版社,1983年

［美］Earl H. Leaf(里夫):《丁玲:新中国的女战士》,叶舟译,上海:光明书局,1938年

鲁迅、茅盾选编辑录:《草鞋脚》,长沙:湖南人民出版社1992年

罗钢、刘象愚主编:《文化研究读本》,北京:中国社会科学出版社,2000年

周宪主编:《中国文学与文化的认同》,北京:北京大学出版社,2008年

郑晓云：《文化认同论》，北京：中国社会科学出版社，2008年

任一鸣：《后殖民：批评理论与文学》，北京：外语教学与研究出版社，2008年

余英时：《士与中国文化》，上海：上海人民出版社，1987年

汪晖：《中国现代思想的兴起》，北京：生活·读书·新知三联书店，2008年

张旭东：《全球化时代的文化认同》，北京：北京大学出版社，2005年

刘丽霞：《中国基督教文学的历史存在》，北京：社会科学文献出版社，2006年

王秉钦：《20世纪中国翻译思想史》，天津：南开大学出版社，2004年

许纪霖：《中国知识分子十论》，上海：复旦大学出版社，2003年

许纪霖等：《近代中国知识分子的公共交往：1895—1949》，上海：上海人民出版社，2008年

邓丽兰：《域外观念与本土政制变迁——20世纪二三十年代中国知识界的政制设计与参政》，北京：中国人民大学出版社，2003年

旷新年：《1928：革命文学》，济南：山东教育出版社，1998年

封海清：《西南联大的文化选择与文化精神》，昆明：云南人民出版社，2006年

安宇、周棉编：《留学生与中外文化交流》，南京：南京大学出版社，2002年

季进：《钱锺书与现代西学》，上海：上海三联出版社，2002年

冯羽:《林语堂与世界文化》,南京:江苏文艺出版社,2005年

陈明远:《文化人的经济生活》,上海:文汇出版社,2005年

王才勇:《中西语境中的文化述微》,上海:上海人民出版社,2004年

苏智良主编:《上海近代新文明的形态》,上海:上海辞书出版社,2004

刘登阁、周云芳:《西学东渐与东学西渐》,北京:中国社会科学出版社,2000年

陈平原:《在东西方文化的碰撞中》,杭州:浙江文艺出版社,1997年

陈敬:《赛珍珠与中国 中西文化冲突与共融》,天津:南开大学出版社,2005年

熊月之等编:《上海的外国人(1842—1949)》,上海:上海古籍出版社,2003年

吴树德:《温良书生 人中之龙——吴经熊法律哲学研究》,北京:清华大学出版社,2004

董鼎山:《西边书窗》,上海:上海三联出版社,1997年

赵毅衡:《西出阳关》,上海:上海人民出版社,2007年

郑大华:《民国思想史论》,北京:社会科学文献出版社,2006年

段峰:《文化视野下文学翻译主体性研究》,成都:四川大学出版社,2008年

葛校琴:《后现代语境下的译者主体性研究》,上海:上海译文出版社,2006年

郭延礼:《中西文化碰撞与近代文学》,济南:山东教育出版社,1999年

郭著章主编:《翻译名家研究》,武汉:湖北教育出版社,

1999年

胡庚申编：《翻译与跨文化交流：转向与拓展》，上海：上海外语教育出版社，2007年

李瑞华编：《英汉语言文化对比研究》，上海：上海外语教育出版社，1996年

林语堂故居委员会编：《跨越与前进——从林语堂研究看文化的相融/相涵学术研讨会论文集》，台湾：秀威资讯科技股份有限公司，2007年

刘宓庆：《新编汉英对比与翻译》，北京：中国对外翻译出版公司，2006年

庞秀成：《翻译的文化视角与辩证思维》，长春：吉林大学出版社，2008年

杨柳：《林语堂翻译研究——审美现代性透视》，长沙：湖南人民出版社，2005年

张隆溪：《中西文化研究十论》，上海：复旦大学出版社，2005年

郑春苗：《中西文化比较研究》，北京：北京语言学院出版社，1994年

朱健平：《翻译：跨文化解释》，长沙：湖南人民出版社，2007年

谢天振、查明建主编：《中国现代翻译文学史（1898—1949）》，上海：上海外语教育出版社，2004年

孟昭毅、李载道：《中国翻译文学史》，北京：北京大学出版社，2005年

谢天振：《翻译研究新视野》，青岛：青岛出版社，2003年

马祖毅、任荣珍：《汉籍外译史》，武汉：湖北教育出版社，1997年

曾小逸主编：《走向世界文学》，长沙：湖南文艺出版社，1986年

中国社会科学院文学研究所《国外中国学文学研究组》编:《国外中国文学研究论丛》,北京:中国文联出版公司,1985年

范伯群等主编:《1898—1949中外文学比较史》,南京:江苏教育出版社,2007年

李达三、罗钢主编:《中外比较文学的里程碑》,北京:人民文学出版社,1997年

郭著章:《翻译名家研究》,武汉:湖北教育出版社,1999年

刘重德:《文学翻译十讲》,北京:中国对外翻译出版公司,1991年

张柏然、许钧:《面向21世纪的译学研究》,北京:商务印书馆,2002年

贾玉新:《跨文化交际学》,上海:上海外语出版社,1998年

邹振环:《20世纪上海翻译出版与文化变迁》,桂林:广西教育出版社,2000年

周海波:《传媒与现代文学之间》,北京:中国社会科学出版社,2004年

周海波:《传媒时代的文学》,北京:人民文学出版社,2007年

路英勇:《认同与互动——"五四"新文学出版研究》,合肥:安徽文艺出版社,2004年

赵敏恒:《外人在华之新闻事业》,中国太平洋国际学会,1932年

段怀清、周俐玲:《〈中国评论〉与晚清中英文学交流》,广州:广东人民出版社,2006年

刘淑玲:《〈大公报〉与中国现代文学》,石家庄:河北教育出版社,2004年

刘增人:《中国现代文学期刊史论》,上海:新华出版社,2005年

张静庐:《在出版界二十年》,上海:上海书店出版社,1984年

方汉奇:《中国近代报刊史》,太原:山西人民出版社,1981年

胡正强:《中国现代报刊活动家思想评传》,上海:新华出版社,2003年

谢其章:《漫话老杂志》,济南:山东友谊出版社,2000年

李仲民:《报刊史话》,北京:社会科学文献出版社,2000年

周葱秀、涂明:《中国近现代文化期刊史》,太原:山西教育出版社,1999年

倪延年:《期刊学概论》,南京:南京师范大学出版社,1992年

张觉明:《现代杂志编辑学》,北京:中国书籍出版社,1987年

应国靖:《现代文学期刊漫话》,广州:花城出版社,1986年

戈公振:《中国报学史》,北京:中国新闻出版社,1985年

宋应离主编:《中国期刊发展史》,郑州:河南大学出版社,2000年

张志强:《20世纪中国的出版研究》,桂林:广西教育出版社,2004年

卓南生:《中国近代报业发展史》(增订版),北京:中国社会科学出版社,2002年

王林:《西学与变法——〈万国公报〉研究》,济南:齐鲁书社,2004年

吕思勉:《三十五来之出版界(1894—1923)》,《吕思勉遗

文集》,上海:华东师范大学出版社,1997年

朱联保:《近现代上海出版业印象记》,上海:学林出版社,1993年

6. 相关论文

沈剑虹:《漫谈国人自办的英文报》,《传记文学》,1985年第46卷第5期

姚远等:《〈清华学报〉的创刊及历史意义》,《编辑学报》,2006年第4期

姚远等:《清华学报英文版的传播与首创》,《清华大学学报》(哲学社会科学版),2006年第3期

周劭:《姚克和〈天下〉》,《读书》,1993年第2期

[美]姚湘:《两种文化 一个世界——埃德加·斯诺与我父亲姚莘农的友谊》,王建国译,《鲁迅研究月刊》,1992年第8期

王雨霖:《评〈不够知己〉的编注》,《博览群书》,2005年第6期

邓丽兰:《略论〈中国评论周报〉(*The China Critic*)的文化价值取向——以胡适、赛珍珠、林语堂引发的文化论争为中心》,《福建论坛》(人文社会科学版),2005年第1期

叶秀敏:《为中国辩护:〈中国评论周报〉初期对废除法外治权的关注》,《中山大学研究生学刊》(社会科学版),2005年第2期

凌扬:《姚克和〈天下月刊〉》,《新文学史料》,1993年第3期

黄芳:《试论英文杂志〈天下月刊〉的文化价值》,《华北水利水电学院学报》(社会科学版),2008年第5期

黄芳:《〈天下月刊〉素描》,《新文学史料》,2011年第3期

黄芳:《跨文化之桥:中国现代著名国人自办英文杂志〈中国评论〉周报与〈天下〉月刊》,《编辑之友》,2011年第3期

黄芳:《中外合译的文化选择——以英文杂志〈天下月刊〉上的中国现代文学作品英译为例》,《淮阴师范学院学报》(哲学社会科学版),2014年第3期

黄芳、张志强:《〈中国评论周报〉上的商务印书馆英文广告初探》,《出版科学》,2016年第6期

黄芳、张志强:《著名英文专栏〈小评论〉与中国现代小品文发展》,《中州学刊》,2017年第8期

张志强、黄芳:《1949年前商务印书馆英文出版探析》,《中国出版》,2017年第23期

季进、严慧:《〈天下〉与中国文化的"天下"自主传播》,《江西社会科学》,2009年第4期

彭发胜:《〈天下月刊〉与中国现代文学的英译》,《中国翻译》,2011年第2期

王子颖:《〈天下月刊〉与中国戏剧的对外传播》,《戏剧艺术》,2015年第4期

杨昊成:《英文月刊〈天下〉对鲁迅的译介》,《中国现代文学研究丛刊》,2016年第10期

杨昊成:《〈中国评论周报〉中有关鲁迅的三则文字》,《鲁迅研究月刊》,2013年第6期

易永谊、许海燕:《越界文学旅行者的英文书写(1935—1936)——〈天下月刊〉时期的林语堂》,《温州大学学报》(社会科学版),2012年第3期

钱灵杰、伍健:《〈天下月刊〉中国古典文学英译研究析论》,《淮海工学院学报》(人文社会科学版),2017年第3期

高健:《近年来林语堂作品重刊本中的编选、文本及其他问题》,《山西大学学报》(哲社版),1994年第4期

陈石孚:《林语堂先生与我》,台北《传记文学》,1977年

第 31 卷第 6 期

李辉：《伊罗生：卷进中国革命漩涡的美国记者》，《百年潮》，1999 年第 12 期

陈国球：《"抒情传统论"以前——陈世骧与中国现代文学及政治》，《现代中文学刊》，2009 年第 3 期

温儒敏：《国外中国现代文学研究述略》，《辽宁师大学报社会科学版》，1984 年第 1 期

王德威：《海外中国现代文学研究的历史、现状与未来——"海外中国现代文学译丛"总序》，《当代作家评论》，2007 年第 4 期

曹万生：《体系·观念·语言——中国现代汉语文学史导论》，《四川大学学报》（社会科学版），2008 年第 3 期

王晓文：《文化生态与文学史的建构——中国现代文学大文学史观的几点想法》，《文学评论》，2002 年第 4 期

饶芃子：《"全球地域化"语境下中国文学影响研究》，《学术研究》，2006 年第 2 期

张文建：《学衡派与中西文化融合》，《史学理论研究》，1995 年第 4 期

陈思和：《知识分子在现代社会转型期的三种价值取向》，《上海文化》，1993 年创刊号

陈思和：《现代出版与知识分子的人文精神》，《复旦学报》，1993 年第 3 期

王建辉：《知识分子群体与近代报刊》，《华中师范大学学报》，1999 年第 3 期

王建辉：《上海何以成为近代中国出版的中心》，《中华读书报》，2002 年 3 月 27 日

王东风：《翻译文学的文化地位与读者的文化态度》，《中国翻译》，2000 年第 2 期

刘军平：《翻译经典与文学翻译》，《中国翻译》，2002 年第

4 期

王宁:《全球化时代的文化研究和翻译研究》,《中国翻译》,2000 年第 1 期

王建辉:《"五四"和新出版》,《文史哲》,2000 年第 2 期

王建辉:《1935—1936 年:中国近代出版的高峰年代》,《武汉大学学报》,2000 年第 5 期

吴永贵:《亚东图书馆与学者文人》,《新闻出版交流》,2000 年第 2、3 期

吴永贵:《近现代知识分子的出版情怀》,《编辑学刊》,2001 年第 2 期

孟悦:《商务印书馆创办人与上海近代印刷文化的构成》,《学人》第九辑,江苏人民出版社,1996 年

朱晓进:《论 30 年代文学杂志》,《南京师大学报》,1999 年第 3 期

汤哲声:《论 40 年代上海"方型刊物"》,《中国现代文学研究丛刊》,2001 年第 2 期

刘增人:《40 年代文学期刊扫描》,《中国现代文学研究丛刊》,2003 年第 2 期

巴彦:《30 年代的大型文学杂志——〈现代〉月刊》,《新文学史料》,1990 年第 2 期

李延:《30 年代的〈申报·自由谈〉》,《上海师范大学学报》,1991 年第 1 期

王晓明:《一份杂志和一个"社团"——重识"五四"文学传统》,《上海文学》,1993 年第 4 期

陈平原:《思想史视野中的文学〈新青年〉研究(上、下)》,《中国现代文学研究丛刊》,2002 年第 3 期、2003 年第 1 期

刘震:《新青年与"公共空间"——以〈新青年〉"通信"栏目为中心的考察》,《延边大学学报》,2003 年第 3 期

刘增人:《现代文学期刊的景观与研究历史反顾》,《中国现代文学研究丛刊》,2006年第2期

李宪瑜:《"公众论坛"与"自己的园地":〈新青年〉杂志"通信"栏》,《中国现代文学研究丛刊》,2002年第3期

李欧梵:《探索"现代"——施蛰存及〈现代〉杂志的文学实践》,《文艺理论研究》,1998年第5期

张志强:《20世纪上半叶的出版研究》,《编辑学刊》,2001年第3期

任一鸣:《"流放"与"寻根"——英语后殖民文学创作语言》,《中国比较文学》,2003年第2期

田俊武、李雪:《从"国际题材"到"世界文学"——多元文化冲突与融合中现当代英语写作》,《四川外语学院学报》,2004年第1期

罗国华:《中国译者走向"汉译外"》,《嘉兴学院学报》,2008年第3期

李先玉:《从译者的身份看翻译文本的选择》,《山西青年管理干部学院学报》,2008年第2期

魏家海:《全球化与民族化:译者文化身份的定位》,《山东师范大学外国语学院学报》,2001年第2期

查明建:《文化操纵与利用:意识形态与翻译文学经典的建构——以20世纪五六十年代中国的翻译文学为研究中心》,《中国比较文学》,2004年第2期

潘文国:《译入与译出——谈中国译者从事汉籍英译的意义》,《中国翻译》,2004年第2期

潘文国:《中籍外译,此其时也——关于中译外问题的宏观思考》,《杭州师范学院学报》(社科版),2007第11期

孟建煌:《从"后殖民主义"话语看林语堂的东西文化观》,《赣南师范学院学报》,2001第1期

胡志挥:《谁来向国外译介中国作品——为我国对外英语编

译水平一辩》,《中华读书报》,2003年1月29日

李文中:《中国英语与中国式英语》,《外语教学与研究》,1993年第4期

7. 学位论文

李红玲:《〈天下〉月刊 T'IEN HSIA MONTHLY 研究》,上海外国语大学硕士学位论文,2008年

严慧:《1935—1941:〈天下〉与中西文学交流》,苏州大学博士学位论文,2009年

易永谊:《世界主义与民族想象:〈天下月刊〉与中英文学交流(1935—1941)》,福建师范大学硕士学位论文,2009年

王梦莹:《本土传统的世界主义阐释——对〈天下〉月刊译价中国古典文学之考察》,华东师范大学硕士学位论文,2012年

赖勤芳:《中国经典的现代重构:林语堂"对外讲中"写作研究》,北京师范大学年博士学位论文,2007年

潘艳慧:《〈新青年〉翻译与现代中国知识分子的身份认同》,华中师范大学博士论文,2006年

李春燕:《论30年代林语堂的文艺思想》,西北大学硕士论文,2003年

杨雪:《多元调和:张爱玲翻译作品研究》,上海外国语大学博士学位论文,2007年

王京芳:《邵洵美和他的出版事业》,华东师范大学博士学位论文,2007年

陈敏杰:《转型时期的上海文学期刊——1927至1930年上海文学期刊研究》,华东帅范大学博士论文,2008年

8. 英文文献

Eugene Lubot: *Liberalism in an Illiberal Age: New Culture*

Liberals in Republican China 1919 - 1937, Greenwood Press, 1982

Shuang Shen: *Cosmopolitan Publics: Anglophone Print Culture in Semi-Colonial Shanghai*, Rutgers University Press, 2009

Qian Zhongshu: *A Collection of Qian Zhongshu's English Essays*, Foreign Language Teaching and Research Press, 2005

Rudolf G. Wagner, "Don't Mind the Gap! The Foreign-language Press in Late-Qing and Republican China", *China Heritage Quarterly*, No. 19, September 2009

Peter O'Connor, *English-language Press Networks of East Asia, 1918 - 1945*, BRILL/Global Oriental, 2010

附录一 《中国评论周报》上林语堂、钱锺书、温源宁、姚克英文作品目录[①]

作家	作 品	刊 期
林语堂[②]	Some Results of Chinese Monosyllabism（《中国语言与文化》）	《中国评论周报》1928年11月15日
	Lusin(《鲁迅》)[③]	《中国评论周报》1928年12月6日
	Analogies Between the Beginnings of Language and of Chinese Writing（《中国语言与书法起源比较》）	《中国评论周报》1929年12月19日

---

① 本目录仅列举4位代表性作家作品，他们在两刊上发表过大量英文作品，《天下月刊》上的文章请参看附录三中的内容。此外，桂中枢、吴经熊、柳无忌等人均有作品发表于该刊。
② 此处林语堂的作品限于单篇的文化专论文章，此外自《中国评论周报》第3卷27期开始，林语堂作为"小评论"专栏的编辑，在该栏目中发表了大量英文小品文。笔者已经整理出"小评论"专栏自创办至停刊再至复刊后的所有英文目录，待日后进一步研究。
③ 该文由光落译成中文刊于1929年《北新》第3卷第1期。

续　表

作家	作　品	刊　期
林语堂	The Function of Criticism at Present Time （《现今批评之功能》）	《中国评论周报》1930年1月23日
	The Origin of the Modern Chinese Dialects （《中国现代方言之起源》）	《中国评论周报》1930年2月6日
	Miss Hsien Ping-ing: A Study in Contemporary Idealism （《谢冰莹：当今中国理想主义者》）	《中国评论周报》1930年2月27日
	My Experience in Reading a Chinese Daily （《我读中国日报之经验》）	《中国评论周报》1930年3月13日
	India Offering Her Left Cheek to Britain （《印度将左脸颊转向英国》）	《中国评论周报》1930年3月22日
	The Danish Crown Prince Incident and Official Publicity （《丹麦王储事件与官方宣传》）	《中国评论周报》1930年3月22日
	Marriage and Careers for Woman （《女子的婚姻与职业》）	《中国评论周报》1930年6月19日
	Chinese Realism and Humor （《中国现实主义与幽默》）	《中国评论周报》1930年9月25日
	Hanfei as a Cure for Modern China （《半部韩非治天下》）	《中国评论周报》1930年10月9日
	Confucius as I Know Him （《我所知道的孔子》）	《中国评论周报》1931年1月1日

续 表

作家	作 品	刊 期
钱锺书	Great European Novel and Novelists（《西洋小说史略》）	《中国评论周报》第6卷24期
	On "Chinese Old Poetry"（《论中国古诗》）	《中国评论周报》第6卷50期
	A Critical Study of Modern Aesthetics（《现代美学之批评研究》）	《中国评论周报》第7卷14期
	Myth, Nature and Individual（《神话、自然与个人》）	《中国评论周报》第7卷16期
	A Propose of the "Shanghai Man"（《关于上海人》）	《中国评论周报》第7卷44期
	A Chapter in the *History of Chinese Translation*（《中国翻译史一章》）	《中国评论周报》第7卷45期
温源宁	After Strange Gods（评《拜异教神》）	《中国评论周报》第5卷9期
	Machiavelli and China（《马基雅维利与中国》）	《中国评论周报》第5卷52期
	Chinese Painting（《中国绘画》）	《中国评论周报》第9卷5期
	Snippets（《随笔》）	《中国评论周报》"小评论"第9卷8期
	Paper from a Drawer（《读书笔记》）	《中国评论周报》"小评论"第9卷5期
	Milton（《约翰·弥尔顿》）	《中国评论周报》"小评论"第12卷10期
	A Few Remarks on Marriage（《论婚姻》）	《中国评论周报》"小评论"第16卷9期

续 表

作家	作 品	刊 期
姚克	An Open Letter To Dr. Lin Yutang（《致林语堂博士公开信》）	《中国评论周报》第11卷7期
	The Chinese in Chaplin①（《卓别林的中国性》）	《中国评论周报》第12卷13期
	Exile：Portrait of an American Mother（《流放者》书评）	《中国评论周报》第13卷5期
	Problem of Our New Stage（《新剧发展问题》）	《中国评论周报》第13卷10期
	Significance of Cultural Progress in China（《中国文化发展之意义》）	《中国评论周报》第15卷1期
	I Love Shanghai（《我爱上海》）	《中国评论周报》第15卷4期
	Special Lusun：As I Know（《我所知道的鲁迅》）	《中国评论周报》第15卷5期
	Mrs. Simpson etc.（《辛普森女士》）	《中国评论周报》第15卷12期
	China's Cultural Progress in 1936（《1936年中国文化进程》）	《中国评论周报》第16卷1期
	A Bachelor Speaks（《一个单身者独白》）	《中国评论周报》第16卷9期
	Foundations of Chinese Musical Art（《中国音乐艺术之基础》）	《中国评论周报》第16卷12期
	West Chamber（《西厢记》书评）	《中国评论周报》第17卷3期

① 该文中文文本见《中流》1936年第1卷5期。

附录二 《中国评论周报》"知交剪影"专栏目录①

N1 Han Fu-Chu: The Good Bully of Shandong　　韩复榘
　　　　　　　　　　　　　　　　　　　　　　Yih Chang-Mang
　　　　　　　　　　　　　　　　　　　　　　作者：易常孟

N2 Ma Chun-Wu　　　　　　　　　　　　　　马君武　　C. T
　　　　　　　　　　　　　　　　　　　　　　作者：陈达

---

① 该专栏于1934年1月4日《中国评论周报》第7卷第1期开始设立，21期停1期，22期起标明由温源宁任编辑，至52期结束。栏目名称初为"Unedited Biographies"（"知交剪影"），22期起改名为"Intimate Portraits"（"亲切写真"）。温源宁曾从中选取17篇自己所写的文章（加下划线文章即选入文集作品）结集为 *Imperfect Understanding*，钱锺书译为《不够知己》，南星译为《一知半解》，由别发洋行于1935年出版。1988年岳麓书社出版了南星译的《一知半解》，收有张中行所作序言置于书前。2001年辽宁教育出版社出版《一知半解及其他》，收入南星所译17篇人物随笔，以及陈子善收集的散落在《青年界》等刊物上的温源宁作品。2004年1月岳麓出版社出版江枫翻译、中英文对照的"知交剪影"专栏英文小品文，该书虽版式新颖但错讹甚多，如认为"温源宁留给后人的文字，似乎也就是这么四十几篇人物小传了"。该专栏标明编辑者为温源宁，一般文章都不署名，已署名的文章笔者在目录中特别标明其作者。

N3 Doleful Mei Lang-Fang	梅兰芳　E. K. May	
	作者：梅其驹	
N4 Mr. Wu Mi：A Scholar and A Gentleman		
	吴宓先生，一位学者和君子	
N5 Y. R. Chao	赵元任	
N6 Emperor Malger Lui	清废帝溥仪	
N7 John．C. H. Wu	吴经熊	
N8 Miss Kao Kyuin-San	高君珊小姐	
N9 Dr. Hu Hsih：A Philosopher	哲人，胡适博士	
N10 Feng Yu-Hsiang	冯玉祥	
N11 Hsu Tse-Mo ：A Child	徐志摩，一个孩子	
N12 The Sycip Brother	薛氏兄弟	
N13 Chou Tso-Jen ：Iron and Grace	周作人先生	
N14 Dr. Robert Lin；A Scientist	林可胜博士，一位科学家	
N15 Liang Yu-Chun：A Chinese Elia	梁遇春，中国的伊利亚	
N16 Tan Ka Kee：Merchant and Idealist		
	陈嘉庚，有理想的商人	
N17 Dr. Y. T. Tsur	周诒春博士	
N18 Ku Meng-Yu	顾孟馀	
N19 Chu Ming Yi	褚民谊	
N20 Geogre T. Yeh	叶公超	
N22 Dr. Lin Boon Keng	林文庆医生	
N23 Dr. Lin Boon Keng Once More	为林文庆医生再辩	
N24 Miss Huang Lu-Ying	黄庐隐女士	
N25 Mr John-Wong-Quincey	王文显	
N26 Lin Shu-Hwa：Women Novelist	凌叔华：女小说家	
	作者：费鉴照	
N27 Mr Chu-Chao-Hsin	朱兆莘先生	
N28 Lu Tso Fu	卢作孚	

N29 Dr. Wellington Koo	顾维钧博士
N30 Mr. Liang Lone	梁龙先生
N31 Dr Wu Lien-The	伍连德博士
N32 Liu Fu	刘复
N33 Wang The-Lin: A Fighting Bull	王德林，"一头战斗的公牛" 作者：费鉴照
N34 Dr. V. K. Ting	丁文江博士
N35 The Late Mr. Ku Hung-Ming	辜鸿铭先生
N36 Mr. Wu Lai-His	吴赉照先生
N37 Mr. Wu Chih-Hui	吴稚晖先生
N38 Miss Ku Zing-Whai	顾静徽小姐
N39 Mr. Yang Ping-Chen	杨丙辰先生
N40 Fung Yu Lang	冯友兰
N41 Liu Tieh-Yun	刘铁云先生 据刘大钧文编译
N42 Chang Tai-Yen	章太炎据曹聚仁文编译
N43 Mr. Teng H. Chiu	周廷旭先生
N44 Chen Tung-Pe	陈通伯
N45 Sun Da Yu	孙大雨
N46 Liang Chung-Tai	梁宗岱
N47 Hsu Hsieh-Yu	舒舍予
N48 Mr Eugen Shen	沈有乾先生
N49 Mr. Sheng Cheng	盛成先生
N50 Liu Hai-Sou & Li Ching Hui	刘海粟先生和黎锦晖
N51 Mr. Li Shih-Chen	李石岑先生
N52 Mr. S. S. G. Cheng	程锡庚博士

附录三 《天下月刊》目录①（中英文对照）

第 1 卷第 1 期　1935 年 8 月

Foreword　　　　　　By Sun Fo　President of The Legislative Yuan
发刊词　　　　　　　　　　　　　　　立法院主席　孙科　3
Editorial Commentary
评论　　　　　　　　　　　　　　　　　　　　　　　　　　6

---

① 笔者在 2008 年初便已整理出《天下月刊》全份目录。该刊共 12 卷 56 期，创刊至 10 卷为月刊，后受战事影响，1940 年 11 卷起至 1941 年 12 卷 1 期终刊为双月刊。该刊曾在《人间世》、《宇宙风》、《大公报》等多种报刊上刊登中文目录广告，本目录中的所有专栏名称与部分文章篇名、作者人名即沿用广告中的名称；一部分文章篇名、作者人名采用通行的译名；一部分文章篇名由笔者意译，还有少部分文章篇名原文为法文、俄文，待进一步考证。本目录采用中英文对照的方式编排，并提供详细文章页码，另外还标示出部分英文文章的中文译文出处，以备研究者检索利用《天下月刊》文献资料。

Articles
专著①

The Real Confucius　　　　　　　　By John C. H. Wu
孔子真面目②　　　　　　　　　　　　　　吴经熊　11
The Unpublished Letters of D. H. Lawrence To Max Mohr
英小说家劳伦斯遗札　　　　　　　　　　　　　21
Tragedy in Old Chinese Drama　　　By Ch'ien Chung-shu
中国古典戏曲中的悲剧③　　　　　　　　钱锺书　37
On The Wickedness of Being Nomads　By Owen Lattimore
论游牧民族之劣性　　　　　　　Owen Lattimore　47
Racial Traits in Chinese Painting　　By Wen Yuan-ning
中国绘画表现出之民族性　　　　　　　　温源宁　63

Translations
翻译

Two Modern Chinese Poems　Translated by Harold Acton and Chen Shih-Hsiang
现代诗二首（《蛇》、《死水》）　邵洵美、闻一多作，哈罗德·阿克顿、陈世骧译　　　　　　　　　　70
Six Chapters of A Floating Life　A Novel by Shen Fu, Chapter Ⅰ：Translated by Lin Yutang
《浮生六记》第一章　　　　　沈复原作，林语堂译　72

---

① 该专栏多刊载文化研究专论，笔者在此沿用其在中文杂志广告中的栏目名称"专著"。
② 该文尸由林显庭译成中文，见吴经熊：《内心快乐之源泉》，台北：三民书局，1992年，第74页。
③ 该文由薛载斌、谭户森译成中文《中国古典戏曲中的悲剧》，收入李达三、罗钢主编：《中外比较文学的里程碑》，北京：人民文学出版社，1997年，第367页。

Book Reviews
书评

    China Magnificent   By Dagny Carter

    《中国魅力》   全增嘏评 102

    Lady Precious Stream   English Translation by S. I. Hsiung

    《王宝钏》   熊式一译，林语堂评 106

第 1 卷第 2 期　1935 年 9 月

Editorial Commentary
评论   115

Articles
专著

    Descartes and Pseudo Intellectualism   By T. K. Chuan

    笛卡儿及现代西方思想界之恶现象   全增嘏 119

    Feminist Thought in Ancient China   By Lin Yutang

    中国古代女性主义的思想   林语堂 127

    Dietary Factor in Race Regeneration   By Loh Seng Tsai

    食物营养与民族复兴   蔡乐生 151

    The Unpublished Letters of D. H. Lawrence To Max Mohr
    （Continued）

    英小说家劳伦斯遗札（续）   166

    The Real Confucius （Continued）   By John C. H. Wu

    孔子真面目（续）   吴经熊 180

Translations
翻译

    The Return of The Native: A Poem   By Pien Chih-lin

    还乡   卞之琳著并译 190

    On The Fine Art of Chinese Calligraphy by Sun Kuo-T'ing of
    The T'Ang Dynasty   Translated by Sun Ta-yu

    书谱   孙过廷著，孙大雨译 192

Six Chapters of *A Floating Life*. *A Floating Life*. A Novel by Shen Fu　　　　Chapter Ⅱ：Translated by Lin Yutang

《浮生六记》第二章　　　　沈复原作，林语堂译　208

Book Reviews
书评

A Critical Biography of Wang An-Shih　　　By K'o Ch'ang-yi

《王安石评传》　　　　柯昌颐原作，全增嘏译　223

The Way and Its Power

《道与德：〈道德经〉在中国的思想地位》

　　　　　　　　Arthur Waley 原作，吴经熊评　225

第1卷第3期　1935年10月

Editorial Commentary
评论　　　　　　　　　　　　　　　　　　235

Articles
专著

Religious Art in China　　　　　John C. Ferguson

中国的宗教艺术　　　　　约翰·福开森　239

A Note On Hung Liang Chi　　　　By C. F. Lung

洪亮吉考：中国的马尔萨斯　　　龙程英　248

Some Unpublished Letters of Justice Holmes

Justice Holmes 与吴经熊尺牍　　　　　251

A. E. 's Poetry　　　　　　By Wen Yuan-ning

乔治·威廉·拉塞尔诗作　　　温源宁　303

Translations
翻译

Two Poems　　　　　　　By Tai Wang-shu

诗二首　　戴望舒著，哈罗德·阿克顿、陈世骧译　313

Six Chapters of *A Floating Life*

　　　　Chapter Ⅲ：Translated by Lin Yutang

《浮生六记》（第三章）　　　　　　沈复著，林语堂译　316

Book Reviews
书评

The Prose Poetry of Su Tung-p'o
　　　　　　　　By Cyril Drummond Le Gros Clark
《苏东坡的赋》
　　　　Cyril Drummond Le Gros Clark 原作，林语堂评　341

East and West　　　　By Murray and Rabindranath Tagore
《东方与西方》
Gilbert Murray, Rabindranath Tagore 原作，温源宁评　345

The Story of Civilization, Vol. 1　　　　By Will Durant
《世界文明史》（第一卷）
　　　　　　　　Will Durant 原作，全增嘏评　346

第1卷第4期　1935年11月

Editorial Commentary
评论　　　　　　　　　　　　　　　　　　　　　　　355

Articles & Poems
专著与诗

Two Poems　　　　　　　　　　　　　　By Julian Bell
诗二首　　　　　　　　　　　　　　　朱利安·贝尔　359

New Sidelights On The Taiping Rebellion　By Jen Yu-wen
太平天国新史料①　　　　　　　　　　　　简又文　361

The Creative Spirit in Modern Chinese Literature
　　　　　　　　　　　　　　　　　　By Harold Acton
中国现代文学之创新精神　　　　　　　　　爱克顿　374

The Theme and Structure of The Yuan Drama
　　　　　　　　　　　　　　　　　　By Yao Hsin-nung

---

① 作者还将中文内容发表在1936年第2期《逸经》上。

元曲之题材与结构　　　　　　　　姚莘农① 388
The Musical Art of Ancient China　　By John Hazedel Levis
中国古代音乐之探讨　　　　　　　　雷微思　404

Translations
翻译

Two Poems　　　　　　　　　By Li Kuang-t'ien
诗二首（《旅途》、《流星》）
　　　　　　李广田著，哈罗德·阿克顿、陈世骧译　423
Six Chapters of *A Floating Life*
　　　　　　Chapter Ⅳ：Translated by Lin Yutang
《浮生六记》（第四章）　　　沈复著，林语堂译　425

Book Reviews
书评

My Country and My People　　　　　By Lin Yutang
《吾国吾民》　　　林语堂原作，吴经熊评　468
Chinese Caligraphy　　　By Lucy Driscoll and Kenji Toda
《中国书法》
　　　Lucy Driscoll and Kenji Toda 原作，林语堂评　474
The Four Hundred Million　　　　By Mary A. Nourse
《中国简史》　　Mary A. Nourse 原作，郭斌佳评　475
The New America　　　　　　　　By H. G. Wells
《新美洲、新世界》　　H. G. Wells 原作，全增嘏评　483

第 1 卷第 5 期　1935 年 12 月

Editorial Commentary
评论　　　　　　　　　　　　　　　　　　　　491
Articles & Poems
专著与诗

---

① 姚克笔名。

The Aesthetics of Chinese Calligraphy	by Lin Yu Tang	
中国书法之美学原则	林语堂	495
Five Poem	By Julian Bell	
诗五首	朱利安·贝尔	508
A Few Notes On The Forms of Some Han Sculptures	by Teng Ku	
南阳画像石刻之历史及风格考察[1]	腾固	512
Sung Dynasty Porcelains	By John C. Ferguson	
宋朝瓷器	约翰·福开森	517
A. E. Housman's Poetry	By Wen Yuan Ning	
豪斯曼诗作[2]	温源宁	526

Translations
翻译

Madame Cassia A Play in Four Acts	By Yao Hsin-nung	
贩马记	姚莘农译	537

Book Reviews
书评

The Problem fo The Far East
　　　　　　　　　By Sobei Mogi and H. Vere Redman
《远东问题》
　　Sobei Mogi and H. Vere Redman 原作，　郭斌佳评　585
Jesuits At The Court of Peiking　　　　　By C. W. Allan
《北平法院中的耶稣会士》
　　　　　　　　　C. W. Allan 原作，温源宁评　593
The Spirit of Man in Asian Art　　　　　By Laurence Binyon

---

[1] 该文已译成中文发表，由金陵大学中国文化研究所于1937年出版。

[2] 该文由南星译成中文，刊于《新诗》1937年1月第4期。

《亚洲艺术中之人类精神》
　　　　　　　　Laurence Binyon 原作，温源宁评　595

第 2 卷第 1 期　1936 年 1 月

Editorial Commentary

评论　　　　　　　　　　　　　　　　　　　　　　　　5

Articles

专著

Some Random Notes On *The Shih Ching*
　　　　　　　　　　　　　　By John C. H. Wu
《诗经》琐谈　　　　　　　　　　　吴经熊　9

Nationalism and Internationalism As Phases In The Growth of Society　　　　　　　　　　By C. L. Hsia
社会进程中的阶段：国家主义与国际主义　夏晋麟　35

Women in The World of To-Day
　　　　　　　By Baroness Leonie Ungern-Sternberg
现代世界妇女之地位　　　　　　　翁刚夫人　53

Rise and Fall of The K'un Ch'u (Quinsan Drama)
　　　　　　　　　　　　　　By Yao Hsin-nung
昆曲之盛衰　　　　　　　　　　　　姚莘农　63

Translations

翻译

Two Poems　　　　　　　　　　By Liang Tsung-tai
诗二首（《途遇》、《晚祷·二》）　梁宗岱著并译　85

Green Jade and Green Jade A Story by Shen Ch'ung-wen
Translated by Emily Hahn and Shing Mo-lei
翠翠①　　　　　　　沈从文著，项美丽、辛墨雷译　87

---

① 即《边城》，辛墨雷系邵洵美笔名，译文前有项美丽写的前言。

Book Reviews
书评
    Europa   By Robert Briffault
    《欧罗巴》   Robert Briffault 原作，项美丽评　108
    Quack, Quack!   By Leonard Woolf
    Quack, Quack!   Leonard Woolf 原作，温源宁评　110

第 2 卷第 2 期　1936 年 2 月

Editorial Commentary
评论　　　　　　　　　　　　　　　　　　　　　　117
Articles
专著
    Tseng Kuo-Fan   By T. K. Chuan
    曾国藩　　　　　　　　　　　　　全增嘏　121
    The Attitude Toward Science and Scientific Method in Ancient China   By Derk Bodde
    古代中国对科学与科学方法之态度　　德克·博德　139
    Walt Whitman—Dionysos of Democracy   By Wilbur Burton
    沃尔特·惠特曼：民主之酒神　　Wilbur Burton　161
Translations
翻译
    Green Jade and Green Jade（Continued）   By Shen Ch'ung-wen
                        Translated by Emily Hahn and Shing Mo-Lei
    翠翠（续）　　　　沈从文著，项美丽、辛墨雷译　174
Book Reviews
书评
    The Literary Inquisition of Ch'in-Lung
                               By Luther Carrington Goodrich
    《乾隆朝的文字狱》
        Luther Carrington Goodrich 原作，郭斌佳评　197

In Praise of Idleness　　　　　　　　By Bertrand Russell
《悠闲颂》　　　勃兰特·罗素原作，全增嘏评　204
Introduction to Chinese Art　　　　　By Arnold Silcock
《中国艺术简论》　　Arnold Silcock 原作，温源宁评　206
Background to Chinese Art　　　By Hugh Gordon Porteus
《中国艺术溯源》
　　　　　　　Hugh Gordon Porteus 原作，温源宁评　206
The Chinese Eye　　　　　　　　　　By Chiang Yee
《中国眼睛》　　　　　　蒋彝原作，温源宁评　206
Kuo His: An Essay on Landscape Painting
　　　　　Translated from the Chinese by Shio Sakanishi
《林泉高致》　　　Shio Sakanishi 译，温源宁评　206
Un Siècle D'influence Chinoise Sur La Litterature Francaise
（1815-1930）　　　　　　　　by Hung Cheng Fu
《中国对法国文学之影响（1815—1930）》
　　　　　　　　Hung Cheng Fu 原作，王恭惠评　213

第 2 卷第 3 期　1936 年 3 月

Editorial Commentary
评论　　　　　　　　　　　　　　　　　　　　221
Articles & Poem
专著与诗
Contemporary Chinese Periodical Literature　By Lin Yutang
当今中国什志文学　　　　　　　　　　　林语堂　225
Underglaze Red Porcelain　　　　　　　　By Wu Lai-his
粗釉红瓷　　　　　　　　　　　　　　　吴来熙　245
Insomnia　　　　　　　　　　　By Virginia Huntington
失眠症　　　　　　　　　　　Virginia Huntington 262
Chinese Mornings　　　　　　　　　　By Bruno Lasker
中国之晨　　　　　　　　　　　　Bruno Lasker　263

Translations
翻译

Green Jade and Green Jade（Continued） By Shen Ch'ung-wen
　　　　　　　　　　　Translated by Emily Hahn and Shing Mo-lei
《翠翠》(续)　　　　沈从文著，项美丽、辛墨雷译　271

Book Reviews
书评

Romance of The Western Chamber
　　　　　　　　　　　　　Translated by S. I. Hsiung
《西厢记》　　　　　　熊式一译，姚莘农评　300

An Anthology of Contemporary English Prose
　　　　　　　Compiled by John C. H. Wu and M. C. Liang
《当今英文散文选》　　吴经熊、梁宗岱编，郭斌佳评　306

第 2 卷第 4 期　1936 年 4 月

Editorial Commentary
评论　　　　　　　　　　　　　　　　　　　　　317

Articles
专著

The Chinnese Garden in Eighteenth Century England
　　　　　　　　　　　　　　　By Ch'En Shou-yi
十八世纪欧洲之中国园林①　　　陈受颐　321

Walter De La Mare's Poetry
瓦尔特·德拉迈尔诗作　　　　　温源宁　340

Chinese Roof-Figures　　　　By Mathias Komor
中国建筑之屋顶图形　　　　Mathias Komor　355

---

① 该文中文内容收入李定一、包遵彭、吴相湘编纂：《中国近代史论丛 中西文化交流 第 1 辑 第 2 册》，台北：正中书局，1959 年，第 157 页。

Translations
翻译
  Green Jade and Green Jade (Continued)　By Shen Ch'ung-wen
      Translated by Emily Hahn and Shing Mo-lei
　翠翠（续）　　　　　　沈从文著，项美丽、辛墨雷译　360
Book Reviews
书评
　The Exile　　　　　　　　　　By Pearl S. Buck
《流放者》　　　　　　赛珍珠原作，吴经熊评　391
　Yin and Chou Researches Published by The Museum of Far Eastern Antiquities, Stockholm
《殷周考》
　　　斯德哥尔摩远东古代博物馆出版，约翰·福开森评　397
　A Manchu Monarch: an Interpretation of Chia Ch'ing By A. E. Grantham
《满清皇帝：嘉庆考》
　　　　　　　　　A. E. Grantham 原作，郭斌佳评　400
　Liberalism and Social Action　　　　By John Dewey
《自由主义与社会活动》　　杜威原作，全增嘏评　407
　Chinese Art　　　　　　　Edited by Leigh Ashton
《中国艺术》　　　　Leigh Ashton 原作，温源宁评　409

第 2 卷第 5 期　1936 年 5 月

Editorial Commentary
评论　　　　　　　　　　　　　　　　　　　415
Articles
专著
　William James　　　　　　　　　By T. K. Chuan
　威廉·詹姆斯　　　　　　　　　　全增嘏　421

Reflections on The London Exhibition of Chinese Art
By John C. Ferguson
关于伦敦中国艺术展之思考　　　约翰·福开森　433

On The Eve of Constitutional Government in China
By Mei Ju-ao
中国宪治时期之前夜　　　梅汝璈　443

Professors Whitehead and Lewis On The Datum of Experience
by Thomas R. Kelly
Whitehead 和 Lewis 教授经验论　　　Thomas R. Kelly　454

Translations
翻译

The Right To Kill: A Translation of a Play Generally Known As The Ch'ingting Pearl, or Fishing and Massacre. Translated by Yao Hsin-nung
打渔杀家　　　姚莘农译　468

Book Reviews
书评

China: A Short Cultural History　　　By C. P. Fitzgerald
《中国:文化简史》　　　C. P. Fitzgerald 著　508

Some Technical Terms of Chinese Painting
By Benjamin March
《中国绘画技法之术语》
Benjamin March 原作，　郭斌佳评　511

第3卷第1期　1936年8月

Editorial Commentary
评论　　　5

Articles
专著

Lihung Chang and The Sino Japanese War　By Yuan Tao Feng

李鸿章和中日战争 　　　　　　　　　　袁道丰　9

The Course of Soviet Literature 　　By Cornelius Zelinsky
苏联文学之发展进程 　　　　　Cornelius Zelinsky　18

The Chinese Book: Its Evolution and Development
　　　　　　　　　　　　　　　　By K. T. Wu
中国书籍之进化与发展 　　　　　　　吴光清　25

Jade and Man in Life and Death 　　　　By J. Goette
玉石与人之生死 　　　　　　　　　　J. Goette　34

Chronicle
时评

Drama Chronicle 　　　　　　　　By Yao Hsin-nung
戏剧时评 　　　　　　　　　　　　　姚莘农　45

Translations
翻译

"What's The Point of It?"
　　By Ling Hsu Hua　Translated by the Author and Julian Bell
无聊　　凌叔华著，凌叔华、朱利安·贝尔译　53

The Florist 　　By Yu P'ing-Pe　Translated by Mingtai Wu
《花匠》　　　　　　　　俞平伯著，伍铭泰译　63

Book Reviews
书评

The Chinese On The Art of Painting 　　By Osvald Siren
《中国之绘画研究》
　　　　　　Osvald Siren 原作，约翰·福开森评　68

The Spirit of Zen 　　　　　　　　　By Allan W. Watts
《曾国藩之精神》　Allan W. Watts 原作，全增嘏评　71

Eyeless in Gaze 　　　　　　　　　　By Aldous Huxley
《无神凝视》　　Aldous Huxley 原作，钟作猷评　73

A Sketch of Chinese History 　　　　By F. L. Hawks Pott

《中国历史概览》　　F. L. Hawks Pott 原作，郭斌佳评　75
Monumenta Serica
　　　　Published by Henri Vetch, French Bookstore, Peiping
《华人学志》　　　　辅仁大学出版，约翰·福开森评　78

第3卷第2期　1936年9月
Editorial Commentary
评论　　　　　　　　　　　　　　　　　　　　　　　　85
Articles
专著
　　The Chinese Orphan：A Yuan Play　　By Ch'en Shou-yi
　　元剧：赵氏孤儿　　　　　　　　　　　　陈受颐　89
　　Shakespeare as a Taoist　　　　　By John C. H. Wu
　　莎士比亚：作为道家之思想者　　　　　　吴经熊　96
　　Development of Printing in China　　By K. T. Wu
　　中国印刷之发展　　　　　　　　　　　　吴光清　116
Chronicle
时评
　　Art Chronicle　　　　　　　　　By Wen Yuan-ning
　　艺术时评　　　　　　　　　　　　　　　温源宁　161
Translations
翻译
　　The Patriot
　　　　　　By Hsieh Wen-ping　Translated by Richard L. Jen
　　爱国者　　　　　　　　　谢文炳著，任玲逊译　168
Correspondence
文艺通信
书评
　　Religion and Science　　　　　　By Bertrand Russell
　　《宗教与科学》　　　　勃兰特·罗素原作，全增嘏评　191

Diplomatic Relations Between China and Germany Since 1898
                              By Feng Djen Djang
《1898 年以来中德之外交关系》
                    Feng Djen Djang 原作，郭斌佳评   194
Birth of China   By Herlee Glessner Creel
《中国之诞生》
            Herlee Glessner Creel 原作，约翰·福开森评   200
Secret China   By Egon Erwin Kisch
《秘密中国》   基希原作，姚莘农评   203
Chinese Jade   By Frank Davis
《中国玉器》   Frank Davis 原作，温源宁评   205

第 3 卷第 3 期 1936 年 10 月

Editorial Commentary

评论   211

Articles

专著

W. H. Auden and The Contemporary Movement in English Poetry by Julian Bell
威·休·奥登与当今英诗之运动   朱利安·贝尔   215
Chinese Gardens: Especially in Kiangsu and Chekiang By Chun Tung
中国园林：——以江苏、浙江两省园林为例   童寯   220
The Eclipse Poem and Its Group   By Arthur Waley
日蚀诗及其类别   Arthur Waley   245
Anarchism in Chinese Political Thought   By K. C. Hsiao
中国政治思想中之无政府主义   萧公权   249

Chronicle

时评

Poetry Chronicle   By Zau Sinmay

新诗时评　　　　　　　　　　　　　邵洵美　263
Translations
翻译
  Thunder and Rain
    By Tsao Yu　Authorized Translation by Yao Hsian-nung
 雷雨　　　　　　　　　　　曹禺著，姚莘农译　270
Correspondence
文艺通信　　　　　　　　　　　　　　　　　296
Book Reviews
书评
  The Atlas of China　　　　　　　By A. Herrmann
  《中国地图集》A. Herrmann原作，约翰·福开森评　300
  The Twin Pagodas of Zayton
       By Gustav Ecke and Paul Demieville
 《刺桐双塔》
   Gustav Ecke，Paul Demieville原作，约翰·福开森评　302
  The Mirror of China　　　　　　　By Louis Laloy
  《中国之镜》　　　　Louis Laloy原作，郭斌佳评　304
  Victoria Regina　　　　　　　By Laurence Housman
 《维多利亚女王》Laurence Housman原作，项美丽评　310
  Victoria of England　　　　　　　By Edith Sitwell
 《维多利亚时代之英国》
      Edith Sitwell原作，项美丽评　310

第3卷第4期　1936年11月

Editorial Commentary
评论　　　　　　　　　　　　　　　　　　319
Articles
专著
  Commodore Lawrence Kearny and The Opening of China To

Foreign Trade　　　　　　　　　　By Thomas Kearny
Lawrence Kearny 船长与中国对外贸易之开端
　　　　　　　　　　　　　　　Thomas Kearny　323
Wei Chung-Hsien　　　　　　　　By T. K. Chuan
魏忠贤　　　　　　　　　　　　　全增嘏　330
A Foreigner Looks at The New Life Movement
　　　　　　　　　　　　　　　By Randall Gould
外国人眼中之中国新生活运动　　　Randall Gould　341
Lu Hsun: His Life and Works　　　By Yao Hsin-nung
鲁迅：他的生平与创作①　　　　　姚莘农　348

Chronicle
时评
Architecture Chronicle　　　　　　By Dayu Doon
建筑时评　　　　　　　　　　　　董大酉　358

Translations
翻译
Thunder and Rain
　　　　By Tsao Yu　Authorized Translation by Yao Hsin-nung
雷雨（续）　　　　　　　　　　曹禺著，姚莘农译　363

Correspondence
文艺通信

Book Reviews
书评
Monumenta Serica. Vol. 1, Fasc. 2
　　　　　Published by the Catholic University, Peiking

---

① 中文译文见《鲁迅：他的生平与作品》，许佩云译，北京鲁迅博物馆鲁迅研究室编：《鲁迅研究资料》第 10 辑，北京：中国文联出版公司，1982 年，第 163 页。

《华人学志》第 1 卷第 2 期
　　　　　　　　北京辅仁大学出版，约翰·福开森评　416
　　The Last Puritan　　　　　　　　　　By George Santayana
《最后的清教徒》　George Santayana 原作，项美丽评　417
　　Makers of Cathay　　　　　　　　　　By C. Wilfrid Allan
《中国缔造者》　　C. Wilfrid Allan 原作，郭斌佳评　420

第 3 卷第 5 期　1936 年 12 月

Editorial Commentary
评论　　　　　　　　　　　　　　　　　　　　　431
Articles
专著
　　Early Porcelain in China　　　　　　By John C. Ferguson
　　中国早期之瓷器　　　　　　　　　约翰·福开森　435
　　China's Expansion in The South Seas　　　　By Lin Yu
　　中国在南海之扩展　　　　　　　　　　　林幽　444
　　Prose Adventures　　　　　　　　　By Yone Noguchi
　　散文变革　　　　　　　　　　　One Noguchi　464
Chronicle
时评
　　Publications Chronicle　　　　　　　By Sung I-chung
　　出版时评　　　　　　　　　　　　宋以忠　477
Translations
翻译
　　Thunder and Rain　By Tsao Yu Authorized Translation by Yao Hsin-nung
　　雷雨（续）　　　　　　　　曹禺著，姚莘农译　486
Correspondence
文艺通信　　　　　　　　　　　　　　　　　　　531

Book Reviews
书评

The Earnest Atheist: A Study of Samuel Butler
By Malcolm Muggeridge
《狂热的无神论者：赛缪尔·巴特勒研究》
Malcolm Muggeridge 原作，钟作猷评 533

Sparken Broke　　　　　　　　By Charles Morgan
《瞬间无名》　　Charles Morgan 原作，项美丽评 535

Matteo Ricci's Scientific Contribution to China
By Henri Bernard
《利马窦对中国之科学贡献》
Henri Bernard 原作，张钰哲评 538

Classified Index to The Literary Collections of The Ch'ing Dynasty　　　Published by the National Library, Peiping
《清朝文选分类索引》
北平国家图书馆出版，任玲逊评 540

Chinese Mysticism and Modern Painting　By Georges Duthuit
《中国神秘主义与现代绘画》　　Georges Duthuit 541

Living China: Modern Chinese Short Stories
Edited and Translated by Edgar Snow
《活的中国：现代中国短篇小说选》
斯诺编译，任玲逊评 544

第 4 卷第 1 期　1937 年 1 月

Editorial Commentary
评论　　　　　　　　　　　　　　　　　　　　　　　　　5

Articles
专著

Beyond East and West　　　　　　　　By John C. H. Wu
超越东西方　　　　　　　　　　　　　　　　吴经熊　9

Some Aspects of Japanese Expansionism　By H. J. Timperley
日本扩张主义之面面观　　　　　　H. I. Timperley　18
The Modern Trend in Contemporary Chinese Art
　　　　　　　　　　　　　　　By Chen I-fan
中国当今艺术之现代化趋向　　　　　陈依范　35
The Theory of World Cycles　　　By Herbert Chatley
循环论　　　　　　　　　　　　Herbert Chatley　49

Chronicle
时评
Music Chronicle　　　　　By Benjamin Z. N. Ing
上海音乐时评　　　　　　　　　　　应尚能　54

Translations
翻译
Thunder and Rain
　　　By Tsao Yu Authorized Translation by Yao Hsin-nung
雷雨（续）　　　　　　　曹禺著，姚莘农译　61

Book Reviews
书评
The Ascent of F 6
　　　　　　By W. H. Auden and Christopher Isherwood
《F6之上升》
W. H. Auden, Christopher Isherwood 原作，钟作猷评　96
The Sayings of Confucius　　Translated by Leonard A. Lyall
《论语》英译　　　Leonard A. Lyall 原作，吴经熊评　98
The China Press Silver Jubilee Edition
　　　　　　　　　　　（Shanghai: The China Press）
《大陆报银禧纪念版》《大陆报》社出版，邝耀坤评　101

第 4 卷第 2 期 1937 年 2 月

Editorial Commentary
评论 113

Articles
专著

    Folkways in Prehistoric China   By P. C. Kuo
中国史前之民俗   郭斌佳   115
    This and That   By Yone Noguchi
散文几章   Yone Noguchi   136
    More Pages From My Diary   By John C. H. Wu
日记选录   吴经熊   156
    Notes On Four Contemporary British Poets
         By Wen Yuan-ning
当今英国四诗人琐谈   温源宁   161

Chronicle
时评

    Archaeology Chronicle   By Yeh Ch'iu-yuan
考古时评   叶秋原   168

Translations
翻译

    Thunder and Rain
         By Tsao Yu Authorized Translation by Yao Hsin-nung
雷雨（续）   曹禺著，姚莘农 译   176

Book Reviews
书评

    The Flight of an Empress   Translated and Edited by Ida Pruitt
《女皇之没落》   Ida Pruitt 编译，全增嘏评   222
    Fighting Angel   By Pearl Buck
《战斗的天使》   赛珍珠原作，项美丽评   223

第 4 卷第 3 期　1937 年 3 月

Editorial Commentary
评论　　　　　　　　　　　　　　　　　　　　　　233

Articles
专著

- The Contemporary English Novel　　By Chung Tso-you
  当代英国之小说　　　　　　　　　　钟作猷　237
- Chinese Furniture　　　　　　　　By John C. Ferguson
  中国家具　　　　　　　　　　约翰·福开森　246
- Un Melange　　　　　　　　　　　By John C. H. Wu
  杂感　　　　　　　　　　　　　　　吴经熊　254
- The Trend of Modern Chinese Music　By Chao Mei-pa
  现代中国音乐的发展趋势　　　　　　赵梅伯　269

Chronicle
时评

- Philosophy Chronicle　　　　　　　　By T. K. Chuan
  近期的中国哲学界　　　　　　　　　全增嘏　287

Translations
翻译

- The First Home Party
  　　　By Ping Hsin Translated by Richard L. Jen
  第一次宴会　　　　　冰心著，任玲逊译　294

Correspondence
文艺通信　　　　　　　　　　　　　　　　　　307

Book Reviews
书评

- Collective Security　　　　　　By Arnold D. McNair
  《公众安全》　Arnold D. Mcnai 原作，郭斌佳评　309

Buddhist Sculptures At The Yun Kang Caves
　　　　By Mary Augusta Mullikin and Anna M. Hotchkis
《云冈石窟佛雕》
　　　　Mary Augusta Mullikin, Anna M. Hotchkis　313
Hun-Yuan Bronze Vessels
　　　　Published by the University of Nanking
《匋元青铜器》　　南京大学出版，约翰·福开森　315
Foundations of Chinese Musical Art　　By John Hazedel Levis
《中国音乐艺术之基础》　　John Hazedel Levis　317
Lords and Masters　　　　　　　　By A. G. Macdonell
Lords and Masters　　A. G. Macdonell 原作，钟作猷评　318

第4卷第4期　1937年4月

Editorial Commentary

评论　　　　　　　　　　　　　　　　　　　　125

Articles

专著

An Approach To Modern Art　　　　By Herbert Read
近代艺术指归　　　　　　　　Herbert Read　329
Truth in True Novels　　　　　　　　By Y. L. Chin
真小说中的真概念①　　　　　　　　金岳霖　342
Humour and Pathos　　　　　　　By John C. H. Wu
幽默与感伤　　　　　　　　　　　　吴经熊　367
Ku Hung-Ming　　　　　　　　　By Wen Yuan-ning
辜鸿铭　　　　　　　　　　　　　　温源宁　386
Jade Foot Measure　　　　　　　By John C. Ferguson

---

① 该文由罗筠筠、李小五译成中文《真小说中的真概念》，金岳霖学术基金会学术委员会编：《金岳霖学术论文选》，北京：中国社会科学出版社，1990年，第299页。

玉尺考　　　　　　　　　　　　　约翰·福开森　391

Chronicle
时评

  Chinese Movies　　　　　　　　By Yao Hsin-Nung
  中国的国产电影　　　　　　　　　　姚莘农　393

Translation
翻译

  A Poet Goes Mad
   By Ling Hsu Hua　Translated by the Author and Julian Bell
  疯了的诗人　凌叔华著，朱利安·贝尔、凌叔华合译　401

Correspondence
通信　　　　　　　　　　　　　　　　　　　　　　422

Book Reviews
书评

  The Study of Poetry　　　　　　　By H. W. Garrod
  《诗歌研究》　　　H. W. Garrod原作，温源宁评　428
  Gone With the Wind　　　　　　By Margaret Mitchell
  《乱世佳人》　　玛格丽特·米切尔原作，项美丽评　430
  British Propaganda At Home and in The United States
  　　　　　　　　　　　　　　　　By J. Duane Squires
  《1914—1917：英国在国内及美国之宣传》
  　　　　　　　　J. Duane Squires原作，温源宁评　433
  Propaganda and Dictatorship　Edited by Harwood L. Childs
  《宣传与独裁》　Harwood L. Childs原作，温源宁评　433
  Introduction To Literary Chinese　　　By J. I. Brandt
  《汉语书面语导论》
  　　　　　　　　J. I. Brandt原作，Henri Bernard评　440
  The Reading and Writing of English　　By E. G. Biaggini
  《英语读写》　　　E. G. Biaggini原作，温源宁评　442

The Art of Law and Other Essays Juridical and Literary
By John C. H. Wu
《法律之艺术与司法审判及文艺之评论》
吴经熊原作，温源宁评　445

The Croquet Player　　　　　　　　By H. G. Wells
《门球员》　　　H. G. Wells 原作，钟作猷评　450

第 4 卷第 5 期　1937 年 5 月

Editorial Commentary
评论　　　　　　　　　　　　　　　　　　　　457

Articles
专著

The Reconstruciton Movement in China　By Lowe Chuan Hua
中国的建设运动　　　　　　　　　　骆传华　461

What It Feels Like To Be An Author
做作家的滋味　　　　　　　　　Osbert Sitwell　471

When Sing Song Girls Were Muses　By Yao Hsin-nung
歌妓是文艺女神的时代　　　　　　　姚莘农　474

Chronicle
时评

Chronicle of The Biological Sciences in China　By H. H. Hu
中国的生物学　　　　　　　　　　　胡先骕　484

Translations
翻译

Hands　　　By Hsiao Hung　Translated by Richard L. Jen
手　　　　　　　　　　　萧红著，任玲逊译　498

A Memoir of A Ten Days' Massacre in Yangchow by Wang Hsiu-ch'u
　　　　　　　　　　Translated by Lucien Mao
扬州十日记　　　　　　　王秀楚著，毛如升译　515

Book Reviews
书评

The Religion of Wordsworth　　　　　　By A. D. Martin
《华兹华斯的宗教信仰》
　　　　　　　A. D. Martin 原作，温源宁评　538

The Chinese Exhibition: A Commemorative Catalogue of The International Exhibition of Chinese Art. Nov. 1935 - Mar. 1936 540
Edited by Ashton, Hobson, Gray, Raphael and Others
《中国艺术国际展纪念册》
　　　　Ashton, Hobson, Gray, Raphael 等编，唐兰评　540

Bernard Shaw, Frank Harris and Oscar Wilde
　　　　　　　　　　　　By Rogert Harborough Sherard
《萧伯纳，哈里斯与王尔德》
　　　　Rogert Harborough Sherard 原作，钟作猷评　542

Bali and Angkor, or Looking at Life and Death
　　　　　　　　　　　　　　By Geoffrey Gorer
《巴厘岛与吴哥，或观生死》
　　　　　Geoffrey Gorer 原作，项美丽评　544

Salavin　　　　　　　　　　By Georges Duharnel
《萨拉万》　　Georges Duharnel 原作，钟作猷评　548

Famous Chinese Plays
　Translated and Edited by L. C. Arlington and Harold Acton
《中国戏剧精萃》
　　　　L. C. Arlington, Harold Acton 编译，姚莘农评　550

The Romance of Chinese Art　　　By R. L. Hobson, Laurence Binyou, Oswald Siren and others
《中国艺术之浪漫精神》
　　　　　　　R. L. Hobson, Lauren Ce Binyou,

Oswald Siren 等编，全增嘏评　551

第5卷第1期　1937年8月

Editorial Commentary

评论　　　　　　　　　　　　　　　　　　　　　　5

Articles

专著

Cho Hsts Philosophy and Its Inier Pretation by Leibniz
　　　　　　　　　　　　By Henri Bernard, s. j.

朱子哲学及其莱布尼兹解读　　　　　裴化行　9

T'Ang Wen Chih, Statesman and Educator　By C. Y. T'ang

作为政治家与教育家之唐文治　　　　唐庆诒　19

The Chinese Jews of K'aifengfu

开封的中国犹太教徒　　　　　沃尔特·弗克斯　27

The Soviet Theatre Today　　　　By Alexander Deich

当今苏联之剧院　　　　　　　Alexander Deich　41

Chronicle

时评

Drama Chronicle　　　　　　　By Yao Hsin-nung

戏剧时评　　　　　　　　　　　　　姚莘农　50

Translations

翻译

Voice

　　By Zau Sinmay Translated by the Author and Harold Acton

声音　　　邵洵美著，邵洵美、哈罗德·阿克顿译　59

A Strange Story of Sian

　　　　　By Chiang Hsiao-Lien Translated by Lucien Mao

蒋孝廉西征述异记　　　　蒋孝廉著，毛如升译　63

Star　　　　　　By Pa Chin　Translated by Richard L. Jen

星　　　　　　　　　　　　　巴金著，任玲逊译　68

Book Reviews
书评

    The Shanghai Problem   By William C. Johnstone, Jr.
《上海问题》
           William C. Johnstone, Jr. 原作，夏晋麟评 79
    The Chinese Soldier   By Capt. Anatol M. Kotenev
《中国军人》
           Capt. Anatol M. Kotenev 原作，全增嘏评 86
    The Flowering of New England   By Van Wyck Brooks
《新英格兰之繁荣》
           Van Wyck Brooks 原作，温源宁评 88
    Novel On Yellow Paper: or, Work It Out For Yourself
           By Stevie Smith, 项美丽评 92
    The Muse in Chains   By Stephen Potter
《被囚禁的缪斯》   Stephen Potter 原作，钟作猷评 97
    Last Plays of Maxim Gorki
           Translated and Adapted by Gibson-Cowan
《高尔基最后剧作》
           Gibson-Cowan 翻译改编，温源宁评 99
    Something of Myself   By Rudyard Kipling
《谈谈我自己》   拉迪亚德·吉卜林原作，温源宁评 102

第 5 卷第 2 期 1937 年 9 月

Editorial Commentary
评论   109

Articles
专著
    War, Poetry and Europe   By John Middleton Murry
    战争，诗歌与欧洲   John Middleton Murry 117

The Military in The Japanese Government
                                        By Harry Paxton Howard
日本政府中的军人   Harry Paxton Howard   133
The Younger Group of Shanghai Artists   By Chen I-wan
上海艺术家中的青年群体   陈依范   147
Little Snatches From My Diary   By John C. H. Wu
日记短札   吴经熊   152
Wang Ch'ung   By Li Shi Yi
王充   李思义   162

Chronicle
时评
    Publications Chronicle   By Sung I-chung
    出版时评   宋以忠   185

Translations
翻译
    Star   By Pa Chin   Translated by Richard L. Jen
    星（续）   巴金著，任玲逊译   193

Book Reviews
书评
    Beloved Friend: The Story of Tchaikowsky and Nadeida Von Meck   By Catherine Drinker Bowen and Barbara Von Meck
    《亲密朋友：柴可夫斯基与梅克夫人》
    Catherine Drinker Bowen & Barbara Von Meck 原作，
                            全增嘏评   208
    Spinoza   By Stanislaus Von Dunin Borkowski, S. J.
    《斯宾诺莎》
        Stanislaus Von Dunin Borkowski, S. J. 原作，
                Henri Bernard, S. J. 评   211
    The North China Problem   By Shuhsi Hsu

《满洲问题》　　　　　　　徐淑希原作，温源宁评　215

第 5 卷第 3 期　1937 年 10 月

Editorial Commentary

评论　　　　　　　　　　　　　　　　　　　　　221

Articles

专著

    Ting Ling, Herald of A New China　　By Earl H. Leal

    丁玲：新中国的女战士①　　　　　　　里夫　225

    Libraries and Book Collecting in China Before the Invention of Printing　　　　　　　　　　　　　　　By K. T. Wu

    印刷术发明前中国藏书楼与藏书　　　吴光清　237

    More Pathos Than Humour　　By John C. H. Wu

    感伤多于幽默　　　　　　　　　　　吴经熊　261

    Wang Chung (Concluded)　　　　　　By Li Shi Yi

    王充（续）　　　　　　　　　　　　李思义　290

Chronicle

时评

    Architecture Chronicle　　　　　　　By Chuin Tung

    建筑时评　　　　　　　　　　　　　童寯　308

Translations

翻译

    Star　　　By Pa Chin　Translated by Richard L. Jen

    星（续）　　　　　　　　　巴金著，任玲逊译　313

Book Reviews

书评

    She Was A Queen　　　　　　　　　By Maurice Collis

---

①　该文由叶舟译成中文《丁玲：新中国的女战士》，由上海光明书局于 1938 年出版。

| 《她是女皇》 | Maurice Collis 原作，项美丽评 | 326 |

Return From The U. S. S. R.　　　　　　　　By Andre Gide
《访苏归来》　　　安德烈·纪德原作，全增嘏评　329

第5卷第4期　1937年11月

Editorial Commentary
评论　　　　　　　　　　　　　　　　　　　　337

Articles
专著

　　The Last of the Immortals　　　　By John. C. Ferguson
最后之科举士人　　　　　　　　　　　约翰·福开森　341

　　The Alleged Influence of Maurice William On Sun Yat-Sen
　　　　　　　　　　　　　　　By P. C. Huang and W. P. Yuen
莫里斯·威廉对孙中山的影响
　　　　　　　　　　P. C. Huang and W. P. Yuen　349

　　The Tree of Life and Death　　　　　　By Henry Miller
生死树　　　　　　　　　　　　　　　Henry Miller　377

　　Tai Ming-shih　　　　　　　　　　　　By Lucien-Mao
戴名世　　　　　　　　　　　　　　　　毛如升　382

Chronicle
时评

　　Poetry Chronicle　　　　　　　　　　By Zau Sinmay
新诗时评　　　　　　　　　　　　　　邵洵美　400

Translation
翻译

　　Star　　　By Pa Chin　Translated by Richard L. Jen
星（续）　　　　　　　　巴金者，任玲逊译　404

Book Reviews
书评

　　The Years　　　　　　　　　　　　By Virginia Woolf

《岁月》　　　　　弗吉尼亚·伍尔芙原作，项美丽评　415
Wang An-Shih　　　　　　　　　By H. R. Williamson
《王安石》　H. R. Williamson原作，约翰·福开森评　418
Coal-Miner　　　　　　　　　By G. A. W. Tomlinson
《矿工》　　G. A. W. Tomlinson原作，H. F. T. 评　421
Brynhild　　　　　　　　　　　　　By H. G. Wells
《布琳希尔德》　　　H. G. Wells原作，全增嘏评　423
Through Four Provinces with the Shanghai Evening Post and Mercury Correspondents
《与上海晚邮报记者途经四省见闻》　　Z. K. L. 评　426

第 5 卷第 5 期　1937 年 12 月

Editorial Commentary

评论　　　　　　　　　　　　　　　　　　　　　433

Articles

专著

Phonology and Calligraphy in Chinese Art
　　　　　　　　　　　　　By John Hazedel Levis
中国艺术之语言学与书法　John Hazedel Levis　437
A Note on Aubrey Beardsley　　By Wen Yuan-ning
奥布理琐谈　　　　　　　　　　　温源宁　451
Emile Meyerson and the Philosophy of Science
　　　　　　　　　　　　　　By Thomas R. Kelly
Emile Meyerson 与科学之哲学　Thomas R. Kelly　456
China's Heroes of the Past　　　By L. C. Arlington
昔日中国之英雄　　　　　　L. C. Arlington　467
The Historical Novels of Walter Pater　By Chung Tso-you
沃尔特·佩特之历史小说　　　　　钟作猷　477

Translation

翻译

Writing A Letter

By Ling Hsu Hua　Translated by the Author

写信　　　　　　　　　　　　　凌叔华著并译　508

Book Reviews
书评

Enjoyment of Laughter　　　　　　　　By Max Eastman

《笑之享受》　　　　Max Eastman 原作，项美丽评　514

Chinese Lyrics　　　　　　　Translated by Ch'u Ta-kao

《中国抒情诗》　　　Ch'u Ta-kao 原作，林幽评　518

Chinese Year Book

《中国年鉴》　　　　商务印书馆出版，P. L. F 评　522

第6卷第1期　1938年1月

Editorial Commentary

评论　　　　　　　　　　　　　　　　　　　　　　5

Articles
专著

Gems From The Mosquito Press　　By David Chi-hsin Lu

小报出版之精粹　　　　　　　　　　　庐祺新　7

Florence After the Medici　　　　　　　By Harold Acton

梅第奇家族之后的佛罗伦萨　　　　哈罗德·阿克顿　18

China's Population Problem　　By Harry Paxton Howard

中国之人口问题　　　　　　Harry Paxton Howard　28

I Hate War　　　　　　　　　　　　　By T. K. Chuan

我憎恶战争　　　　　　　　　　　　　全增嘏　41

A Sociological Study of the Chinese Family　By M. G. Shippe

中国家庭之社会学研究　　　　　　M. G. Shippe　52

Chronicle
时评

Archaeology Chronicle　　　　　　By Yeh Ch'Iu-yuan

考古学时评　　　　　　　　　　　叶秋原　69
Translation
翻译
　　Fourteen Chinese Poems　　　　Translated by Teresa Li
　　中国诗十四首　　　　　　　　　　李德兰①译　74
Book Reviews
书评
　　The Spanish Cockpit　　　　　　By Franz Borkenau
　　《西班牙战场》　　Franz Borkenau 原作，全增嘏评　84
　　The Late George Apley　　　　By John P. Marquand
　　《晚年乔治·阿佩列》
　　　　　　　　John P. Marquand 原作，项美丽评　87
　　The West Chamber: A Medieval Drama
　　　　　　　　　　　　　　Translated by Henry H. Hart
　　《西厢记：中世纪之戏剧》
　　　　　　　　　Henry H. Hart 译注，于乐天评　92
　　Pao Hui Chi: Twelve Chinese Paintings in the Collection of J.
　　　P. Dubosc
　　《宝绘集：J. P. Dubosc 藏品中的十二幅中国绘画》
　　　　　　　　　　　　　　　　约翰·福开森评　95

第 6 卷第 2 期　1938 年 2 月

Editorial Commentary
　评论　　　　　　　　　　　　　　　　　　　　101
Articles
专著
　　The Future of Civilization　　By John Middleton Murry
　　文明之未来　　　　　　　John Middleton Murry　105

---

① 李德兰为吴经熊之笔名。

The Odyssey of A People	By E. Woo
泰民族之形成	E. Woo　115
Rainer Maria Rilke	By Alfred Perles
赖内·马利亚·里尔克	Alfred Perles　125
Chen San-Li, The Poet	By H. H. Hu
诗人陈三立	胡先骕　134

Chronicle

时评

Art Chronicle	By Jen Yu-wen
艺术时评	简又文　144

Translation

翻译

Looking Back To the Past

　　　　　By Lu Hsun Translated by Feng Yu-sing

怀旧　　　　　　　鲁迅著，冯余声译　148

Book Reviews

书评

In Defence of Pink	By Robert Lynd
《林达小品文集》①	Robert Lynd 原作，温源宁评　160
Theatre	By Somerset Maugham
《剧院》	Somerset Maugham 原作，项美丽评　162
The Importance of Living	By Lin Yutang
《生活的艺术》	林语堂原作，全增嘏评　167
The Far East in World Politics	By. G. F. Hudson
《世界政治中之远东》	G. F. Hudson 原作，温源宁评　170

Die Ruckkehr Der Seele by Prof. Hundhausen

---

① 该文由骆美玉译成中文，刊于《西洋文学》1941 年 2 月第 6 期。

《西厢记》 Prof. Hundhausen 原作，约翰·福开森评　173
Tso Ts'ungtang　　　　　　　　　　　　By W. L. Bales
《左宗棠》　　　　　W. L. Bales 原作，全增嘏评　174

第6卷第3期　1938年3月

Editorial Commentary
评论　　　　　　　　　　　　　　　　　　　　　　　181
Articles
专著
　　The T'iao Miao of Peking　　　　By John C. Ferguson
　　北京太庙　　　　　　　　　　　约翰·福开森　185
　　The China Boom　　　　　　　　　　　By Emily Hahn
　　中国之兴盛　　　　　　　　　　　　　项美丽　191
　　The Rise and Decline of Christian Influence in China and Japan
　　　　　　　　　　　　　　　　By Harry Paxton Howard
　　基督教在中日影响之盛衰　　Harry Paxton Howard　207
　　Fragment From The Personal Experience of Alfred Kromborg
　　　　　　　　　　　　　　　　　　By Michael Fraenkel
　　Alfred Kromborg 个人经历短章　　Michael Fraenkel　223
Chronicle
时评
　　Literature Chronicle　　　　　　　　By Chen Ta-jen
　　文学时评　　　　　　　　　　　　　　陈大仁　228
Translations
翻译
　　Poems From the Chinese　　　Translated by Teresa Li
　　中国诗二十二首　　　　　　　　　　李德兰译　231
Correspondence
文艺通信　　　　　　　　　　　　　　　　　　　　255

Book Reviews
书评

Red Star Over China	By Edgar Snow
《红星照耀中国》
爱德华·斯诺原作，Frank B. Wells　256

Land Utilization in China　　　　By John Lossing Buck
《中国土地之利用》
　　　　　　John Lossing Buck 原作，沈镇南评　261

Serenade　　　　　　　　　　　By James M. Cain
《小夜曲》　　　　James M. Cain 原作，项美丽评　266

The Analects of Confucius
　　　　　　Published by Oxford University Press
《论语》　　　　　　　　　牛津大学出版社出版　271

第 6 卷第 4 期　1938 年 4 月

Editorial Commentary

评论　　　　　　　　　　　　　　　　　　　　278

Articles

专著

Macao, Three Hundred Years Ago　　　By C. R. Boxer
三百年前之澳门　　　　　　查尔斯·R. 鲍克塞　281

Li Chih: An Iconoclast of The Sixteenth Century　By K. C. Hsiao
16 世纪极端反传统者李贽　　　　　　萧公权　317

The Four Seasons of T'ang Poetry　　By John C. H. Wu
唐诗四季①　　　　　　　　　　　　　吴经熊　342

---

① 该系列文章由徐诚斌译成中文于 1940 年在《宇宙风》上连载，1980 年台北洪范书店出版单行本，2003 年再版，沈阳辽宁教育出版社于 1997 年出版大陆版。

Chronicle
时评
    Library Chronicle   By V. L. Wong
    图书馆时评   黄维廉 369

Translation
翻译
    A Man Must Have A Son
            By Yeh Shao-chun   Translated by Richard L. Jen
    遗腹子   叶绍钧著,任玲逊译 377

Book Reviews
书评
    The Silent Traveller, A Chinese Artist in Lakeland
                              By Chiang Yee
《哑行者:英国湖滨画记》
            蒋彝原作,约翰·福开森评 388
    The Street of the Fishing Cat   By Jolanda Foldes
    The Street of the Fishing Cat
            Jolanda Foldes原作,钟作猷评 390
    Japan Defies the World   By James A. B. Scherer
《日本挑衅世界》
            James A. B. Scherer原作,宋以忠评 391

第6卷第5期 1938年5月

Editorial Commentary
评论   401

Articles
专著
    Dylan Thomas   By William Empson
    迪兰·托马斯   William Empson 403
    Foreign Influence In Chinese Architecture   By Chuin Tung

中国建筑之外来影响因素 　　　　　　　童寯　410

The Ninety Nine Ways of Destroying the Manchus

By Carrington Goodrich

反清之九十九种方式　　　　Carrington Goodrich　418

Chinese Cosmopolitanism and Modern Nationalism

By Harry Paxton Howard

中国之世界主义与现代国族主义

Harry Paxton Howard　425

The Foreign Mentality in China　　By Randall Gould

在华外国人之思想　　　　　　Randall Gould　440

The Four Seasons of T'ang Poetry (Continued)

By John C. H. Wu

唐诗四季（续）　　　　　　　　吴经熊　453

Chronicle

时评

Drama Chronicle　　　　　　By Frank B. Wells

戏剧时评　　　　　　　　　Frank B. Wells　475

Translation

翻译

Revenge　　　　　　　　　By Yang Chen-sheng

Translated by Ma Ping-ho and Emily Hahn

报复　　　　杨振声著，马彬和、项美丽译　480

Book Reviews

书评

Aliens in the East: A New History of Japan's Foreign Intercourse by Harry Emerson Wilder

《亚洲轴心：日本新外交史》

Harry Emerson Wilder 原作，查尔斯·R. 鲍克塞评　492

Chinese Women Yesterday and Today　By Florence Ayscough

《古今中国妇女》

      Florence Ayscough 原作，约翰·福开森评 494

  Tales of A Chinese Grandmother   By Frances Carpenter

《一位中国祖母的故事》

      Frances Carpenter 原作，约翰·福开森评 494

  I Speak For the Chinese   By Carl Crow

《为中国辩护》   Carl Crow 原作，全增嘏评 495

  To Have and Have Not   By Ernest Hemingway

《有钱人和没钱人》

      欧内斯特·海明威原作，项美丽评 497

第 7 卷第 1 期　1938 年 8 月

Editorial Commentary

评论   4

Articles

专著

  Tiu Sincers of Loneliness   By Brdan Hybe

  Tiu Sincers of Loneliness   Brdan Hybe 9

  Portuguese Military Expeditions in Aid of the Mings Against the Manchus, 1621-1647   By C. R. Boxer

  葡萄牙援明抗清的远征，1621—1647

           查尔斯·R. 鲍克塞 24

  Economic Aspects of the China War By Guenther Stein

  战时中国经济问题   Guenther Stein 37

  The Four Seasons of T'ang Poetry (Continued)

           By John C. H. Wu

  唐诗四季（续）   吴经熊 51

Chronicle

时评

  Press Chronicle   By Yu Shen-ming

出版时评 　　　　　　　　　　　　　　　　郁宸民　89

Translation
翻译

　　When the Girls Come Back
　　　　　　　　By Yao Hsin-nung Translated by the Author
出发之前　　　　　　　　　　　　　姚莘农著并译　94

Book Reviews
书评

　　Strong Man of China　　　　　　　By Robert Berkov
　《中国伟人蒋介石传》
　　　　　　　Robert Berkov原作，任玲逊评　121
　　The Prodigal Parents
　《挥霍无度的双亲》
　　　　　　辛克莱·刘易斯原作，项美丽评　123

第7卷第2期　1938年9月

Editorial Commentary
评论　　　　　　　　　　　　　　　　　　　　135

Articles
专著

　　Confucius on Poetry
　孔子论诗　　　　　　　　　　　　　　　邵洵美　137
　　Lamaism and Its Influence on Chinese Buddhism
　　　　　　　　　　　　　By John Calthorpe Bloteld
喇嘛教及其对中国佛教之影响　John Calthorpe Bloteld　151
　　Shakespeare and the Soldier　　　　By E. L. Harvey
　莎士比亚与士兵　　　　　　　　E. L. Harvey　161
　　Education and the State　　　　　By Lancelot Forster
　教育与国家　　　　　　　　　Lancelot Forster　192

Chronicle
时评
  Art Chronicle   By Chun Kum-wen
  艺术时评   陈锦云   207

Translation
翻译
  Six Poems By John C. H. Wu   Translated by Wen Yuan-ning
  诗六首   吴经熊著，温源宁译   211

Book Reviews
书评
  China Body and Soul   Edited by E. R. Hughes
  《中国之灵与肉》   E. R. Hughes原作，全增嘏评   215
  Mi Fu, On Ink-Stones   By R. H. Van Gulik
  《米芾：〈石砚〉》
       R. H. Van Gulik原作，约翰·福开森评   217
  Speeches of Manuel L. Quezon   Compiled and Edited by Pedro
                de la Llana and F. B. Iscasiano
  《曼纽尔·奎松演讲集》   林幽评   220

第 7 卷第 3 期　1938 年 10 月

Editorial Commentary
评论   231

Articles
专著
  Wu Shiun   By Hsu Ti-shan
  武训   许地山   235
  Christian Humanism During the Late Ming Dynasty
                By Henri Bernard, S. J.
  晚明时期的基督教之人文主义
    Henri Bernard, S. J. 裴化行神甫   256

Whither China   By M. G. Shippe
中国何处去   M. G. Shippe   268
On Goethe   By Alfred Perle
论歌德   Alfred Perle   281

Chronicle
时评

Cinema Chronicle   By Tu Heng
电影时评   杜恒   291

Translation
翻译

Hsiao Hsiao
     By Shen Ch'ung-Wen   Translated by Lee Yi-hsieh
萧萧   沈从文著，李宜燮译   295

Book Reviews
书评

Lin Tes-Hsu   Tseng Kuo-Fan   Tso Tsung-T'ang
     By Gideon Chen
《林则徐》、《曾国藩》、《左宗棠》
     Gideon Chen 原作，约翰·福开森评   310
Yoga Explained   By F. Yeats-Brown
《瑜珈释义》   F. Yeats-Brown 原作，卫德兰评   313
Spanish Testament   By Arthur Koestler
《西班牙自白书》
     Arthur Koestler 原作，Frank B. Wells   316
Propaganda from China and Japan
     By Bruno Lasker and Agnes Roman
《中日之宣传》
     Bruno Lasker, Agnes Roman 原作，骆传华评   318

An Essay on the Nature of Contemporary England
By Hilaire Belloc
《论当今英国之特性》 Hilaire Belloc 原作，钟作猷评　320

第 7 卷第 4 期　1938 年 11 月

Editorial Commentary
评论　327

Articles
专著

  Jacob Epstein　By Louis Golding
  雅哥布·爱波斯坦　Louis Golding　331
  Towards a Modern Conception of Art　By Jack Chen
  走向现代观念之艺术　陈依范　342
  Tribute to Blaise Cendrars　By Henry Miller
  Blaise Cendrars 颂　Henry Miller　350
  The Four Seasons of T'ang Poetry（Continued）
    By John C. H. Wu
  唐诗四季（续）　吴经熊　357

Chronicle
时评

  Science Chronicle　By Hsu Chu-yeh
  科学时评　许祖翼　402

Translation
翻译

  They Gather Heart Again
    By Lao Shen　Translated by Richard L. Jen
  人同此心　老舍著，任玲逊译　406

Book Reviews
书评

  The Black Book　By Lawrence Durrell

《黑色书》　　　劳伦斯·杜雷尔原作，项美丽评　418
Die Li-Stamme Der Insel Hainan-Ein Beitrag Zur Volkskundesudchinas
　　　von H. Stbel, von P. Meriggi 原作，刘重熙评　423

第 7 卷第 5 期　1938 年 12 月

Editorial Commentary

评论　　　　　　　　　　　　　　　　　　　　　　431

Articles

专著

English Genealogical Records　　By H. S. P. Hopkinson
英国宗谱　　　　　　　　　　H. S. P. Hopkinson　435

Some Notes On Kao Seng Chuan　　　By T. K. Chuan
《高僧传》琐谈　　　　　　　　　　　全增嘏　452

Language and Race in China　　By Harry Paxton Howard
中国语言与种族　　　　　Harry Paxton Howard　469

From the Personal Experience of Alfred Kromborg　By Mickael Fraenkel
Alfred Kromborg 个人经历短章　　Mickael Fraenkel　487

Chronicle

时评

Poetry Chronicle　　　　　　　　　　　　By Ling Tai
诗歌时评　　　　　　　　　　　　　　凌岱　492

Translation

翻译

Chabaancheh Makai
　　By Yao Hsueh-Yin Translated by Cicio Mar and Jack Chen
差半车麦秸　　　姚雪垠著，马耳、陈依范译　496

Book Reviews

书评

Three Guineas　　　　　　　　　　By Virginia Woolf
《三几尼》　　弗吉尼亚·伍尔芙原作，温源宁评　509
What War Means: The Japanese Terror in China Compiled and Edited by H. J. Timperley
《战争是什么：日本在中国之暴行》
　　　　　　H. J. Timperley 改编，骆传华评　512
Like Water Flowing　　　　　　　By Margaret Mackay
《似水流年》　　Margaret Mackay 原作，项美丽评　514
Prehistoric Pottery in China　　　　　　By G. D. Wu
《中国原古陶瓷》　　G. D. Wu 著，叶秋原评　520
L'Alle Couverte De Tresse　　　　By V. C. C. Collum
L'Alle Couverte De Tresse
　　　　　　V. C. C. Collum 原作，叶秋原评　520

第 8 卷第 1 期　1939 年 1 月

Editorial Commentary

评论　　　　　　　　　　　　　　　　　　　　5

Articles

专著

Isaac Titsingh's Embassy to the Court of Ch'ien Lung (1794–1795)　　　　　　　　　　　　　　By C. R. Boxer
1794—1795 年间乾隆朝廷之艾斯克大使
　　　　　　　　　　　　　查尔斯·R. 鲍克塞　9
Oliver Goldsmith and His Chinese Letters　By Chen Shou-yi
奥利弗·戈德史密斯及其中文信札　　　陈受颐　34
More From the Personal Experience of Alfred Kromborg by Michael Enkel
Alfred Kromborg 个人经历短章　　Mickael Fraenkel 53

Chronicle

时评

Chinese Universities-An Education Chronicle
                              By Chao Chun-Hao
中国之大学——教育艺时评　　　　　赵君豪　57
Translation
翻译
　　Fifty-Six Poems from the Chinese　Translated by Teresa Li
　　中国古诗 56 首　　　　　　　　　李德兰　61
Correspondence
文艺通信　　　　　　　　　　　　　　　99
Book Reviews
书评
　　Japan's Gamble in China　　　　By Freda Utley
　　《日本在中国之赌注》　Freda Utley 原作，温源宁评　101
　　The Death of the Heart　　　　By Elizabeth Bowen
　　《心之死》　　　伊丽莎白·鲍恩原作，项美丽评　104
　　The Brothers　　　　　　　　　By H. G. Wells
　　《兄弟》　　　赫伯特·乔治·威尔斯原作，全增嘏评　107

第 8 卷第 2 期　1939 年 2 月

Editorial Commentary
评论　　　　　　　　　　　　　　　　　113
Articles
专著
　　The Intellectuals in Spain　　By Charles I. Glicksberg
　　西班牙之知识分子　　　　Charles I. Glicksberg　117
　　Animal Preparations Used in Chinese Medicine
                              By Bernard E. Read
　　动物在中医之试验　　　　　Bernard E. Read　128
　　Life in A Chinese Buddhist Monastery　By John Blofeld
　　在中国佛教寺院之生活　　　　　John Blofeld　145

The Four Seasons of Tang Poetry（Cont.）
By John C. H. Wu
唐诗四季（续） 吴经熊 155

Chronicle
时评
Drama Chronicle By Liang Yen
戏剧时评 梁瑛 177

Translation
翻译
Nine Poems of Su Tung P'O
Translated by H. H. Hu and Harold Acton
苏东坡诗九首 胡先骕，哈罗德·阿克顿 181

Book Reviews
书评
What War Means: The Japanese Terror in China
Compiled and Edited by H. J. Timperley
《战争是什么：日本在中国之暴行》
H. J. Timperley 改编，温源宁评 190
Secret Agent of Japan By Amleto Vespa
《日本间谍》 Amleto Vespa 原作，温源宁评 190
Surgeon Extraordinary By Loyal Davis
《特派外科医生》 Amleto Vespa 原作，全增嘏评 193
Les Premiers Rapports De La Culture Europeene Avec La Civilisation Japonaise Par Le R. P. Henri Bernard, S. J.
《关欧洲文化和日本文明最早报告》
Par le R. P. Henri Bernard, S. J.
查尔斯·R. 鲍克塞评 195
Roosevelt, A Study in Fortune and Power
By Emil Ludwig and Translated from

the German by Maurice Samuel
《罗斯福，命运与权力之勘查》
   Emil Ludwig 原作，Maurice Samuel 译自德文　197
With Malice Toward Some　　　　　By Margaret Halsey
《谑与虐》　　　　Margaret Halsey 原作，项美丽评　199

第 8 卷第 3 期　1939 年 3 月

Editorial Commentary

评论　　　　　　　　　　　　　　　　　　　　　　209

Articles & Poems

专著与诗歌

 Modern Scottish Literature　　　　　By Chung Tso-you
 现代苏格兰之文学　　　　　　　　　　　钟作猷　213
 Ancient Chinese Medicine and Its Modern Interpretation by Bernard E. Read
 古代中医及其现代之阐释　　　　Bernard E. Read　221
 Spanish Vignettes　　　　　　　　　　　　By Chi Chang
 西班牙之旅　　　　　　　　　　　　　　张纪　235
 Adventures in Architecture　　　　　　By Louis Golding
 建筑之进展　　　　　　　　　　　Louis Golding　243
 Three Poems　　　　　　　　　　　　　　By Teresa Li
 诗三首　　　　　　　　　　　　　　　李德兰　253

Chronicle

时评

 Music Chronicle　　　　　　　　　　　By Fu Pei-mei
 音乐时评　　　　　　　　　　　　　　傅白梅　256

Translation

翻译

 Departure　　　　By Woo Yen. Translated by Cicio Mar
 离去　　　　　　　　　　　　吴岩著，马耳译　260

Book Reviews
书评

The Old Century and Seven More Years　By Siegfried Sassoon
《前世纪的回忆》①
　　　　　　　　　　Siegfried Sassoon 原作，温源宁评　273

The Real Conflict Between China and Japan By Harley Farnsworth Macnair
《中日之现实对抗》
　　　　　　　　Harley Farnsworth Macnair 原作，全增嘏评　275

A Garden of Peonies: Translations of Chinese Poems　By Henry H. Hart
《牡丹园：中国诗歌之译集》
　　　　　　　　　　Henry H. Hart 原作，李德兰评　277

Death on the Instalment Plan　　　By Louis-Ferdinand Celine
《缓慢死亡》　Louis-Ferdinand Celine 原作，项美丽评　283

Vikings of the Sunrise　　　　　　　　　By Peter H. Buck
Vikings of The Sunrise
　　　　　　　　　Peter H. Buck 原作，叶秋原评　291

Insanity Fair　　　　　　　　　　　　By Douglas Reed
《郁山之争》　　　Douglas Reed 原作，全增嘏评　294

第 8 卷第 4 期　1939 年 4 月

Editorial Commentary
评论　　　　　　　　　　　　　　　　　　　　301

Articles
专著

Economic Developments in Wartime China
　　　　　　　　　　　　　　　By Lowe Chuan-hua

---

① 该文曾被译成中文刊于《西洋文学》1940 年 9 月第 1 期。

战时中国经济之发展 骆传华 305

The Gentle Art of Tea Drinking in China　By John Calthorpe
中国饮茶之优雅艺术　John Calthorpe　319

Libraries and Book-Collecting in China From the Epoch of the Five Dynasties to the End of Ch'ing　By V. L. Wong
五代至晚清之藏书馆与藏书　黄维廉　327

Active Negation As A Revolutionary Solvent
　　　　　　　　　　　　　By Michael Fraenkel
以革命之方式坚决抵制　Michael Fraenkel　344

Chronicle
时评

Geology Chronicle　By Pei Chung-ch'ing
地理时评　裴忠青　353

Translation
翻译

Ch'un-Hsiang Nao Hsueh　A K'un-chu Light Comedy, From the Ming Dynasty Play Mu-tan T'ing by T'ang Hsien-tsu (1550–1611)　Translated by Harold Acton
《春香闹学》昆曲轻喜剧,选自明剧汤显祖(1550—1611)著《牡丹亭》　哈罗德·阿克顿译　357

Book Reviews
书评

A Course of Colloquial Chinese by S. N. Usoff in Collaboration with C. Tyrnhitt
《中国白话演进之过程》
　S. N. Usoff 与 C. Tyrnhitt 原作, Henri Bernard 评　373

Literary Chinese by The Inductive Method　Edited by Herlee Glessner Creel, in Collaboration With Chang Tsung-Chien and Richard R. Rudolph

《中国文学索引》
      Herlee Glessner 等编，Henri Bernard 评 373
  Christmas Holiday   By Somerset Maugham
《圣诞假期》 Somerset Maugham 原作，全增嘏评 376
  Monumenta Serica
      Published for the Catholic University, Peiping
《华人学志》   辅仁大学出版，韩志吾评 378
  Man's Hope   By andre Malraux
《人类之希望》 Andre Malraux 原作，项美丽评 381

第8卷第5期　1939年5月

Editorial Commentary

评论   393

Articles

专著

  The Religious Influence of the Early Jesuits On Emperor
  Chung Cheng of the Ming Dynasty By Chen Shou-yi
  早期基督会士对明朝崇祯皇帝之宗教影响 陈受颐 397
  The "Tamao" of the Portuguese Pioneers By J. M. Braga
  葡萄牙先驱者之"大猫"   J. M. Braga 420
  Some Hsieh Shih Episodes   By T. K. Chuan
  侠士演义   全增嘏 433
  All Pathos and No Humour   By John C. H. Wu
  无限感伤与无从幽默   吴经熊 447

Chronicle

时评

  Paleontology Chronicle   By Hsiang Lung-yung
  古生物学时评   项龙云 467

Translation

翻译

My First Air Battle　　　　　　Translated by Li Hsiu-shih
第一次空战　　　　　　　　　　　　李修石译　471

Correspondence
文艺通信　　　　　　　　　　　　　　　　　　　480

Book Reviews
书评

Chung-Shan Ta-Tz'u-Tien I-Tzu Chang-Pieng　　Compiled by Y. W. Wong and Others
《中山大辞典一字长编》　　王云五等编，全增嘏评　484

What One Should Know About Jade　　　　By Bolton Lee
《玉器知识》　Bolton Lee 著，G. M. D. Pringle 评　485

China Struggles for Unity　　　　　　By J. M. D. Pringle
《中国为统一而奋斗》
　　　　　　　J. M. D. Pringle 原作，陆荣评　486

Mowrer in China　　　　　　By Edgar Ansel Mowrer
《Mowrer 中国行》
　　　　　Edgar Ansel Mowrer 原作，陆荣评　486

Peasant Life in China: A Field Study of Country Life in the Yangtze Valley　　　　By Hsiao-tung Fei
《江村经济：中国农民的生活》
　　　　　　　　费孝通原作，Henri Bernard 评　88

Japan's Grand Old Man　　　　　　By Bunji Omura
《日本之元老》　Bunji Omura 原作，Edward Ainger 评　48

Unconquered: Journal of A Year's Adventures Among the Fighting Peasants of North China　　By James Bertram
《不可战胜：在中国北方抗战中的一年纪行》
　　　　　　　James Bertram 原作，陈大仁评　490

第 9 卷第 1 期　1939 年 8 月

Editorial Commentary
评论　　　　　　　　　　　　　　　　　　　　　　　　5

Articles
专著

Some Observations on Bertrand Russell's Introduction to the Second Edition of the Principles of Mathematics
　　　　　　　　　　　　　　　　　　By James Feibleman
《数学原理》第二版罗素导言评论　　James Feibleman　9

Raimu　　　　　　　　　　　　　　　　　By Henry Miller
Raimu　　　　　　　　　　　　　　　　　Henry Miller　22

The Religious Influence of Early Jesuits On Emperor Ch'ung Cheng of the Ming Dynasty　　　　　　By Ch'en Shou-yi
早期耶稣对明崇祯皇帝的宗教影响（续）　　陈受颐　35

The Four Seasons of Tang Poetry (Cont.)
　　　　　　　　　　　　　　　　　　By John C. H. Wu
唐诗四季（续）　　　　　　　　　　　　吴经熊　48

Poems
诗歌

Two Sonnets　　　　　　　　　　　　　By Emily Hahn
十四行诗二首　　　　　　　　　　　　项美丽　80

Chronicle
时评

Art Chronicle　　　　　　　　　　　By Chun-Kum-Wen
艺术时评　　　　　　　　　　　　　　陈锦云　86

Translation
翻译

Scenes From Shih Hou Chi　A K'un-Chu　Light Comedy
　　　　　　　　　　　　　　　Translated by Harold Acton

狮吼记 哈罗德·阿克顿 113
Correspondence
文艺通信 115
Book Reviews
书评

　　Studies in Early Chinese Culture　By Hewlee　Glessner Creel
《早期中国文化之研究》
　　　　　　Hewlee Glessner Creel 原作，叶秋原评　116
　　China At Work　　　　　　By Rudolf P. Hommel
《中国在抵抗》　Rudolf P. Hommel 原作，刘重熙评　118

第9卷第2期　1939年9月

Editorial Commentary
评论 125
Articles
专著

　　Prospero's Isle　　　　　　　　By Lawrence Durrell
　　普洛斯彼罗的小岛　　　　　Lawrence Durrell　129
　　Buddhism in Modern China　　　　Monk Wei-Huan
　　现代中国之佛教　　　　　　　　惟幻和尚　140
　　Some Fundamental Differences Between China and Japan by Derk Bodde
　　中日之基本差别　　　　　　　Derk Bodde　156
　　The Nature of Courage According To Plato and Mencius
　　　　　　　　　　　　　　　　　By Rufus Suter
　　柏拉图与孟子关于"勇"之定性　Rufus Suter　169

Chronicle
时评

　　Press Chronicle　　　　　　　By Yu Chen Ming
　　出版时评　　　　　　　　　　郁宸民　176

Translation
翻译
    Lin Ch'ung Yeh Ben　A K'un-Chu Monologue and Paseul Translated by Harold Acton
昆曲《林冲夜奔》　　　　　　哈罗德·阿克顿译　180
    Yang Chu　　　　Translated by Leonard A. Lyall
列子·杨朱　　　　　　Leonard A. Lyall　203
Correspondence
文艺通信　　　　　　　　　　　　　　　　　205
Book Reviews
书评
    War Messages and Other Selections
　　　　　　　　　　By May-Ling Soong Chiang
《战况汇编》　　　　宋美玲编，沈德实评　208
    The Chinese Year Book (1938-1939 Issue) Prepared From Official Sources by the Council of International Affairs Chungking
《中国年鉴（1938—1939）》
　　　　　　重庆国际事务委员会编，骆传华评　211
    Rebecca　　　　　　　　　　By Daphne du Maurier
《蝴蝶梦》　　　达夫妮·杜穆里埃原作，项美丽评　213
　　　　　　第 9 卷第 3 期　1939 年 10 月
Editorial Commentary
评论　　　　　　　　　　　　　　　　　　221
Articles
专著
    The Chinese Educational Mission and Its Influence
　　　　　　　　　　　　By Yung Shang Him
创办出洋局及官学生历史　　　　容尚谦　225

On Political Thought　　　　　　　　By Y. L. Chin
论政治思想①　　　　　　　　　　　　金岳霖　257
Paranoia Nipponica　　　　　By Mousheng　Hsitien-Lin
日本之妄想症　　　　　　　　　　　林希天　273

Chronicle
时评

Science Chronicle　　　　　　　　By Hsu Chu-I
科学时评　　　　　　　　　　　　许祖翼　282

Translation
翻译

Fifty Poems From the Chinese　　Translated by Teresa Li
古诗五十首　　　　　　　　　　　李德兰　285

Book Reviews
书评

The Early Empires of Central Asia
　　　　　　　　　　By Wm Montgomery Mcgovern
《中亚帝国史》　　Wm Montgomery Mcgovern　336
The Spirit of the Brush　　　　　By Shio Sakanishi
《笔之神韵》　　Shio Sakanishi 原作，全增嘏评　338
The Beeps　　　　　　　　　　By Virginia Holton
《警笛声》　　Virginia Holton 原作，项美丽评　339

第 9 卷第 4 期　1939 年 11 月

Editorial Commentary
评论　　　　　　　　　　　　　　　　　　　347

---

① 本文由赵文洪译成中文收入《金岳霖学术论文选》，金岳霖学术基金会学术委员会编，北京：中国社会科学出版社，1990 年，第 141 页。

Articles
专著

New Realism in Chinese Politics　　　　By T. C. Lin
中国政治之新现实主义　　　　　　　　林同济　351
The Aesthetics of Surrealism　　　By Charles I., Glicksberg
超现实主义之美学　　　　　　Charles I., Glicksberg　364
A Portuguese Account of East Asia in 1514　By J. M. Braga
1514年一个葡萄牙人眼中的东亚　　　J. M. Braga　375

Chronicle
时评

Cinema Chronicle　　　　　　　　　　By Tu Heng
电影时评　　　　　　　　　　　　　　杜恒　383

Translation
翻译

Twenty-Four Chinese Poems
　　　　　　　By N. L. Smith and R. H. Koteuall
中国古诗二十四首　　N. L. Smith, R. H. Koteuall　387
Lao Tzu's the Tao and It's Virtue　Translated and Annotated by John C. H.
老子《道德经》　　　　　　　　吴经熊译　401

Book Reviews
书评

The Analects of Confucius　　　　　By Arthur Waley
《论语》　　Arthur Waley 原作，约翰·福开森评　424
Chinese Prose Literature of the Tang Period
　　　　　　　　　　　　　　　　By E. D. Edwards
《唐代散文》　　E. D. Edwards 原作，宋谊评　427
Winter of Artifice　　　　　　　　　By Anais Nin
《技巧之衰退》　　　Anais Nin 原作，项美丽评　435

第 9 卷第 5 期　1939 年 12 月

Editorial Commentary

评论 　　　　　　　　　　　　　　　　　　　　　443

Articles

专著

Notes On Chinese Abroad in the Late Ming and Early Manchu Periods Compiled Contemporary European Sources （1500 – 1750） By C. R. Boxer

欧洲早期史料中关于明清时期海外华人的记载

　　　　　　　　　　　　　查尔斯·R. 鲍克塞　447

Yuan Chi and His Circle

阮籍及其交往圈　　　　　　　　　　全增嘏　469

We Shall Live Again　　　　　　By Lowe Chuan-Hua

我们应该复生　　　　　　　　　　　骆传华　484

Poems

诗歌

Three Poems　　　　　　　　　　By Mai Wei-lin

诗三首　　　　　　　　　　　　　　麦伟林　492

Chronicle

时评

Poetry Chronicle　　　　　　　　　By Ling Tai

新诗时评　　　　　　　　　　　　　凌岱　494

Translation

翻译

Lao Tzu's The Tao and Its Virtue （Concluded） Translated and Annotated by John C. H. Wu

老子《道德经》（续）　　　　　　吴经熊译　498

Book Reviews

书评

Early Ming Wares of Ching Tehchen　　By A. D. Brankston
《明初官窑考》
　　　　　A. D. Brankston 原作，约翰·福开森评　522
The Military Strength of the Power　　By Max Werner
《军事实力之增强》　　Max Werner 原作，郁宸民评　523
Uneasy Oceans　　By Lt. Commdr. Kenneth Eawands
《不平静的海洋》
　　　　　Lt. Commdr. Kenneth Eawands 原作，郁宸民评　523
Journey To A War
　　　　　By W. H. Auden and Christopherisherwood
《战地行》　W. H. Auden, Christopher Isherwood 原作，
　　　　　　　　　　　　　　Charles Brasch 评　526

第 10 卷第 1 期　1940 年 1 月

Editorial Commentary
评论　　　　　　　　　　　　　　　　　　　　　　　　5
Articles
专著
　　The Lore of Chinese Seals　　　　　By Yeh Ch'iu-yuan
　　中国印章知识　　　　　　　　　　　　　叶秋原　9
　　Cultural Trends in Latin America　　　By Wilbur Burton
　　拉丁美洲文化之趋向　　　　　　　Wilbur Burton　23
　　Thoughts and Fancies　　　　　　　　　By Lucas Yu
　　思想与幻想　　　　　　　　　　　　　於露稼①　38
Poems
诗歌
　　Three Poems　　　　　　　　　　　By Brian Corbett
　　诗三首　　　　　　　　　　　　　Brian Corbett　58

---

① 此为吴经熊笔名。

Chronicle
时评
  Anthropology Chronicle   By Hsu Tsu-I
  人类学时评   许祖翼 61
Translation
翻译
  Lao Tzu's the Tao and Its Virtue (Concluded) Translated and
  Annotated   By John C. H. Wu
  老子《道德经》   吴经熊译注 66
Book Reviews
书评
  Le Origini Dell'Arte Cristiana Cinese 1583 - 1640 By R. Ac-
  cademia Pasquale D'Elia, S. J.   100
  Survey of Chinese Art   By John C. Ferguson
  《中国艺术之纵览》 约翰·福开森原作，全增嘏评 101
  The Cull Chinese Bronzes   By W. Perceval Yetts
  《中国青铜精粹》
    W. Perceval Yetts 原作，约翰·福开森评 103

第 10 卷第 2 期 1940 年 2 月

Editorial Commentary
评论   111
Articles
专著
  The Revival of Realism   By James Feibleman
  现实主义之复归   James Feibleman 115
  Cheng Ch'iao, A Pioneer in Library Methods By K. T. Wu
  郑樵，图书馆学之先驱   吴光清 129
  The Mystery of Maya   By Wilbur Burton
  玛雅之神秘   Wilbur Burton 142

Youthful Nations　　　　　　　　By Lancelot Forster
青春之国　　　　　　　　　　　Lancelot Forster　156

Poems
诗歌

Three Modern Chinese Poems
　　　　　　Translated by Arno L. Bader and Lucien Mao
现代诗三首　　　　　Arno L. Bader, 毛如升译　162

Chronicle
时评

Archaeology Chronicle　　　　　By Pei Chung-ch'ing
考古学时评　　　　　　　　　　　裴崇青　164

Translations
翻译

Good Iron is Not for Nails
　　　　　　By Lu Yen. Translated by Richard L. Jen
重逢　　　　　　　鲁彦著，任玲逊译　168

Five Vermin: A Pathological Analysis of Politics　By Han Fei Tzu, Translated by W. K. Liao
五蠹　　　　　　　韩非子著，廖文魁译　179

Book Reviews
书评

Death is Not Enough: Essays in Active Negation
　　　　　　　　　　　　By Michael Frenkel
《死不足惜：积极抵抗之评论》
　　　　　Michael Frenkel 原作，Brian Corbety 评　197

China Fights for the World　　By J. Gunnar Andersson
《中国为世界而战》
　　　　J. Gunnar andersson 原作，郁宸民评　200

第10卷第3期 1940年3月

Editorial Commentary
评论 207

Articles
专著

    Federal Union, and the Obstacles   By John Middleton Murry
联邦同盟及其障碍   By John Middleton Murry   211

    A Potpourri   By John C. H. Wu
杂感   吴经熊   220

    The Revival of Realism (Continued)   By James Feibleman
现实主义之复归（续）   James Feibleman   243

Poems
诗歌

    Recollection of 1989   Edmund Blunden   254

Chronicle
时评

    Drama Chronicle   By Ling Ai-mei
戏剧时评   凌皑梅   256

Translations
翻译

    Lifu Shih   By Wang Szu-Tien Translated by Lucien Mao
偏枯   王思玷著，毛如升译   260

    Fragments From Gallery of Chinese Women, Or Lieh Nu Chuan
     By Liu Hsiang, Translated by S. F. Balfour
列女传   刘向著，S. F. Balfour 译   265

Book Reviews
书评

Tomb Tile Pictures of Ancient China
                                By William Charles White
《中国古代墓砖图像》
            William Charles White 原作，约翰·福开森 评 284
An Album of Chinese Bamboos   By William Charles White
《中国竹画集》
            William Charles White 原作，约翰·福开森 评 285
Moment in Peking   By Lin Yutang
《京华烟云》   林语堂原作，全增嘏 评 287
Japan's Economic Offensive in China   By Lowe Chuan-Hua
《日本在中国之经济侵略》
                骆传华原作，Theodore Hermany 评 290
The Grapes of Wrath   By John Teinbeck
《愤怒的葡萄》   约翰·史坦贝克著，项美丽 评 294
With the White Cross in China By Harley Farnsworth Macnair
《中国赈灾纪实》
            Harley Farnsworth Macnair 原作，Cecilia Howe 评 297

第 10 卷第 4 期 1940 年 4 月

Editorial Commentary
评论   305

Articles
专著

New Soul Comes To Old Soil   By Chen Han-seng
灵魂蜕变   陈翰笙 309
Was Camoens Ever in Macau   By C. R. Boxer
Was Camoens Ever in Macau   查尔斯·R. 鲍克塞 324
Huxley Finds God   By Emily Hahn
赫胥黎找到神灵   项美丽 334
The Science of Love: A Study in the Teachings of St. Therese

of Lisieux　　　　　　　　　　By John C. H. Wu
爱之科学——圣女小德兰　　　　　　吴经熊　345

Chronicle
时评

Music Chronicle　　　　　　　By Chin Hisang-ling
音乐时评　　　　　　　　　　　　　秦芗令　373

Translation
翻译

The Tragedy of Tsui Ning an Anonymous Story Written in the Sung Dynasty　　　　　Translated by Li Chi-t'ong
错斩崔宁　　　　　　　　　　　　李继唐译　377

Book Reviews
书评

Inside Asia　　　　　　　　　　By John Gunther
《亚洲内幕》　　　John Gunther 原作，全增嘏评　392
Hill Trips: or Excursions in China　　By M. C. Gillett
《希尔中国之行》　M. C. Gillett 原作，项美丽评　394
Our Family　　　　　　　　　By Adet and Anor Lin
《吾家》　　　　林如斯、林太乙原作，伍爱莲评　397

第 10 卷第 5 期　1940 年 5 月

Editorial Commentary
评论　　　　　　　　　　　　　　　　　　　　405

Articles
专著

Notes On the Final Draft Constitution　By John C. H. Wu
宪法草案笔记　　　　　　　　　　　吴经熊　409
Ta Kuan T'ieh: or T'ai Ch'ing Iou T'ieh By John C. Ferguson
大观贴：或太清楼贴　　　　　　约翰·福开森　427
Ma Hsiang Po　　　　　　　　　By Liu Hoh Hsuan

论马相伯 刘豁轩 436
Mencius and Plato's Doctrine of Ideas By Rufus Suter
孟子与柏拉图之"理念说" Rufus Suter 452

Chronicle
时评

Education Chronicle By Chao Hua
教育时评 赵华 459

Translation
翻译

A Hermit at Large. A Story by Lu Hsin
Translated by Chi-Chen Wang
孤独者 鲁迅著，王际真译 463

Book Reviews
书评

China in Peace and War: Selections From the Writings of May-Ling Soong Chiang
《中国的和平与战争》 宋美龄原作，吴经熊评 486
Social and Psychological Studies in Neuropsychiatry in China
《中国神经精神医学之社会学与心理学研究》
郁宸民评 488
The End of the Armistice By G. K. Chesterton
《停战结束》 G. K. Chesterton原作，温源宁评 490

Appendix
附录

Draft of the Constitution of the Republic of China
中华民国宪法草案 493

Index
目录索引 507

第 11 卷第 1 期　1940 年 8—9 月
Editorial Commentary
评论　　　　　　　　　　　　　　　　　　　　　　　　5
Articles
专著

    Toynbee's Theory of History　　　　By James Feibleman
    托因比之历史学理论　　　　　　　James Feibleman　9
    Colour Printing in the Ming Dynasty　　　By K. T. Wu
    明朝彩印　　　　　　　　　　　　　　　吴光清　36
    Terrace in Capri　　　　　　　　　　By Louis Golding
    卡普里梯田　　　　　　　　　　　Louis Golding　45
    The Early Expansion of Chinese Geographical Knowledge by Kenneth Ch'en
    中国地理学之早期扩展　　　　　　Kenneth Ch'en　52

Chronicle
时评

    Press Chronicle　　　　　　　　　By Yu Chen-ming
    出版时评　　　　　　　　　　　　　　郁宸民　63

Translations
翻译

    Remorse　　A Story by Lusin　Translated by Chi-Chen Wang
    伤逝　　　　　　　　　　　鲁迅著，王际真译　67
    The Place of Acquiescence in Conflict Cheng Lun
    　　　　　　　Byts'yi Shu Translated by Arthur W. Hummel
    争论　　　　　　　崔述著，Arthur W. Hummel 译　87

Book Reviews
书评

    Diana: A Strange Autobiography　　By Diana Frederics

《黛安娜：一部奇特自传》
　　　　　　　　Diana Frederics 原作，温源宁译　94
Three Ways of Thought in Ancient China　By Arthur Waley
《古代中国思想之三种范式》
　　　　　　　　Arthur Waley 原作，约翰·福开森评　95
Australia's Interests and Policies in the Far East
　　　　　　　　　　　　　　　By Jack Shepherd
《澳大利亚在远东之利益与政策》
　　　　　　　　Jack Shepherd 原作，骆传华评　98
New Zealand's Interests and Policies in the Far East
　　　　　　　　　　　　　　　By Ian F. G. Milner
《新西兰在远东之利益与政策》
　　　　　　　　Ian F. G. Milner 原作，骆传华评　98

第 11 卷第 2 期　1940 年 10—11 月

Editorial Commentary
评论　　　　　　　　　　　　　　　　　　　103
Articles
专著
　　The Imperial Academy of Painting　By John C. Ferguson
　　宫廷画院　　　　　　　　　　　约翰·福开森　109
　　The Confucian Conception of Human Nature
　　　　　　　　　　　　　　　By King Chien-kun
　　孔子之人性思想　　　　　　　　经乾堃　119
　　Some Early Visitors to the United States
　　　　　　　　　　　　　　　By Thomas La Fargue
　　美国之早期探访者　　　　Thomas La Fargue　128
　　Toynbee's Theory of History（Continued）
　　　　　　　　　　　　　　　By James Feibleman
　　托因比之历史学理论（续）　　James Feibleman　140

Chronicle
时评
 Music Chronicle   By Liang Sung-ling
 音乐时评   梁松龄 174

Translation
翻译
 Four Eccentrics the Epilogue to Ju Lin Wai Shih   Translated by Hsu Chen-ping
 《儒林外史》之结尾《四位奇人》   徐诚斌译 178

Book Reviews
书评
 Barbarians At the Gate   By Leonard Woolf
 《门前野人》   Leonard Woolf 原作，温源宁评 193
 The Evolution of Furniture   By Lucretia Eddy Cotchett
 《家具发展史》
   Lucretia Eddy Cotchett 原作，约翰·福开森评 195

第 11 卷第 3 期 1940 年 12 月—1941 年 1 月

Editorial Commentary
评论   201

Articles
专著
 Resemblances Between Welsh and Chinese Culture
            By John Cowper Powys
 威尔士与中国文化之类似处   John Cowper Powys 205
 The Taoist in Every Chinese   By T. C. Lin
 中国人之道教思想   林同济 211
 The Quintessence of Chinese Art   By Chan Wing-Tsit
 中国艺术精粹   陈荣捷 226
 Concerning the Question of Matrimonial Categories and Kinship

Relationship in Ancient China　By Francis Lang-Kwang Hsu
古代中国婚姻种类与家族关系问题
　　　　　　　　　　　　　　Francis Lang-Kwang Hsu　242
Chronicle
时评
　　Art Chronicle　　　　　　　　　　By Chen Chin-yun
　　艺术时评　　　　　　　　　　　　　陈锦云　271
Translations
翻译
　　Old Mrs. Wang's Chickens by Shun Chungwen　Translated by Shih Ming
　　乡城　　　　　　　　沈从文著，杨刚译　274
　　Hou Fumakou　By Tieng Tao　Translated by Lucien Mao
　　山窝里　　　　　　　　田涛著，毛如升译　281
Book Reviews
书评
　　Nature in Chinese Art　　　　By Arthur de Carle Sowerby
　　《中国艺术之特性》
　　　　Arthur de Carle Sowerby原作，约翰·福开森评　285
　　Chinese Houses and Gardens　　By Henry Inn and S. C. Iee
　　《中国庭园》　Henry Inn, S. C. Iee原作，全增嘏评　287
　　Four-Part Setting　　　　　　　　　　By Ann Bridge
　　《四幕景》　　　　Ann Bridge原作，项美丽评　288

　　　　　　　第 11 卷第 4 期　1941 年 2—3 月
Editorial Commentary
评论　　　　　　　　　　　　　　　　　　　297
Articles
专著
　　Humanism: A Backward Glance　　　　By Eliseo Vivas

人文主义之回顾　　　　　　　　　　Eliseo Vivas　301

The Future of Chinese Characters　　　By Eugene Shen
中国汉字之未来　　　　　　　　　　沈有乾　314

Hong Kong Before the British　　　By S. F. Balfour
英国统治之前的香港　　　　　　S. F. Balfour　330

Concerning the Question of Matrimonial Categories and Kinship Relationship in Ancient China (Continued)　By Francis Lang-Kwang Hsu
古代中国婚姻种类与家族关系问题（续）
　　　　　　　　　　Francis Lang-Kwang Hsu　353

Poems
诗歌

Poem in Four Parts　　　　　　　By A. R. V. Cooper
诗四首　　　　　　　　　　A. R. V. Coope　363

Chronicle
时评

Science Chronicle　　　　　　　　By Hsu Chu-I
科学时评　　　　　　　　　　　许祖翼　366

Translation
翻译

His K'ang's Poetical Essay On The Lute by R. H. van Gulik-With Foreword by the Translator
嵇康之《琴赋》　　　　R. H. Van Gulik 译并序　370

Book Reviews
书评

Shanghai City for Sale　　　　　　By Ernest O. Hauser
《出卖上海滩》　　　　　霍塞原作，项美丽评　385

Inner Asian Frontiers of China　　　By Owen Lattimore

《亚洲内陆之中国边境》

     Owen Lattimore 原作，凌岱评 390

Turkistan Tumult   By Aitchen K. Wu

《突厥之动乱》 Aitchen K. Wu 原作，凌岱评 390

第 11 卷第 5 期　1941 年 4—5 月

Editorial Commentary

评论 395

Articles
专著

 The Rise and Fall of Nicholas Iquan（Cheng Chidung）

          By C. R. Boxer

 郑芝龙的兴衰   查尔斯·R. 鲍克塞 401

 Hong Kong Before the Brittish（Continued）By S. F. Balfour

 英国统治前的香港（续） S. F. Balfour 440

 The Tao with A Luminous Nose By T. K. Chuan

 The Tao with A Luminous Nose 全增嘏 465

Chronicle
时评

 Education Chronicle   By Yu Chen-ming

 教育时评   郁宸明 476

Translations
翻译

 Two Sung Poems

   By Lu Yu and Ou Yang Hsiu Translated by Lo Shu-sze

 宋词二首 李煜、欧阳修著，罗书肆译 480

Book Reviews
书评

 China Under the Empress Dowager

      By J. O. P. Bland and E. Backhouse

《慈禧统治下的中国》

J. O. P. Bland, E. Backhouse 原作，约翰·福开森评　482

Travels in China, 1894-1940　　　　By Emil S. Fischer

《漫游中国，1894—1940》

　　　　Emil S. Fischer 原作，Thomas E. La Fargue 评　485

The Voyage　　　　　　　　　　　　By Charles Morgan

《航程》　　　　　　Charles Morgan 原作，项美丽评　486

Index

目录索引　　　　　　　　　　　　　　　　　　　　493

第 12 卷第 1 期　1941 年 8—9 月

Editorial Commentary

评论　　　　　　　　　　　　　　　　　　　　　　5

Articles

专著

A Brief History of the Trade Routes Between Burma, Indochina and Yunna　　　　　　　　　　By Kuo Ysung-fei

缅甸、印度与云南贸易简史　　　　　　　谷春帆　9

The Mounted Scroll in China and Japan　By R. H. Van Gulik

中日之定局　　　　　　　　　　　　　　高罗佩　33

The Influence of Kant On the Development of Peirce's Philosophy　　　　　　　　　　　　By James Feibleman

康德对皮尔斯哲学之影响　　　　　James Feibleman　55

Chronicle

时评

Press Chronicle　　　　　　　　　　　By Yu Chen-Ming

出版时评　　　　　　　　　　　　　　　郁宸民　77

Translation

翻译

Portrait of A Traitor
                            By Lao She   Translated by K. C. Yeh
《且说屋里》   老舍著，叶公超译   79

Book Reviews
书评
    His K'ang and His Poetical Essay On the Lute
                                     By R. H. Van Gulik
《嵇康及其〈琴赋〉》
                R. H. Van Gulik 原作，约翰·福开森评   94
Hkirishitan Bunko   By Johannes Laures, S.J.
《吉利支丹教义》   Hannes Laures 原作，C. R. B. 评   95
You're the Doctor   By Victor Heiser
《你是一个医生》
                        Victor Heiser 原作，Paul Wilkinson 评   96
Steps of the Sun   By Emily Hahn
《孙郎心迹》   项美丽原作，Cyril Ramsay Jones 评   99

后 记

20世纪90年代以来,中国近现代报刊逐渐成为学界关注的热点,各类研究论著不断涌现。相较于成果丰厚的中文报刊研究,中国近现代英文报刊研究显得较为薄弱,且进展非常缓慢。曾经被视为西方殖民主义侵略工具的英文乃至外文报刊,在很长一段时间内未获得深入探讨与研究。2000年以后,在出版传媒文化研究热潮的推动下,有关中国近现代英文报刊研究也开始逐渐兴起。同时,一些代表性英文报刊影印出版,让长久沉埋在历史风尘之下的外文报刊得以真正进入学者的研究视野中;有关英文报刊个案及专题的研究论著、硕博论文开始集中发表;甚至出现了国内外学界共同关注某个刊物的研究热潮,如对民国时期享誉海内外的文化学术类杂志《天下月刊》的研究。

我在华东师范大学师从陈子善教授攻读博士学位期间,偶然接触到《中国评论周报》、《天下月刊》,惊讶于它们与中国现代文学研究的密切关联,如《中国评论周报》上的"小评论"专栏刊载了林语堂、姚克等中国现代作家的大量英文小品文,如《天下月刊》上的《译文》专栏全面译介了中国现代文学作品。带着抑制不住的欣喜与对未知历史的好奇，从此我开启了一段坚持不懈的探索之旅，希冀能够由此揭开一个被遗忘的历史空间。当时这些英文报刊仍未影印出版，我通过手写摘录、复印翻拍的形式，梳理出了中国现代作家的英文作品目录、英文报刊及专栏目录；通过细致的文本分析与新颖的理论探讨，我完成了博士学位论文即本书的主要内容。相较于其他相关论著，本书力图跳脱出个案研究的窠臼，尝试以编辑、作者群体为切入点，全面审视中国现代知识分子通过跨语际文化实践所表达出的多样化文化诉求。

此后我进入南京大学跟随张志强教授进行博士后研究工作。在前期对《中国评论周报》、《天下月刊》各类资料收集整理的基础上，我进一步扩展资料收集范围，将20世纪上半叶国人自办的各类英文报刊列为研究对象；并以"中国自主出版"为研究视角，有效厘清了长久以来中国学界对英文报刊研究的模糊认知。以往学界多用"外报"、"外文报纸"来指称中国近现代各类外文报纸，忽略了不同办报主体的文化差异。"外报"强调了报刊创办者的身份是外国来华人员，包括传教士、商人及官员。从语言上来看，"外报"既包含主要供中国人阅读的中文报纸，还涉及主要供在华侨民阅读的各种外文报纸。戈公振在《中国报学史》第三章"外报创始时期"中，将外国人在华所办报纸统称为外报，包括中文与外文报纸。而"外文报纸"则指明了报刊的语言属性，将中文报刊排除出去，但同时又带来了对报刊创办主体指示不明的问题。方汉奇在《中国近代报刊史》第二章第三节"为殖民主义摇旗呐喊的外文报纸"中，探讨了鸦片战争以后各个通商口岸城市出现的英、法、俄、日等各种外文报纸。随着中国近现代政府官方、政党政权及知识分子群体民族意识的日益增强，自办外文报刊尤其是英文报刊的呼声也不断高涨；进入20世纪以后，中国自主出版的英文报刊开始大量出现。因此在研究中国近现代外文报刊发展史的过程中，学界不能忽视中国自主出版外文报刊尤其是英文报刊的历史存在。本书提出"中国自主出版"的概念，强调中国政府及知识分子群体创办英文报刊的主体性特征，由此揭示在独特的历史情境中，这些英文报刊在自主表达政治观点、新闻舆论及文化诉求过程中的鲜明特色。这些英文报刊资金支持来自中国政府或民间团体，秉持不同于在华外国人所办英文报刊的办刊宗旨，更为强调中国视角与立场，体现出鲜明的文化主体意识。为进一步拓展并深化此项研究，2015年我以"20世纪上半叶中国自主出版的英文报刊研究"为题，申请并获得国家社科基金研究资助，同时申请并获得江苏省政府留学基金资助前往美国加州大学伯克利分校进行课题研修，探寻这些英文报刊"漂洋过海"之后在欧美的传播与影响。

本书是在博士论文基础上修订而成的。在此我要特别感谢博士导师陈子善教授！陈老师严谨的治学精神与乐于探索的学术风范，给予我受益终生的教诲——学问的根基必须有切实的材料做基础；求学不应该成为生命的负荷，而应当是充满乐趣的"探幽"之旅！感谢罗岗教授、殷国明教授在我论文开题及写作过程中给予的热情鼓励与帮助！特别是罗岗教授在论文最后的修改阶段给予的悉心指导！感谢吴福辉教授、陈学勇教授对我论文选题的肯定与鼓励！特别是陈学勇教授长期以来在学业上给予我的热切勉励与教诲！感谢宋炳辉教授、季进教授热心回答我的问题，为我的论文写作提出宝贵的意见与建议！同时我还要感谢博士后合作导师张志强教授的悉心指导与教诲！张老师秉承鼓励与提携后学的为师之道，总是积极关注并推动学生的学术成长，不断开阔学生的学术视野！感谢孙建军教授、苏新宁教授等老师的支持与鼓励！他们对后学殷切鼓励的为师风范，让我在艰苦的研究工作中感受到无限的温暖和莫大的动力，这将指引我在未来的学术道路上不断前行！最后我还要感谢各位同门师友及家人的帮助与支持，让我能完成各项研究工作！

最后还要特别感谢为本书出版付出辛苦和努力的南京大学信息管理学院/出版研究院刘火雄老师和南京大学出版社卢文婷编辑！

本书获得南通大学人文社科精品著作工程出版资助，感谢学校及学院的支持！

书稿的出版只是一个崭新的开始，未来的研究之路还很漫长！我将继续前行！

是为记！

黄　芳

二〇一七年八月一日于南通

图书在版编目(CIP)数据

多元文化认同的建构:《中国评论周报》与《天下月刊》研究/黄芳著.—南京:南京大学出版社,2018.12
ISBN 978-7-305-19605-8

Ⅰ.①多… Ⅱ.①黄… Ⅲ.①多元文化-文化研究 Ⅳ.①G0

中国版本图书馆CIP数据核字(2017)第286378号

出版发行	南京大学出版社
社　　址	南京市汉口路22号　邮　编 210093
出版人	金鑫荣
书　　名	多元文化认同的建构:《中国评论周报》与《天下月刊》研究
著　　者	黄　芳
责任编辑	卢文婷
照　　排	南京紫藤制版印务中心
印　　刷	南通印刷总厂有限公司
开　　本	880×1230　1/32　印张 12.75　字数 320 千
版　　次	2018 年 12 月第 1 版　2018 年 12 月第 1 次印刷
ISBN	978-7-305-19605-8
定　　价	46.00 元
网　　址	http://www.njupco.com
官方微博	http://weibo.com/njupco
官方微信	njupress
销售咨询	(025)83594756

* 版权所有,侵权必究
* 凡购买南大版图书,如有印装质量问题,请与所购图书销售部门联系调换